러시아 연해주와 극동의 선사시대

한강문화재연구원 자료총서 **2**

러시아 연해주와 극동의 선사시대

러시아 沿海州와
極東의 先史時代

● 역자

김재윤

경남 하동에서 태어나 부산대학교 고고학과에서 학부와 석사를 졸업하고 한반도 청동기시대와 관련성 연구를 위해서 러시아과학아카데미에서 역사학박사학위를 취득하였다. 한국연구재단의 박사후과정, 학술연구교수 등 프로젝트를 수행하고 현재 부산대학교에서 강의전담교수로 재직중이다. 러시아 연해주 뿐만 아니라 한반도북부와 인접한 동북아시아의 선사시대 전공이며, 주요저서는 「고고학으로 본 옥저문화」, 「철기시대 한국과 연해주」, 「접경의 아이덴티티: 동해와 신석기문화」가 있고, 논저로는 「서포항 유적의 신석기시대편년 재고」, 「평저토기문화권의 신석기후기 이중구연토기 지역성과 병행관계」, 「평저토기문화권 동부지역의 6500~6000년 전 신석기문화 비교고찰」 등이 있다.

초판인쇄일   2017년 10월 19일
초판발행일   2017년 10월 20일
펴 낸 이   한강문화재연구원
발 행 인   김선경
책 임 편 집   김소라
발 행 처   도서출판 서경문화사
          주소 : 서울시 종로구 이화장길 70-14(동숭동) 105호
          전화 : 743-8203, 8205 / 팩스 : 743-8210
          메일 : sk8203@chol.com
등 록 번 호   제 300-1994-41호
ISBN   978-89-6062-198-5   93000
ⓒ 한강문화재연구원, 2017

정가 26,000

러시아 연해주와 극동의 선사시대

러시아과학아카데미 극동분소 역사고고학민속학 연구소 편

김재윤 역

서경문화사

책 머 리 에 ━━

　　본고는 러시아과학 아카데미 극동분소 역사고고학민속학 연구소에서 2013년 11월 18~20일까지 '러시아 극동과 인접한 지역의 선사시대: 회고와 전망'이라는 주제로 학술대회가 개최되었고 그 가운데 '러시아 극동의 신석기문화'라는 학술토론회가 열렸습니다.

　　금번 학문의 장에는 블라디보스토크뿐만 아니라 러시아 각 지역 상트페테르부르크, 마가단, 사할린, 하바롭스크, 콤소몰스크 나 아무레, 우수리스키크, 전문가 약 서른 분이 러시아극동의 선사시대에 대한 관심으로 참가하셨습니다. 그 중 발표문은 25개였는데, 17개는 발표회장에서 8개는 토론회에서 발표되었습니다. 학술대회 전체에서 가장 중심에 있었던 주제는 이 지역의 신석기시대 연구와 관련된 것이었고, 이와 관련해서는 모두 16개가 발표되었습니다. 최근 러시아 극동고고학에서 신석기시대의 많은 유적들이 발굴되었고, 그와 관련해서 여러 논점들이 요구되고 있고, 신석기시대 연구자들이 많은 논의를 했던 것은 매우 자연스러웠습니다.

　　금번 학술대회에서 신석기시대와 관련된 학술대회 발표문이 많은 것은 그간 연구가 집적된 것이며, 그만큼 열띤 토론도 가능했다고 생각됩니다. 또한 학술대회의 본 주제 발표와 별도로 마련된 토론회에서는 셰프코무드 박사의 「아무르강 하류의 신석기시대 문화 편년과 절대연대에 관한 연구」, 얀쉬나·모레바·린샤의 공동연구인 「토기제작의 발전에 관한 여러 가지 문제점」, 세르구세바 박사의 「생업(농경)의 기원」에 관해서 발표하고 서로 토론하였습니다. 바실리예프스키 박사는 화상으로 토론회에 참가하였는데, 신석기시대 개념에 관련된 많은 질문을 쏟아 부었습니다. 「극동의 해안가와 섬에서 신석기시대 개념의 특징: 지역의 문화와 공동체, 단계」라는 주제였습니다. 셰프코무드 박사는 토론회에서 자신의 두 번째 주제로 「아무르강 하류의 신석기시대 문화의 고민족화와 문명적 관점에서의 고찰」을 발표하였습니다.

　　학술대회 참가자들이 유일하게 모두 동의 한 것이 있는데 극동 선사고고학문제의 해결을 위해서 토론회를 활성화 시키고 정기적으로 해야 한다는 것이었습니다.

　　본고에는 모두 15개의 논문이 담겨있는데, 그 중에 대부분은 신석기시대의 문제점과 관련된 것이며, 그 중에서 몇 개는 아주 자세하게 지적하려고 하였습니다. 셰프코무드 박사와 여러 필자들이 함께 한 논문에는 아무르강의 신석기시대 이른 시기(오시포프카 문화)의 유적인 야미흐타 유적에 대한 연구인데, 현재까지 거의 알려지지 않은 새로운 유적에 대한 것이었습니다. 야미흐타 유적의 유물을 분석한 결과 이 유적이 오시포프카 문화에 속하지만 이 유적만의 고유한 특징과 오리지널리티를 가지고 있어서, 야미흐타 유형을 분리하였습니다.

　　린샤와 타라센코의 논문은 열성적이지만 한편으로는 대단히 논란이 많은 논문입니다. 연해주 신석기시대 중기의 오르리노클류프 문화에 관한 것인데, 지역학계에 대한 비판적인 논문으로서 고고문화 분리에 대한 자신의 생각을 여실히 드러내었습니다.

셰프코무드는 아무르강 하류 신석기시대와 고금속기시대의 고민족문화발달의 단계에 대한 논문을 발표하였습니다. 그는 아무르강 하류의 신석기시대로의 과정은 매우 평등하게 생겨나서 높은 문화 수준으로 발전했다고 보았습니다. 그의 생각은, 신석기 마지막 순간에 신석기문화의 붕괴라고 할 수 있을 정도로 상황이 변화하였다는 것입니다. 이 지역 청동기시대는 아주 짧으며 유적도 많지 않습니다. 아무르강 하류의 청동기시대에 문화가 모자이크처럼 점점이 나타나는 현상이 하나의 특징으로써 자리 잡았다고 합니다. 청동기시대는 우릴 문화와 폴체 시기가 되면서 문화의 발달이 다시 보인다고 합니다.

시도렌코는 아주 오랫동안 연해주 영동지역의 고금속기시대 테튜헤 유형에 관한 연구의 종합으로 생각됩니다. 필자의 의견에 의하면, 신석기 후기의 재지적인 문화의 바탕 아래서 아주 오랫동안 자신의 문화를 간직한 것으로 보고 있다. 테튜헤 유형의 유물을 형식 분류하고 그룹화 해서 특징을 추출하였습니다.

연해주 고고학계에서 마르가리토프카 문화의 분리와 그 소속에 대한 논쟁은 매우 뜨겁습니다. 연구자 각자 마다 자신의 생각이 있습니다. 그런데 이번 논문집에서 바타르셰프 등 여러 연구자들은 올가-10 유적에서 출토된 유물을 심도 깊게 분석하여서, 이 문화가 고금속기시대(청동기시대)의 첫 문화라고 필력 하였습니다.

본 논문집은 대부분 새로운 고고자료인데, 혹은 이전에 미처 공간되지 못한 자료(메드베제프, 얀쉬나, 그리센코, 오레호바, 데류긴 등의 논문)를 발표한 것입니다.

메드베제프 박사는 파르티잔스카야강 유역의 소프카 볼쇼야 유적에서 출토된 신석기 유물에 대한 구체적인 자신의 생각을 논하였습니다. 이 유적에 대해서는 아주 간략한 정보만이 있었는데 금번에 좀 더 자세하게 알게 되었습니다. 이 유적은 보이스만 문화의 흔적이 남아 있지 않은 자이사노프카 문화의 늦은 유적 중 하나로 생각됩니다.

얀쉬나는 사할린섬의 나빌-1 유적의 2지점에서 출토된 토기에 대한 내용을 분석하였습니다. 그에 의하면 이 유적에서 출토된 유물은 유적에 거주자들이 여러 문화 및 여러 시기에 걸쳤다는 것을 확인하였다. 나빌그룹의 토기를 분리하고 보즈네세노프카 문화 이전에 다치구로 시문된 지그재그 문양이 있었을 가능성을 추론하였습니다.

사할린에 관한 또 하나의 논문은 그리센코의 것인데, 카시카레바그시-5 유적의 발굴내용에 관한 것이다. 주거지 3기가 발굴되었는데, 그 결과 신석기 가장 마지막 단계의 유형을 확인한 것으로 보입니다. 발굴된 주거지 중에 한 기는 무덤으로도 사용되었는데, 현재까지 사할린섬의 자료 중 인간의 무덤 가운데 가장 이른 것으로 생각됩니다. 그리센코는 사할린섬에서 B.C.1000년기 중반에 독립적인 문화의 가능성에 대해서 추론하였습니다.

상기한 논문은 모두 극동의 선사시대 고고학의 기초자료로서 충분히 그 가치가 있다고 생각됩니다.

그리고 이 들 중 자연과학적인 방법을 고고자료에 도입한 논문이 세편 있는데, 그 중에서 해서 세르구세바 논문은 동아시아의 조기 농경에 대한 고고식물자료 및 고고자료를 종합하고 분석한 것입니다.

본 논문집은 극동 고고학의 1세대인 안드리예바(자나 바실레브나 안드리예바) 박사를 추도하기 위해서 오랫동안 준비된 것입니다. 그녀는 매우 능력있는 학자였고, 인간미가 넘치는 사람이었으며, 소비에트 시절에 극동 선사고고학의 발전에 큰 공헌을 한 분입니다. 그녀가 이 곳을 떠났다는 것은 비극입니다. 뿐만 아니라 연해주의 중세시대 고고학을 연구한 올렉 세르게비치 갈락티오노프도 더 이상은 없습니다. 이 논문집을 준비하고 이미 글을 보낸 셰프코무드도 어느 날 갑자기 떠났습니다. 이 논문집은 우리를 떠난 연구자를 위한 것이며, 그들에게 바칩니다.

역사학박사 **클류예프**

옮긴이의 글 ■▬

본서는 러시아 극동의 선사시대 고고자료에 관한 논문집이다. 연해주부터 아무르강 하류 및 사할린, 추코트카 반도까지 자료가 망라되어 있다. 우리에겐 극동이라는 단어가 부정적이지만, 러시아에서 극동은 러시아 영토의 가장 동쪽 지역이라는 뜻이다.

2013년 11월에 개최된 학술대회의 자료를 논문집으로 2015년에 정식출판된 것을 번역한 것이다. 그 사이에 하바로프스 시의 셰프코무드 박사가 갑자기 심장마비로 돌아가셨고, 2015년 6월 15일에 바실리예바 안드리예바 박사가 작고하셨다.

안드리예바 박사님은 자이사노프카-1 유적을 발굴한 안드리예프 박사의 아내이다. 그리고 기념학술대회와 이 책을 주도적으로 집성한 클류예프 박사의 스승이시고, 역자의 박사학위논문에도 여러 조언을 하였고, 평가서를 써준 인연이 있다.

안드리예프와 안드리예바 선생은 모스크바 국립대학교를 졸업하고 각각 1954년과 1955년부터 국가의 명령으로 연해주에서 연구활동을 시작하였다. 안드리예프 박사는 1970년에 갑자기 돌아가셨고, 안드리예바 박사는 1987년까지 계속 연해주를 조사하였고 국가박사까지 취득하였다. 많은 저작물을 남겼는데, 지역학계 연구자들에게 지금까지도 영향을 미치고 있다. 상대적으로 한국에 자이사노프카-1 유적이 많이 알려져서 안드리예프 박사 이름은 한국에서 어느 정도 인지도가 있다. 그러나 사실상 안드리예바 박사가 오랫동안 연구했고 제작들을 많이 두었기 때문에 학계에서 미치는 영향은 아주 컸다. 현재 활동하고 있는 이름이 알려진 대부분의 학자들은 모두 안드리예바 박사의 제자이다.

여담이지만, 두 분의 성이 비슷한 이유는 러시아에서도 결혼을 하면 남편을 따라서 여자는 성을 바꾸게 되는데, 러시아어의 어법에 따라서 여자는 'a'를 붙이게 된다. 최근에는 개명을 하지 않는 사람도 많은데 특히 연구자들은 결혼 전부터 써온 논문과 헷갈리는 것을 방지하기 위해서 많이 하지 않는다고도 한다.

본서는 자신이 실제 발굴한 내용을 토대로 분석한 것이 많다. 왜냐하면 대부분의 발굴이 학술발굴이기 때문이다. 러시아는 대부분의 조사가 자신의 연구분야와 관련된 학술조사이며, 연구비로 이는 충당되기 때문에 자신의 연구분야를 발굴할 수 있다는 점에서는 좋지만, 그 연구비가 제한적이기 때문에 유적의 전면발굴은 많지 않다. 더욱이 손으로 발굴을 한다는 점은 더 그러하다. 물론 최근에는 여러 가지 국가경제개발정책으로 송유관이나 가스관 사업으로 생기는 용역발굴도 있다. 본고의 야스노예-8 유적도 그런 과정에서 발굴된 것이다.

학술발굴은 자신의 연구 분야와 관련된 유적을 찾는 것이 급선무인데 지표조사를 통해서 이루어진다. 지형적인 성격을 고려해서 인간이 살았던 흔적을 찾는데 강과 해안의 단구대를 중심으로 이루어지며, 수목이 아직 울창해 지기 전에 유구나 유물의 존재를 쉽게 확인할 수 있는 봄과 가을에 중점적으로 이루어진다.

지표조사에서 고려되는 것은 유적의 입지로서 사람이 살 수 있는 조건인지의 여부와 육안으로 수혈이 관찰되는 지를 살핀다. 두 요소가 모두 충족이 되 던가 그렇지 않고 한 가지만이라도 충족이 되면 1×1m로 시굴갱을 파고 문화층의 여부를 조사한다. 육안으로 수혈이 관찰되면 유적범위도 추정하게 되고 수혈의 개수도 대략적으로 파악이 가능한다.

그런데 우리에게는 낯선 개념인 '육안으로 수혈이 관찰된다'는 것은 수혈이 폐기된 후에 흙으로 채워진 면이 현재의 지표면과 높이 차이를 보이면서, 수혈의 흔적이 발굴하지 않고도 눈으로 관찰이 된다는 것이다. 이러한 현상은 연해주, 아무르강 하류, 삼강평원, 사할린, 홋카이도에도 관찰되는 것으로 알려졌다. 홋카이도는 직접 역자가 관찰하지 못했으나 다른 지역은 직접 지표조사나 답사를 통해서 보았다.

이런 점이 가능한 이유는 부식토층이 얇다는 물리적인 해석도 가능하지만 러시아가 광대한 영토를 지녔지만, 상대적으로 인구가 작기 때문이라고 생각하기도 한다. 그 만큼 문화재를 손대지 않은 채 유적이 그대로 보존되기 때문이라고 생각된다.

역자는 본고를 번역하면서 가장 주안에 둔 점은 있는 그대로를 최대한 이해하기 쉽게 번역을 하고자 하였다. 그래서 저자들의 러시아식 표현들도 그대로 손대지 않은 것이 많다. 예를 들면 지그재그 문양 같은 것인데, 한국고고학계에서는 이미 역자가 자신의 논문에서는 어골문으로 논지를 전개하였지만 본고에서는 역자의 소임대로 있는 그대로 번역하였다. 진주알 문양토기, 우아한 토기 등등 여러 표현들이 있는데, 역자의 주로 보충설명도 달아두었다.

또한 러시아논문에는 학위논문이 아니면 대부분의 논문에는 장과 절을 구분하지 않는다. 본고에서도 최대한 그대로 번역하였는데, 일부 글은 도저히 한국의 독자들이 이해하기 힘든 부분은 역자가 약간 장과 절을 구분한 부분도 있다.

러시아어는 문체가 연구자 마다 다르다. 유려한 미사여구를 활용하는 사람, 딱딱한 용어를 선호 하는 사람, 문장의 순서를 뒤집어서 역설적인 표현을 즐기는 사람, 비꼬는 말을 우습게 쓰는 사람 등 자칫 하면 뜻을 오해할 수도 있다. 그래서 언어를 배우는 초창기에는 오히려 신문처럼 일반화 되고 표준적으로 쓰는 글들이 쉽다고 느껴질 정도로 논문은 필자들 마다 문체가 다르다. 본고도 논문이 15개인 만큼 각양각색이었고 논문도 차이가 있다.

역자가 가장 흥미롭게 읽은 것은 린샤의 논문인데, 극동 고고학자 대부분을 비판한 내용이지만, 아주 열혈 고고학자라는 것이 넘쳐났기 때문이다. 몇몇 글은 도면이 부족해서 이해하기 어려운 점도 있었지만, 또 추코트카 같은 곳에도 인간의 흔적이 남아 있고 중국에 비해 비교적 이른 철기시대는 척박한 땅에 사는 사람일수록 필요했을 지도 모른다는 생각을 하게 되었다.

그에 반해서 글은 아주 간단하지만 도면이 많은 논문은 시도렌코의 논문이다. 아주 많고 오랫동안 연구된 내용을 축약해서 적어서 약간 안타까움도 있지만 도면이 많아서 독자들에게 도움이 될 지도 모르겠지만 내용을 좀 더 구체적으로 적어야 할 부분도 분명이 있었다.

러시아에도 '융합'이라는 주제가 뜨고 있는 것처럼 여겨지는 논문도 있는데, 사실 러시아에서는 소비에트 시절인 1960년대부터 자연과학적인 방법을 고고학에 많이 도입했다. 대표적인 연구자가 세르게이 세묘노프인데, 현미경을 이용해서 석기의 날을 치밀하게 분석해서 사용흔적의 대상물을 찾아내는 것으로 미세사용흔적분석이라고 하며(세묘노프 1968), 미국에서 더 발전시켰다(T. 더글라스 프라이스 2013).

그리고 현재 역자가 가장 쓰고 싶은 내용과 관련된 것은 올가-10 유적과 관련된 논문이다. 역자가 학위과정 중에도 마르가리토프카 문화는 청동기시대라고 생각했으나 박사학위 주제에는 넣지 않았다. 2013년에 흥성 유적의 토기를 관찰한 적이 있는데, 그 때부터 마르가리토프카 문화와 비교해서 적색마연토기와 돌대문토기에 관한 논문을 적고 싶었으나 앞으로 계획하고자 한다.

역자는 본고가 한국독자들에게 도움이 되는 내용도 있을 것이고, 생경한 것도 있을 것이라고 생각한다. 어떻게 이용할 것인가 하는 것은 독자의 몫일 것이다. 마지막으로 역자에게는 첫 번째로 나오게 될 역서인데, 이를 권유하고 지원해주신 한강문화재연구원 신숙정 원장님에게 깊이 감사드립니다.

세묘노프, 1968, С. А. Семенов, 1968, *Развитие техники в каменном веке*, НАУКА Ленинградскре отделение, Ленинград.

T. 더글라스 프라이스(이희준 옮김), 2013, 『고고학의 방법과 실제』, 사회평론.

차 례 ■■

01

아무르강 하류 이른 신석기시대에 관한 문제점
: 야미흐타 유적의 연구조사 결과

셰프코무드(Шевкомуд И.Я.), 후쿠다(Фукуда М.) 외

서론

최근 아무르강 하류의 신석기시대 연구는 신석기시대문화의 편년에 있어서 새로운 계기가 마련되는 것으로 보인다. 특히 초창기, 중기와 후기 편년과 그에 해당하는 문화의 특징이 밝혀지고 있다(메드베제프 2005·2006; 셰프코무드 2004·2005a; 셰프코무드·쿠즈민 2009). 그런데 유달리 신석기시대 시작에 관한 연대문제는 결론 나지 않았다. 7500~8000년 전부터 9000~10000년 전에 해당되는 시기로 이른 홀로세 시기이다. 메드베제프 박사의 주도로 발굴된 수추 유적을 제외하고는 해당하는 연대가 확인되는 곳은 없다(메드베제프 1999). 이 발굴로 인해서 마린스카야 유형이 단독의 고고문화로 정립되었지만, 이 문화에 대한 자료가 충분치는 않다. 메드베제프 박사는 마린스카야 유형이 초창기 신석기시대인 오시포프카 문화와 중기 신석기시대를 연결하는 일종의 'missing link'같은 역할을 한다고 생각하였다(메드베제프 2008).

토기와 석기양상으로 볼 때 마린스카야(мариинская) 유형은 중기신석기시대인 콘돈(кондон) 문화와 유사하다. 세석인이 우위를 점하고 다치구로 찍는 토기의 문양이 위주이기 때문이다(셰프코무드·쿠즈민 2009; 데레뱐코 외 2003). 전체적으로 마린스카야 문화는 콘돈 문화 보다 오래되었지만 절대연대상으로는 확실하게 드러나지 않는다. 현재까지 마린스카야 문화의 절대연대가 3개 있지만, 그 연대간의 차이가 1100~1400

년 정도로 지나치게 크다. 그 중 두 연대는 신석기시대 중기인 콘돈 문화의 존속시기 중에서 이른 단계에 속하며 한 개의 연대만이 이른 신석기시대에 해당된다(메드베제프 2008; 셰프코무드·쿠즈민 2009). 이를 제외하고도 가장 이른 연대도 플라이스토세의 가장 마지막 문화이자 초창기 신석기문화인 오시포프카(осиповка) 문화와 마린스카야 유형의 차이점을 분명하게 설명해 주지는 못한다. 마린스카야 문화와 오시포프카 문화에는 토기양상은 약간 유사점이 확인되지만 석기양상은 그 차이점을 파악하기는 힘들다(데레뱐코 2003; 셰프코무드·얀쉬나 2012, pp.223~235). 그렇다면 혹시 아무르강 하류의 신석기시대 'missing link'는 하나 더 존재하는 것이 아닐까?

필자는 전고에서 오시포프카 문화가 홀로세 기간에도 계속 영위되었을 가능성을 제기한 바 있다(셰프코무드 외 2005b). 오시포프카 문화는 초청기 신석기문화로 아주 넓은 지역에 수십기의 유적이 분포하는데, 홀로세가 시작되면서 바로 이 문화가 사라졌다는 증거는 없다. 일부 고고학 유적의 연대차이와 아무르강 하류의 유적 부재는 아무르강 하류의 수면 높이가 플라이스토세의 마지막 기간에는 최대 25m, 현재보다는 15m 정도 낮았을 가능성이 이를 설명할 수 있다(마시노프 2006, pp.32~37). 아무르강의 높이는 홀로세 아틀란틱기에 현재와 가까워졌고, 그 기간에는 물의 침식작용으로 고도분포높이가 낮은 이른 시기의 유적이라면 사라졌을 수도 있다. 가장 가능성이 있는 것은 아무르강에 홍수가 났을 때인데 강가의 대지가 깎여 나가고 파손이 심하다. 대홍수의 경험은 고대 역사에서 어디서든지 다른 시기에도 있을 수 있다(2013년 가을에 아무르강에 큰 홍수로 이러한 역사경관을 경험한 바 있다). 또한 홍수 이외의 잘 알려지지 않은 자연재해로 인해서 아무르강 하류의 저지대 신석기시대 유적이 파괴되었다. 그 결과 현재 유적이 부재하는 기간이 있을 수 있다.

이러한 상황을 주지하고 아무르강 주변의 유적을 찾는 과정에서, 예보로노-고린 고고지구대(EGGR)에서 유적이 확인된 것으로 보인다.

본론

1. 야미흐타 유적

예보로노-고린 고고지구대(EGGR)는 아무르강 하류의 좌안에 위치하는데 콤소몰스크 나 아무르시에서 북북서쪽에서 75km 떨어진 곳으로 아무르강에서도 대략 75km 정도 떨어진 곳에 위치한다. 이곳은 고린(Горин)강과 예보론(Эворон)강 유역에 위치한 타이가 산림지대인데, 중요한 유적이 많다. 아무르강은 예보론강과 고린강을 포함해서도 지류가 많은데, 예보로노-고린 고고지구대가 위치한 데뱌트카강도 예보론강과 고린강의 지류이다. 즉 이 지역은 아무르강 하류에서 홀로세의 지형이 현재까지도 그대로 유지되어 온 곳이다. 최근 이 곳의 조사로 고고학 유적이 80곳이 넘는 것으로 알려졌다.

최초의 데뱌트카(Девятка)강 유역의 조사가 강의 하구부터 지류까지 샅샅이 조사된 것은 1960년대 모찬노프가 유적을 발견했는데, 야미흐타(Ямихта) 유적을 포함해서 21개이다(모찬노프·페도세예바 2013, 그림 8: 2).

야미흐타 유적은 1.5~2m 높이의 아무르강 단구대 위에 콘돈마을의 북쪽경계에 위치한다. 이 유적은 댜코프가 1990년대 조사하면서 '콘돈-1' 유적이라고 명명한 적이 있다(댜코프 외 2002). 유적에서는 데뱌트카강을 따라서 강에서 30~40m 범위 내에 주거지가 80여 기 확인되었는데, 발굴조사를 하면서 유적에서 최초로 유물이 확인되었다.

유적에서 강변과 거리가 먼 하천 둑의 뒤쪽으로 유적의 남쪽경계와 가까운 서쪽 주거지의 뒤쪽으로 작은 발굴을 하였다. 그 결과 아무르강 하류의 유적이 다층위 임을 그대로 보여주는 토층을 확인할 수 있었다. 최근의 인간 활동으로 인해서 표토층이 대부분 파손된 것을 감안한다면 상당히 운이 좋았다고 할 수 있다. 모두 3개의 문화층이 구분되었는데 가장 상층은 고금속기시대로 우릴(уриль) 문화 토기가 포함되었다(데레뱐코 1973). 중층은 보즈네세노프카(вознесеновская) 문화(셰프코무드 2004)의 토기가 출토되어 신석기후기로 생각된다. 하층은 약간 색다른데, 인공적인 수혈이 확인되었으며, 이른 신석기시대 토기가 출토되었다. 생토층은 노란색 사질토인데, 황색 사질토층에 하상 역층이 섞인 토양층으로 생각된다. 이 층이 영구 동토층의 얼음 쐐기층 위에 놓이면서, 얼음 쐐기층이 여러 형태로 형태변형되었다고 판단된다.

아마도 이 다각형의 얼음쐐기는 사르마탄 기후 극빙기때 생성된 것으로 보인다. 사르마탄 기후 극빙기때는 아무르강 하류에 아주 두껍고 깊은 얼음쐐기가 형성되었으며, 그 위에 곤챠르카-1(Гончарка-1) 유적과 다른 유적들도 남아 있는 것으로 생각된다(셰프코무드·얀쉬나 2012). 이 기간은 플라이스토세 가장 마지막 기간, 드리아스 후기로 아주 짧았으며 매우 추웠을 것이다(코로트키 2001; 코로트키 외 1997). 이 시굴조사가 중요한 이유는 얼음쐐기층이 아닌 황색 사질토층에서 유물이 확인되었다는 점이다.

신석기시대 하층은 수혈 혹은 주거지 내의 토층으로 정확하게 나타난다.

4개의 인공적인 수혈이 확인되었는데, 숯과 다른 특징으로 인한 회갈색 토층이 색조로 뚜렷하게 나타난다. 수혈의 두 상층은 노지와 토기를 포함한 유물 등이 출토되는 것으로 보아서 주거지로 추정된다. 중층은 구덩이가 생토층까지 크고 깊은 것으로, 하상의 역층이 포함되어 있다. 가장 하층에서 확인된 수혈은 주거지가 일부 남아 있는 것으로, 상층의 주거지로 인해서 파괴되었다.

각각의 문화층에서 얻어진 숯으로 분석된 절대연대는 전체적으로 큰 차이가 없고, 대략 240년 정도이다. 4개의 연대가 확보되었다. 7970±60B.P.(Tka-15511), 8140±60B.P.(Tka-15566), 8150±70B.P.(Tka-15567), 8210±50B.P.(Tka-15510)이다. 그 외 한 개가 더 있는데(Tka-15122) 이는 발굴된 곳에서 가까운 곳의 시굴조사 트렌치에서 8030±40B.P.(Uchida·Shevkomud at al. 2011) 확인된다. 상기한 절대연대는 7400~6700B.P.(2σ) 혹은 7300~6800B.P.(1σ) 정도에 존재했다. 보정연대를 얻기 위해서 Calib Rev 5.0.1 프로그램을 이용하였다. 이것은 연대곡선은 IntCal04(Reimer at al. 2004)에 기본을 둔 프로그램이다. 연대는 아무르강 하류의 신석기시대 조기와 잘 상응된다(셰프코무드 2005a; 셰프코무드·쿠즈민 2009). 이른 신석기시대 연대 가운데서 토기 유기물질의 그을음을 분석한 것은 모두 12개로 8820~9810B.P.연대이다(Kunikita·Shevkomud at al. 2013).

이 연대는 비보정된 것으로, 리저브 현상으로 이해된다(Fischer·Heinemeier 2003). 하지만 이 연대는 이른 신석기연대와 상응한다.

이른 신석기시대 연대층은 연대의 밀도가 조밀하며 고고유물은 한 계통이어야만 한다. 이 층에서 출토되는 석기나 토기는 같은 계통으로서 같은 제작 방법으로 만들어졌을 가능성이 많다. 유물 중에 일부는 발굴층 상층에서 출토되었는데, 아무르강 하류의 여러문화가 중첩되어 형성된 유적에서는 매우 자연스러운 현상이다. 이 유물은 가장 상층에서 확인된 유물과도 다른 성격이다.

2. 야미흐타 유적의 석기

석기는 모두 154점이 확인되었다. 재 가공된 석핵과 박편 석기를 포함해서 450점이 출토되었다. 끝이 뾰족한 박편석기, 다양한 박편(단순한 박편, 석인, 세석인, 석인 제작과정에서 떨어진 2차 박편 등)과 미완성 석기 등이 포함되어 있다. 석핵과 박편석기로 제작된 석기는 전체 유물의 34%를 차지한다. 응회암과 이와 유사한 석재, 다양한 색의 옥수석, 미사암, 사암 등이 석재로 사용되었다.

석기는 세 가지로 구분가능한데, 석인류, 양면 가공석기류와 마제석기류가 있다. 소재 박편과 슴베찌르개(4번째)도 있지만 그렇게 많지는 않다.

무엇보다도 주의 깊게 살펴 볼 유물은 석핵을 포함한 석인, 세석인, 석인을 이용해서 제작된 석인류이다. 석인은 양쪽 가장자리를 나란히 떼어낸 기술이 주로 사용되었다. 모든 유물 가운데서 최소한 44%(모두 69점)가 석인과 세석인이다. 대부분 석인의 길이는 8~10cm가량이고 너비는 5~6cm가량이다.

세석인류는 석인보다는 작은 도구인데, 세석인의 몸돌인 석핵도 함께 확인된다. 한쪽 면(앞면)을 쐐기모양으로 떼어내었다. 첫 번째는 스폴과 석핵으로 분리되었고 그 다음 단계에서는 10개의 세석인핵으로 분리되었다(그림 1: 9~10).

본 유적에서 출토된 유물로 보여지지는 않지만 이 기술은 큰 석인을 획득하는데도 사용되었을 것으로 보인다. 결과적으로 쐐기형 석핵이 이용되었을 것이다.

석인을 이용해서 제작된 도구는 나뭇잎 모양의 석촉류, 나이프 혹은 나이프 형 긁개, 뚜르개, 끝이나 옆면만 가공된 긁개, 펀치(그림 1: 1~8·11~13) 등이 있다. 중앙에 능이 있고 양쪽면을 눌러떼기 한 능조정석인은 특징적이다(그림 1: 4). 모든 도구는 기능에 따라서 제작되었으며 석인 혹은 석인소재를 이용해서 눌러떼기 기법을 사용한 석기 제작한 방법은 야미흐타 유적의 석기제작에서 중요하게 이용되었다.

양면가공(bifacial) 석기류는 양쪽 면을 가공한 양면가공석기인데, 단면가공석기(unifacial)도 있다. 석인으로 제작된 석기보다는 훨씬 적다(모두 8.5%). 아무르강 하류의 오시포프카 문화에서 이 석기류의 존재는 중요하다. 이 그룹은 1) 양면을 가공한 잎 모양의 석촉(그림 2: 3~4), 2) 슴베가 있는 양면 가공 석창편(그림 2: 2),[01] 3) 비대칭인 잎모양의 양면석기(그림 2: 5), 4) 긁개류(그림 2: 6)가 있다. 긁개류는 기본적으로 단면 가공되었으나 자갈류로 제작된 것은 양면가공된 것도 있다(모두 6점). 그림과 똑같은 유물은 3점인데 가공도구로 제작하기 위한 미완성된 편이거나 혹은 마제석기를 만들기 위한 미완성품일 수도 있다. 쐐기형 석핵 또한 의도적으로 위와 같이 양면으로 가공되

---

01   역자 주. 1)과 2)의 특징이 같아 보이지만 크기가 달라서 석촉과 석창으로 구분.

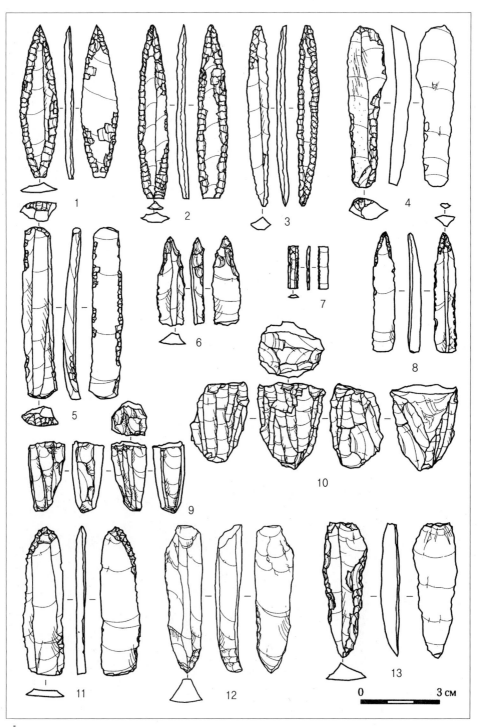

│ 그림 1   야미흐타 유적, 석인류: 1~3-석촉, 4·11-석도형 긁개류, 5-양끝 긁개, 6·8·13-펀치,
7-리터치된 세석인, 9~10-프리즘형 석핵, 12-석인

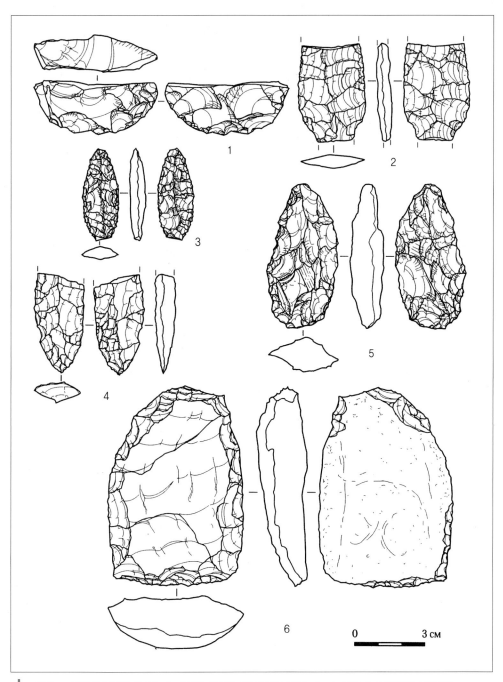

| 그림 2   야미흐타 유적 출토품, 1-쇄기형 세석핵, 양면가공석기류: 2~4-석촉, 5-양면가공 소재석기,
6-자갈로 제작된 긁개류

었을 수도 있다(그림 2: 1).

굴지구류가 편으로 2점 확인되었는데, 굴지구류도 이 유형의 뚜렷한 유물일 가능성도 있다. 가공구류의 석재와는 달리 결이 조잡한 재료로 만들어졌다. 이 유물의 작업면은 자갈로 인한 타격으로 인해서 울퉁불퉁하다. 수혈이나 주거지를 파던 도구일 가능성도 있으며 양면가공되었다는 점이 흥미롭다.

마연석기류는 이른 신석기시대 석기 가운데서 그 양과 모양이 매우 다양하다는 점이 크게 주목할 만하다(모두 56점이 확인되었는데, 석기의 유물복합체 가운데서 36%를 차지한다). 전통적으로 신석기시대 마제석부는 큰 비중을 차지하지 않지만 본 유적에서는 16점이나 확인되었다. 마제석기 가운데서 평면형태가 긴 아몬드 모양이고, 단면은 편평렌즈 모양인 것이 있다(그림 4). 가장 많은 양을 차지 하는 것이 석촉으로 석추보다는 작은 단계인데 석겸 모양의 도구도 있는 것으로 보인다(모두 40점가량으로 26%에 달한다).

석촉은 나뭇잎 모양이고 단면은 납작하며 슴베가 형성되었다. 단면은 능형, 렌즈형 등이 있으며 양면의 가장자리는 마연되었다(그림 3: 1~4·8). 단면이 능형이며 양면의 가장자리가 마연된 석촉은 오시포프카 문화의 특징적인 유물로 인식되었다(셰프코무드·얀쉬나 2012, pp.85~860). 석추로써 끝으로 갈수록 뾰족하며 단면에 능이 있는 모양의 석기는 아무르강 하류에서 이 시기의 유물로는 대단한 것이다(그림 3: 5). 단면이 편평하게 장방형으로 마연된 석겸도 출토되었다(그림 3: 6). 이 석기유형에는 미완성 석기와 석기편이 많이 확인되었다. 회색 편암의 플린트로서 찰절기법으로 자른 흔적이 남아 있는데 두께는 0.5~0.7cm가량이다.

소재박편과 슴베찌르개는 야미흐타 유적에서 출토된 석기 가운데 가장 작은 양을 차지하는데 5점 확인되었다(3%). 측면을 재가공하고 인부는 비스듬하게 다듬은 유물(그림 3: 9)이 있고, 돌날을 이용한 슴베찌르개[02](그림 3: 7)도 존재한다.

도구는 첨두기, 재가공된 도구, 납작하게 마연된 석제도구와 모룻돌 등이 있다.

전체적으로 석기는 이른 층부터 밀집도 높게 보이는데, 합성적 혹은 혼합되었다고 할 수 있다. 앞서 상기한 모든 도구가 모든 문화층에서 출토된다. 각 문화층의 접촉면이 섞

---

02   역자 주. 러시아어로 뚜르개(перфоратор)로 표현되었으나 한국고고학에서는 슴베찌르개로 통용되고 있는 유물이다. 뚜르개라는 용어는 중국의 주구점에서 출토된 슴베찌르개도 석추(石錐)라고 사용된 적이 있는데, 중국 다른 유적의 석추와는 개연성이 떨어진다고 한다(박가영 2012). 일본에서는 박편첨두기(剝片尖頭器)라고 하는 등 이 유물을 사용했던 동아시아 각국 마다 유물에 대한 정의와 이해가 다르다.

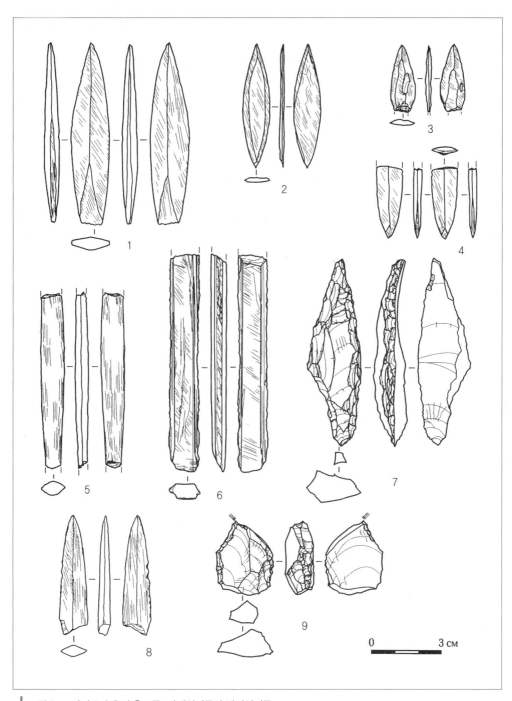

그림 3　야미흐타 유적 출토품. 마제석기류와 박편석기류:
　　　　1~4·8-석촉, 5-석추(錐), 6-석겸, 7-슴베찌르개, 9-소재박편

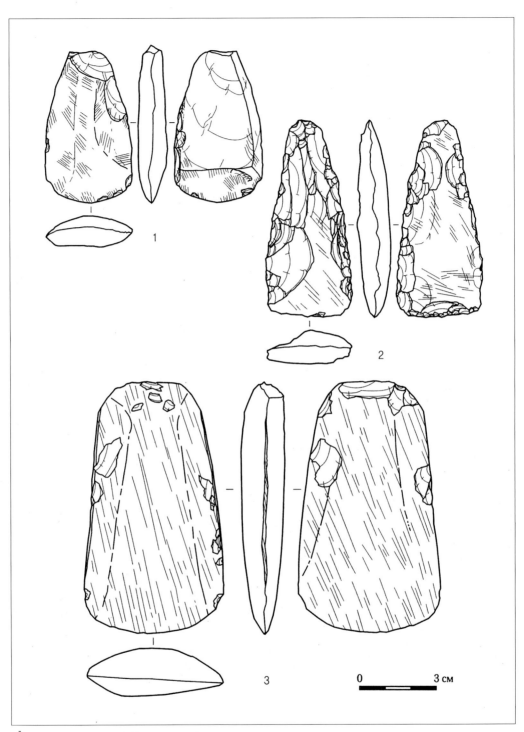

그림 4   야미흐타 유적 출토품. 1~3-가공구

인 합성적인 요소가 존재한다면 어떤 유물이 아래층으로 침투했을 가능성도 있다. 그러나 이것은 결론을 내리기 적당치 않으며 이 유물 전체를 하나의 유물 복합체로 보는 것이 적당하다. 가장 아래층의 주거지는 황색사질토층에서 확인되는데, 주거지 아래층은 얼음쇄기변형(그림 3, 4)이 있었던 층인데 마치 컨테이너와 같이 되었을 것이다. 예를 들면 양면 가공석기 혹은 어떤 다른 석기류도 가장 하층의 주거지에서는 거의 확인되지 않는다. 가장 이른 문화층을 설명하기 위해서는 토기에 대한 분석이 설명되어야 할 것으로 생각된다.

3. 야미흐타 유적의 토기

토기 유물 복합체는 토기편이 80여 점으로 가장 많은데, 이른 신석기 층 가운데서 상층부터 하층까지 확인된다. 가장 큰 토기로 추정되는 토기의 구연부와 동체부는 최소한 23점이다. 이 토기편은 주거지의 가장 상층부터 주거지 바닥의 노지 접촉면과 숯 반점 내에서도 확인되었다.

토기의 태토는 샤모트, 풀, 패각을 섞으면서 생긴 빈 간극 등이 확인된다. 상기한 태토의 내용물은 토기 편마다 혼합물이 다양하다는 것을 알 수 있는데, 토기 모양마다 다양한 토기제작기법이 있었다(셰프코무드·얀쉬나 2012, pp.141~188). 우선 토기 태토에는 세계의 구성물이 포함되었는데, 패각 분쇄물을이 포함된 토기편은 모든층에서 확인되기 때문에 특별한 특징으로는 보기 힘들다.

토기를 쌓는 방법과 토기 정면이 오시포프카 문화의 토기와 유사하다. 토기는 권상법으로 제작되는데, 토기의 단면과 구연부에서 관찰된다. 토기의 표면은 다치구로 물손질한 흔적이 남아 있는데, 내면은 가로방향이고 드물게 찍는 방법도 보인다. 외면은 다양한 방향으로 비스듬한 방향 혹은 수직방향으로 정면하였다(그림 5: 2, 그림 6: 2~3). 혹은 토기의 내면이나 외면 한쪽면만 다치구로 물손질 되는 것이 드물게 있다. 어떤 토기는 표면을 매끄럽게 정면한 것도 있다. 토기의 외벽에 하얀점토를 아주 얇게 입힌 것도 일부 남아 있는데, 주황색 빛을 띤다(그림 6: 2~5). 이러한 방법이 아주 특징적으로 남아 있는 토기가 출토되는 곳은 곤챠르카-1 유적이다(셰프코무드·얀쉬나 2012, pp.141~188).

일부 토기의 저부가 편평한 것으로 보아서 평저이며, 구연부가 넓은 발형으로 생각된

그림 5   야미흐타 유적 토기. 1-토기 복원품. 2~3-토기 구연부편

다. 토기의 기형은 두 가지가 확인되는데, 오시포프카 문화의 기형으로 볼 수 있다. 1) 대형의 심발형토기 구연부편으로 저부에서 구연부쪽으로 갈수록 수직으로 서는 기형으로 생각된다(그림 5: 1). 2) 잔발형토기의 구연부편이다(그림 6: 1). 구연단이 아주 편평하게 다듬어 진 것을 알 수 있다. 구연부에 융기문이 여러 줄 부착된 것이 있는데, 융기문은 3~4줄부터 5~7줄까지 파상으로 손으로 눌러서 부착하였는데, 첫 번째 기형과 관

그림 6   야미흐타 유적 토기. 1-컵형토기편, 2~3-다치구로 그은 문양이 남아 있는 백토가 발린 토기 편, 4~5-융기문이 부착된 토기의 파상 구연부편(5-융기문 상단에 각목이 있는 것)

련된 것으로 생각된다(그림 6: 4). 또한 구연부가 파상으로 시문된 것도 존재한다(그림 6: 5).

　문양은 구연부의 가장자리나 혹은 구연부 약간 아래에 표현되었다. 구연단이 편평한 것은 다치구나 단치구로 사선방향으로 찍은 문양이 표현되어 있다. 구연부의 아래에는 구멍을 뚫은 것도 있다(그림 5: 1·3). 이 구멍 뚫은 토기는 야미흐타 유적에서 출토된 오시포프카 문화의 토기 가운데서 가장 특징적인 유물로 볼 수 있다. 오시포프카 문화의 토기에서 가로 방향으로 침선한 문양은 드물게 확인된다(그림 6: 1).[03]

구연부에 융기문이 부착된 것이 3점 확인되었는데, 융기문과 다른 문양요소도 가미된 특징이 있다. 손가락으로 누르면서 융기문이 구부러진 것, 융기문 상단에 새김문양 혹은 둥근 도구로 찍은 점열 문양도 있다(그림 6: 4~5). 융기문에 점열이 새겨진 토기는 오시포프카 문화의 곤챠르카-1 유적에서도 확인된다(셰프코무드·얀쉬나 2012). 이 문양의 토기 구연부는 토기의 기형이나 문양적인 요소 이외에도 토기의 태토도 이 문화의 것과 유사하다.

다치구로 시문된 종방향 어골문도 유적의 가장 상층에서 출토되었다. 하지만 이 토기의 내면에 다치구로 침선한 흔적이 남아 있는 토기가 있는데 좀 더 심도 깊은 연구가 진행되야지만 이른 토기 유형과 관련이 있는 것으로 생각된다. 그런데 오시포프카 문화의 곤챠르카-1 유적에서 다치구로 찍은 지그재그문(횡방향과 종방향)이 시문된 토기가 출토되었다는 점을 연상케 한다(셰프코무드·얀쉬나 2012, pp.9~51).

야미흐타 유적의 토기는 오시포프카 문화의 것으로 관찰되는 것이다. 그러하다면 토기의 태토에 패각을 분쇄해서 넣는 것, 점열을 시문한 융기문양을 부착하는 것, 구연단이 파상으로 표현된 것도 오시포프카 문화의 특징이라고 할 수 있을 것이다.

4. 야미흐타 유적의 계보에 관한 논의

야미흐타 유적의 이른 시기 층에서는 토기상이나 석기 상으로 보아서 아무르강 하류의 초기 신석기문화인 오시포프카 문화의 특징이다. 그 무엇보다도 이 유적에서 오시포프카 문화의 특징으로 두드러진 것은 이미 알려진 양면 가공된 석기 뿐만 아니라 마연된 석촉과 가공구, 세석인 기법과 쐐기형 몸돌 등이 계속 존재하는 것이다.

토기는 샤모트나 광물을 분쇄한 것과 풀 등이 태토에 혼입되었으며, 토기의 내외면에 다치구로 정면한 흔적이 남아 있다. 발형의 평저토기 기형으로 구연부가 직립하고 두텁다. 구연부 부근에 융기문을 부착하거나 구연단 아래에 구멍을 뚫은 것도 있다. 따라서

---

03 역자 주. 문맥상 이 유적에서 출토된 오시포프카 문화의 토기 중에서 가로방향으로 침선한 문양은 드물다는 의미로 생각된다.

야미흐타 유적의 유물복합체는 오시포프카 문화의 특징인데, 무엇보다도 주거지 내에서 출토되었다는 점이 중요하다. 야미흐타 유물복합체(유형)은 오시포프카 문화의 전통과 일치한다.

그러나 야미흐타 이른 신석기시대 유형은 플라이스토세 마지막의 하한과 1300년가량의 연대차가 존재한다(셰프코무드·쿠지민 2009, p.31). 이 기간은 기술적이거나 유형적인 문화의 변화를 설명하는데 아주 긴 기간이지만 야미흐타 유적에 그대로 반영되어 있다. 그런데 외부의 영향에 의한 변화가 확인된다.

첫 번째는 본 유적에서는 석인류의 석기가 확인되는데, 세석인이나 혹은 정형화된 석인을 얻기 위해서 쇄기형으로 석핵을 박리 하는 것을 포함한다. 석인 가운데는 8~10cm가량 혹은 좀 더 큰 것도 존재한다. 플라이스토세 기간의 오시포프카 문화에서는 프리즘 기법[04]은 그간 확인된 바가 없다(셰프코무드·얀쉬나 2012, pp.204~205).

두 번째는 마제석기, 아주 정형화되고 잘 마연된 석기가 확인되었다. 석촉, 석겸, 석추 등이 확인되었고 아주 많은 양의 편암제 미완성품이 확인되었는데, 찰절 흔적이 남아있다. 찰절기법은 마연방법의 일종으로 두 개로 석재를 나누기 위한 한 방법이다. 이 기법은 아무르강 하류의 신석기시대 중기나 후기의 다른 문화에서는 거의 확인된 바가 없다. 주로 간접떼기로 제작된 석기가 많이 확인되며 마제된 도구가 드문데, 아주 기초적인 마제석촉에서도 잘 확인되지 않는다(셰프코무드 2004, p.86; 데레뱐코 외 2000·2002; 셰프코무드·고르쉬코프 2007).

아마도 현재까지는 다른 유적에서는 확인되지 않는데, 야미흐타 유적에서 마제석기가 많은 비중을 차지하는 것은 석재와 관련이 있을 것이다. 한 가지 확실한 점은 오시포프카 문화에서 마제기법이 있었으며, 이미 신석기시대 초창기에 아주 발달했다는 것이다.

세 번째는 토기태토제작에서 외부의 영향이 확인된다. 패각을 분쇄해서 태토에 섞는 것, 융기문을 부착하는 것, 파상의 구연단이 그러하다. 이것은 야미흐타 유적에서 출토된 토기의 특징이며 아무르강 하류의 홀로세 이른 단계의 문화인 마린스카야 문화와 콘돈 문화와는 차이가 있다.

야미흐타 유적과 같은 시간대에 있는 아무르강 중류의 노보페트로프카 문화에서는 프리즘 기법의 유물 복합체가 특징이다. 또한 야쿠티야의 후기 구석기시대 문화인 숨나긴 문화에서도 이러한 기법이 확인된다(데레뱐코 1970; 모차노프 1977). 야미흐타 석기유

---

04 역자 주. 유우베츠기법.

형은 이 유적의 북쪽과 서쪽에 위치한 문화에서 대형의 석인이 많이 확인되는데, 이와 관련성이 있을 수 있다. 노보페트로프카 문화에서는 토기에 융기문양이 여러 줄 부착되는 토기가 특징적이다. 융기문에는 각목이나 원형으로 시문되었다는 점도 유사하다(데레뱐코 외 2004, p.51).

결국 노보페트로프카 문화에서 현재 야미흐타 유적에서 확인되는 유물복합체를 지닌 사람들이 노보페트로프카 문화에서 동쪽방향으로 이동했다고 가늠해 볼 수 있다.[05] 또한 태토에 패각을 분쇄해서 넣는 것이나, 파상의 구연단은 일본의 고토기 및 사할린(바실리예프스키 외 1982, p.112; 바실리예프스키 2008, pp.137~200)에서 확인할 수 있는 특징이다. 홋카이도에서도 유우베츠기법으로 박리된 박편과 구연단이 파상으로 제작된 토기가 확인된다.

수추섬의 마린스카야 유형에서도 큰 석인과 석핵이 출토되었는데, 석인의 길이는 대체적으로 3~5cm가량으로 그보다 큰 것은 드물다(데레뱐코 외 2003; 메드베제프 2008, p.346). 그런데 아무르강 하류에서 이른 홀로세 기간에 드문 현상으로 원료의 특성상에서부터 생긴 현상으로 보인다. 마제석촉이나 정밀하게 마연된 다른 석기도 마린스카야 유형에서는 확인되지 않는다. 마제석기는 가공구 제작시 많이 이용되었다. 그래서 마린스카야 유형과 야미흐타 유형의 계통은 토기에서만이 서로의 유사성이 확인된다(셰프코무드·얀쉬나 2012, pp.233~235).

또한 야미흐타 유형의 석기양상은 콘돈 문화의 이른 시기의 것과 유사하다. 크냐제-볼콘스코예-1(Князе-Волконское-1) 유적에서는 단독유형으로서 프리즘형 쐐기형 몸돌에서 박리된 석인과 세석인이 출토되었다(A Study on the Formation... 2011). 즉 콘돈 문화의 이른 단계와 야미흐타 유형의 석기가 유사하다. 뿐만 아니라 야미흐타 유적과 크냐제-볼콘스코예-1 유적(오시포프카 문화)의 토기는 서로 유사한 방법으로 제작되었다. 콘돈 문화의 이른 단계 토기에는 샤모트와 광물을 태토의 혼입물로 섞었으며, 얇은 점토를 덧입힌 기법과 구연부를 두껍게 만든 점 등이 관찰된다. 그러나 토기의 문양은 구연단 주변으로 찍은 문양만 확인되는데, 이것은 마린스카야 문화의 토기 문양과 유사하

---

05 역자 주. 야미흐타 유적이 위치한 아무르강 하류는 아무르강 중류의 노보페트로프카 문화 보다 동쪽에 위치한다. 노보페트로프카 문화가 동쪽 방향으로 이동해서 야미흐타 유적에서 확인되는 유물복합체(유형)가 생겼다고 생각하는 것이다. 이것은 야미흐타 유적을 중심으로 본다면 서쪽으로부터 문화의 영향이 왔다고 볼 수 있다.

다. 그렇다면 이 문양이나 제작방법도 오시포프카 문화에서부터 전해졌을 가능성이 많다(셰프코무드·얀쉬나 2012, pp.238~243).

이를 종합하면 야미흐타 유형은 아무르강 하류 홀로세 단계의 잘 알려진 신석기시대 문화(노보페트로프카 문화, 마린스카야 문화, 콘돈 문화)의 중간단계에 위치하며, 오시포프카 문화의 특징이 잔존해 있다. 야미흐타 유형은 토기의 형식이나 석기의 제작방법으로도 편년 상에서 잘 알려진 신석기 문화의 중간에 위치한다.

그런데 구연부가 파상인 토기와 태토에 패각을 혼입하는 방법은 예외적이다. 이 유물의 계통은 아무르강 하류와 인접한 태평양 북쪽의 섬인 일본북쪽지역과 사할린일 것이다.

결론

본문은 야미흐타 유형에 관한 것으로 석기 제작방법과 토기로 보아서 이미 잘 알려진 홀로세 단계의 이른 신석기문화와는 차별되는 중간단계의 것이다. 오시포프카 문화의 여러 유형을 잘 파악하기 위해서는 예보로노 고린 고고지구대(EGGR)의 여러 유적을 조사할 필요가 있다. 무엇보다도 콘돈-포취타(Кондон-Почта) 유적과 하르피찬-4(Харпичан-4) 유적이다. 최근에는 이 유적들도 야미흐타 유적과 마찬가지로 이른 홀로세 단계이며, 대략 9000년 전이라는 절대연대가 있다. 야미흐타 유형은 마린스카야 유형과 마찬가지로 오시포프카 문화와 콘돈 문화 사이의 또 하나의 'missing link'라고 할 수 있다.

하지만 야미흐타 유형에서는 오시포프카 문화와는 확연한 차이점도 확인된다. 오시포프카 문화의 하한과 야미흐타 유형의 상한 사이의 연대차이다. 연대차이 때문에 야미흐타 유형을 오시포프카 문화의 홀로세 단계에 해당하는 늦은 시간적 유형이라고 해석하기는 힘들다고 생각한다. 두 문화 간의 유사한 점도 많지만, 차이점도 많기 때문이다. 또한 그런식으로[06] 해석해 버리면, 오시포프카 문화가 너무 길어진다는 점도 있다. 따라서 지금 현상으로는 우리는 야미흐타 유적을 하나의 유형으로 판단하고자 한다. 이와 같은 유물복합체가 확인되는 유적이 좀 더 많이 확인된다면, 이른 신석기단계의 또 다른 문화로 규정할 수도 있을 것이다.

---

06 역자 주. 오시포프카 문화와 같은 문화의 범주로.

참고 문헌

바실리예프스키, 2008, Василевский А.А. Каменный век острова Сахалин. Южно-Сахалинск: Сахалинское кн. изд-во, 2008. 412 с.

바실리예프스키·라브로프·장수부, 1982, Культуры каменного века Северной Японии. Новосибирск: Наука, 1982. 208 с.

데레뱐코, 1970, Деревянко А.П., Новопетровская культура Среднего Амура. Новосибирск: Наука, 1970. 204 с.

데레뱐코, 1973, Деревянко А.П., Ранний железный век Приамурья. Новосибирск: Наука, 1973. 356 с.

데레뱐코 외, 2000, Деревянко А.П., Чо Ю-Джон, Медведев В.Е., Ким Сон-Тэ, Юн Кын-Ил, Хон Хен-У, Чжун Сук-Бэ, Краминцев В.А., Кан Ин-Ук, Ласкин А.Р. Отчет о раскопках на острове Сучу в Ульчском районе Хабаровского края в 2000г.Сеул:ГосударственныйисследовательскийинституткультурногонаследияРеспубликиКорея; ИнститутархеологиииэтнографииСОРАН,2000.564с.Рус.яз.,кор.яз.

데레뱐코 외, 2001, Деревянко А.П., Чо Ю-Джон, Медведев В.Е., Юн Кын-Ил, Хон Хен-У, Чжун Сук-Бэ, Краминцев В.А., Медведева О.С., Филатова И.В. Исследования на острове Сучу в Нижнем Приамурье в 2001г.Сеул:Государственныйисследователь скийинституткультурногонаследияРеспубликиКорея;Институтархеологиииэтно графииСОРАН,2002.Т.I. 420 с.; Т. II. 222 с; Т. III. 440 с. Рус. яз., кор. яз.

데레뱐코 외, 2003, Деревянко А.П., Нестеров С.П., Алкин С.В., Петров В.Г., Волков П.В., Кудрич О.С., Канг Чан Хва, Ли Хон Джон, Ким Кэн Чжу, О Ен Сук, Ли Вон Чжун, Ян На Ре, Ли Хе Ен. Об археологических раскопках памятника Новопетровка III в Амурской области в 2003г.:Отчет.Новосибирск-Чечжу:Институтархеологииииэт нографииСОРАН;ФондкультурыииискусстваЧечжу,2004.116с.

댜코바, 2002, Дьякова О.В., Дьяков В.И., Сакмаров С.А. Археологические памятники поселка Кондон на Нижнем Амуре // Актуальные проблемы дальневосточной археологии. Владивосток, 2002. С. 151-190.

코로트키 외, 1997, Короткий А.М., Гребенникова Т.А., Пушкарь В.С., Разжигаева Н.Г., Волков В.Г., Ганзей Л.А., Мохова Л.М., Базарова В.Б., Макарова Т.Р. Климатические смены на территории юга Дальнего Востока в позднем плейстоцене-голоцене // Вестн. ДВО РАН. 1997. № 3. С. 121-143.

코로트키 외, 2001, Короткий А.М. Уточнение к стратиграфической схеме четвертичных отложений Приморья (верхненеоплейстоценовое звено) // Четвертичные отложе ния юга Дальнего Востока и сопредельных территорий: Материалы шестого Дал ьневост. регион. междуведомственного стратиграфического совещ. Хабаровск, 2001. С. 40-49.

마히노프, 2006, Махинов А.Н. Современное рельефообразование в условиях аллювиально й аккумуляции. Владивосток: Дальнаука, 2006. 232 с.

메드베제프, 1999, Медведев В.Е. Новое о неолите Нижнего Амура // Проблемы археологи и, этнографии, антропологии Сибири и сопредельных территорий. Новосибирск, 1999. T. V. C. 174-180.

메드베제프, 2005, Медведев В.Е. Неолитические культуры Нижнего Приамурья // Российс кий Дальний Восток в древности и средневековье: открытия, проблемы, гипотез ы. Владивосток, 2005. С. 234-267.

메드베제프, 2006, Медведев В.Е. О культурогенезе в эпоху неолита в Нижнем Приамурье // Современные проблемы археологии России: Материалы Всерос. археол. съез да (23-28 окт. 2006 г., Новосибирск). Новосибирск, 2006. Т. I. С. 288-291.

메드베제프, 2008, Медведев В.Е. Мариинская культура и ее место в неолите Дальнего Во стока // Труды II (XVIII) Всероссийского археологического съезда в Суздале. М., 2008. T. I. C. 244-248.

모차노프, 1977, Мочанов Ю.А. Древнейшие этапы заселения человеком Северо-Восточно й Азии. Новосибирск: Наука, 1977. 264 с.

모차노프 외, 2013, Мочанов Ю.А., Федосеева С.А. Очерки дописьменной истории Якутии. Эпоха камня: В 2 т. Якутск: Академия наук Республики Саха (Якутия); Центр ар ктической археологии и палеоэкологии человека, 2013. Т. I. 504 с.

하바로프스크주 문화부 공문, 2013, Список выявленных объектов археологического наслед ия, расположенных на территории Хабаровского края, по состоянию на 01 янв аря 2014 года. - Утв. Приказом министерства культуры Хабаровского края от 31.12.2013 № 434/ 01. 03 - 01.

셰프코무드, 2004, Шевкомуд И.Я. Поздний неолит Нижнего Амура. Владивосток: ДВО РАН, 2004. 156 с.

셰프코무드, 2005a, Шевкомуд И.Я. Хронология культур эпохи камня в Восточном Приам урье // Comparative Study on the Neolithic Culture between East Asia and Japan. Tokyo, 2005a. Vol. II. P. 185-214.

셰프코무드, 2005b, Шевкомуд И.Я. Археологические комплексы финала плейстоцена - на чала голоцена в Приамурье: новые исследования // Северная Пацифика - культ урные адаптации в конце плейстоцена и голоцена. Материалы междунар. конф. 《По следам древних костров⋯》. Магадан, 2005б. С. 172-177.

셰프코무드, 2007, Шевкомуд И.Я., Горшков М.В. К вопросу о кондонской культуре в Нижне м Приамурье (исследования поселения Князе-Волконское-1 в 2006 г.) // Северн ая Евразия в антропогене: человек, палеотехнологии, геоэкология, этнология и антропология: Материалы Всеросс. конф. с междунар. участием, посвящ. 100-л етию со дня рожд. М.М. Герасимова. Иркутск, 2007. Т. 2. С. 306-310.

셰프코무드, 2009, Шевкомуд И.Я., Кузьмин Я.В. Хронология каменного века Нижнего Приа мурья (Дальний Восток России) // Культурная хронология и другие проблемы в исследованиях древностей востока Азии. Хабаровск, 2009. С. 7-46.

셰프코무드, 2012, Шевкомуд И.Я., Яншина О.В. Начало неолита в Приамурье: поселение Г ончарка-1. СПб: МАЭ РАН, 2012. 270 с.

영문

A Study on the Formation and Transformation Process of Sedentary Food Gathering Society in Northeast Asia. Tokyo: University of Tokyo, 2011. p.288.

Fischer A., Hainemeier J. Freshwater Reservoir Effect in 14C Dates of Food Residue on Pottery // Radiocarbon. 2003. Vol. 45, No. 3. pp.449-456.

Kunikita D., Shevkomud I., Yoshida K., Onuki S., Yamahara T., Matsuzaki H. Dating Charred Remains on Pottery and Analizing Food Habits in the Early Neolithic period in Northeast Asia // Radiocarbon. 2013. Vol. 55, No. 3-4.

Reimer P.J., Baillie M.G.L., Bard E., Bayliss A., Beck J.W., Bertrand C.J.H., Blackwell P.G., Buck C.E., Burr G.S., Cutler K.B., Damon P.E., Edwards R.L., Fairbanks R.G., Friedrich M., Guilderson T.P., Hogg A.G., Hughen K.A., Kromer B., McCormac G., Manning S., Bronk Ramsey C., Reimer R.W., Remmele S., Southon J.R., Stuiver M., Talamo S., Taylor F.W., van der Plicht J., Weyhenmeyer C.E. IntCal04 Terrestrial Radiocarbon Age Calibration, 0□26 cal kyr BP // Radiocarbon. 2004. Vol. 46, No. 3. pp.1029-1058.

Uchida K., Shevkomud I.Ya., Imai Ch., Hashizume J., Kunikita D., Gorshkov M.V., Kositsyna S.F., Bochkaryova E.A., Yamada M. Amur Karyuiki Ni Okeru Zenki Shinsekki Jiidai "Kondon 1 Ruikei" ni Tsuite // Koukai Shimpojium II Yokoushu "Jomon Jidai Souki Wo Kangaeru". Yamagata, 2011. рⅡ.55-70. Яп. яз.

일문

内田和典・シェフコムードI.Ya.・今井千穂・橋詰潤・國木田大・ゴルシュコフM.V.・コシツゥナS.F.・ボチカ リョバE.I.・山田昌久, 2011, アムール下流域における前期新石器時代「コンドン 1 類型」について- 2009 年度 コンドン 1 遺跡の調査成果を中心に-, 縄紋時代早期を考える.

02

연해주 이만(ИМАН)강 유역의
새로운 고고문화 분리문제에 대한 연구

린샤(Лынша В.А.), 타라센코(Тарасенко В.Н.)

서론

고고문화 분리문제는 지역성과 시간성을 구조화한 직관적인 적응전략으로서 페테르부르그 고고학이론학자인 클레인에 의해서 거의 25년 전부터 논의되어 왔다. 고고문화의 계통문제에 관해서는 시스템 내부에서 하부 시스템과 각각의 요소로, 직관적인 개별문화로 부터 문화의 단위로서, 형식학에서 문화 특징으로 연구해야 한다고 결론을 내렸다(클레인 1991, pp.230~247).[01] 하지만 명제가 충분함에도 불구하고 아직까지도 널리 사용되지 못하는 것 같다. 연해주 고고학에서 필자(린샤 2002; 린샤 2003; 린샤 외 2011; Lynsha 2012)는 최초로 이 개념을 도입해서 연구하고자 했다. 2013년 11월 블라디보스토크에서 개최된 학술대회에서 필자는 연해주 북부 이만강 유역의 고고문화를 지역별로 시간순서대로 발표하였으나, 현재까지도 필자를 의심스러운 눈초리로 보고 있다.

---

01 역자 주. 러시아고고학에서 고고문화의 개념은 몬가이트(1955)에 의해서 쓰여진 『소련의 고고학(Археология в СССР)』이란 고고학 개론서에서 고고문화에 대한 정의가 내려졌다. 그가 밝힌 고고문화는 동일시대로, 같은 지구에 분포하며, 공동의 특징을 가지는 유적과 유물의 복합체를 가리킨다(몬가이트 1955). 고든 차일드와 소련고고학의 문화개념을 받아들이고(崔種圭 2008), 몬가이트(1955)의 책을 번역한 중국 고고학의 유형은 고고학문화의 하위구분이다(大貫靜夫 2008). 러시아에서도 유형(комплекс)은 동일한 개념(클레인 1991)으로 사용된다(김재윤 2009).
김재윤, 2009, 「서포항 유적의 신석기시대 편년 재고」, 『한국고고학보』 62.

그러나 결론 혹은 정의에 대해서는 논의된 바 없다. 이를 채택한 결과는 비판적인 입장이 팽배하였고, 간접적으로 그 결론에 그림자가 드리워졌지만 본고에서는 지역별로 시간순서대로 분리된 고고문화의 연속성[오르리노클류프(Орлиноклювская)-시벨라즈(Шивелазская)-이만(Иманская)-알마진(Алмазинская)-달네쿠트 문화(Дальнекутская культура)]에 대해서 논의해보고자 한다. 문화의 범주 내에서 세밀하게 분류하는 것은 첨예한 대립이 예상된다. 본고의 다른 저자들은 독립적인 고고문화 내에서 하위분류하는 것을 부정적으로 대부분 생각하고 있다. 예를 들면 셰프코무드 박사는 아무르강 하류 지역을 가장 심도깊게 연구했는데, 그에 의하면 오르리노클류프 문화는 콘돈 문화, 이만 문화는 보즈네세노프카 문화, 시벨라스 문화는 모레바 박사의 말리셰보 문화의 이른 단계이다. 반대로 연해주 남부에서는 모레바 박사의 보이스만 문화가 시벨라즈 문화이며, 오르리노클류프 문화는 루드나야 문화로 생각해볼 수 있다. 안타깝지만 거의 같은 문화가 언급되고 있다. 모레바 박사는 오르리노클류프 문화의 이른 단계의 절대연대(7210±120B.P., 7120±90B.P.)에 대해서 매우 부정하고 있다. 그에 의하면 이 연대의 토기는 보이스만 문화의 1단계 보다 절대로 古式이 될 수 없다. 그 이유는 보이스만-2 유적의 1단계에서 오르리노클류프 문화의 토기와 같은 형식인 베트카 유형의 토기가 어느 정도 관련성이 있기 때문이다. 베트카 유형의 절대연대는 6635±60B.P.~6155±85B.P.(바타르쉐프 외 2010)이다.

얀쉬나는 여러 발표자들이 고고문화의 개념을 대신해서 토기 형식이라는 개념만을 이용했는데, 절충안으로 보인다. 만약 고고문화 수준에서 고고문화의 지역적 유형으로 하나씩 분리 했다면 분류의 범주를 좁혔다고 할 수 있는데, 토기형식만을 이용한 것은 논쟁을 피하고 싶을 뿐이라고 할 수 있다. 좀 더 유연하게는 다음과 같이도 할 수 있다. 예를 들면 보즈네세노프카 문화의 이만유형 혹은 보이스만 문화의 시벨라즈 유형으로 해서 반대의견을 약간 받아들을 수도 있다.

그러나 이러한 절충안은 원래의 개념과는 양립될 수 없다. 예를 들면 태토에 혼입되는 '분쇄물02'과 '혼합물'은 고고문화의 분리문제에서 유형의 유사함과 차이점을 구분하는데 많은 역할을 했고, 이에 관한 논쟁은 계속되고 있다(클레인 1990, pp.94~95·

---

02 역자 주. 분쇄물은 패각분쇄물과 샤모트라고 불리는 토기를 잘게 부수어서 넣은 일종의 내화토를 말한다. 러시아에서 고고문화의 계통문제를 논할 때, 토기의 태토에 섞인 혼입물의 종류가 달라지면 계통문제와 관련시키는 논점이 많다. 이에 관해서는 본 번역서에도 많이 언급되어 있다.

197~202). 여러 논쟁에서 클레인의 견해는 나누어 졌다. 클레인은 태토내의 분쇄물을 올바르게 연구하는 것이 결과적으로 고고문화 분리에 유리하다고 판단하였다. 만약에 태토에서 분쇄물의 차이점이 확인된다면 연구에 이용될 수 있지만, 그렇지 않다면 전부 뒤섞인 것이 된다고 역설하였다. 점토를 얇게 바른 경우라면 (연구의) 손해 볼 것이 없다고 하였는데, 자세하게는 남아 있지 않을 것이지만 남아는 있을 것이라고 설명하였다(클레인 2012, p.290).

그런데 하나의 유적을 기준으로 한 오르리노클류프 문화의 구분문제에 대해서는 논의된 바가 없다는 것은 문제이다. 고고문화를 규정하기 위해서는 유적에 대한 조사가 충분히 많이 이루어져야 함은 주지의 사실이다. 물론 새로운 고고문화를 분리하기 위해서 얼마나 많은 유적을 발굴해야 하는 지에 대해서 그 누구도 규정할 수 없는 것은 당연하다고 생각한다. 클레인의 견해에 의하면 새로운 고고문화를 규정하기 위해서는 하나의 유적이라도 필요하다고 한다. 물론 그 유적이 다른 유적들과 완전히 다르다는 것을 증명해야 한다(클레인 1991, p.99). 우리 지역의 연구에 적용해서 볼 때 오르리노클류프 문화는 오르니이 클류치(Орлиный Ключ) 유적과 그 출토유물로만 연구된 것인데, 아직까지도 그에 대한 보고가 부족한 것이 현실이다. 이 유적의 층위, 유구 상황, 유물 복합체 등에 대한 정보가 부족하기 때문에 이 유적에 대한 진정한 학사적 가치를 평가받고 학문적 목적을 달성하기가 힘들다고 생각한다. 따라서 본 고에서는 대표적인 오르니이 클류치 유적의 유물에 대해서 설명하고자 한다. 연해주와 아무르강 하류의 지역별 고고문화변천을 오르니이 클류치 신석기시대 유물복합체로 설명하는데 반드시 필요한 부분이기 때문이다.

1. 오르니이 클류치 유적

지난 20년 동안 이만강 유역에서는 10개 이상의 고고유적이 발견되었다. 이만강 유역에는 상류에서 하류로 내려가면서 모두 6개의 유적이 발굴되었는데, 멜니치노예-1(9㎡), 달네카야(핀지고우)-1(9㎡), 오르니이 클류치(33㎡), 시벨라자(79㎡), 로시노-6(20㎡), 달느이 쿠트-15는 린샤(36㎡)와 클류예프에 의해서 두 번(48㎡) 발굴되었다. 이만강의 오른쪽 지류인 아르무강 유역에는 2개의 유적이 있는데, 알마진카(89㎡), 미쿨라(6㎡) 등이 있고, 타티베강(이만강 오른쪽 지류, 달냐) 유역에는 탈린구자(6㎡)와 침치구자(15㎡) 유적 등이 있다.

　모든 유적은 같은 방법으로 발굴을 하였는데, 본고에서는 분량의 제한 때문에 모든 것을 상기하지는 못한다.

　유적의 입지, 지형, 토층상태 및 출토유물은 몇 번에 걸쳐서 이미 발표한 바 있다(클류예프·가르코빅 2002; 린샤·쥬시호프스카야 1996; 린샤 2002·2003; 린샤 외 2011; 타라센코 2007; 부르도노프 2007; 샤포발로프 2009; Lynsha 2012).

1) 유적의 입지와 층위

　오르니이 클류치 유적은 이만강의 우안 하류인 멜리치노예 마을에서 6km 떨어진 곳에 위치한 곳에 있다(그림 1). 이만강 유역의 주거취락은 다층위 유적으로서 입지나 층위면에서 전형적인 모습을 보이고 있다. 유적은 18m 높이의 단구대 위의 아래쪽에 위치한다. 주거지 내에 'ㄴ'자 둑을 남겼는데, 동벽은 B1~B3 구간, 서벽은 A'1-A'4 구간, 남벽은 A'4-C4 구간을 그린 것이다(그림 2).

　주거지의 단벽은 같은 층은 벽 마다 층위나 위치에 따라서 다음은 주거지의 동벽 토층에 대한 설명이다(그림 2). 1) 표토층으로 부식토층으로 풀로 덮혀 있다: 10~12cm. 2) 회갈색 사양토로서 크고 작은 자갈이 섞여 있으며, 철기시대 토기가 출토되었다: 10~15cm. 3) 적갈색 사양토로 크고 작은 자갈이 섞여 있다. 달네쿠트 유형의 토기와 알마진 유형의 토기 편이 드물게 확인된다(이 층은 그림 2에는 없다): 15~20cm. 4) 황갈색 사양토로 알마진카 유형의 토기 동체부 편이 출토된다(그림 2에서 3층): 주거지 평면도 C1~C2 격자에서 노지가 확인되는데, 이 곳에서는 알마진카 유형의 토기가 집중되었고, 하층에서는 루드나야 문화와 가까운 토기 혹은 늦은 콘돈 문화의 토기가 출토되었다(그림 7: 2~5). 5) 롬(loam)층[03]으로 크고 작은 자갈이 섞여 있는데, 이 하층에

03　역자 주. 러시아어로는 суглинок이라고 하며, 영어로는 loam층이라고 한다. 점토함량이 중간정도인 토양을 말하는데, 국제적으로는 세토의 무기질 중 점토(0.02m 이하) 함량이 15% 이하로 실트(0.02~0.0002m)와 점토의 함량이 35% 이상, 실트가 45% 이하인 토양을 말한다. 이와 같은 암상을 가진 지층을 롬층이라고 한다. 일본 롬층을 대표하는 관동 롬은 본래 이 의미로 브라운스(D. Brauns)가 명명했다. 지층이 화산회 기원으로 알려져 롬층에서 화산회의 기원의 의미를 내표시키는 용어의 혼란을 초래하였다(한국지리정보연구회 2006).
　　한국지리정보연구회, 2006, 『자연지리학사전』, 한울아카데미.

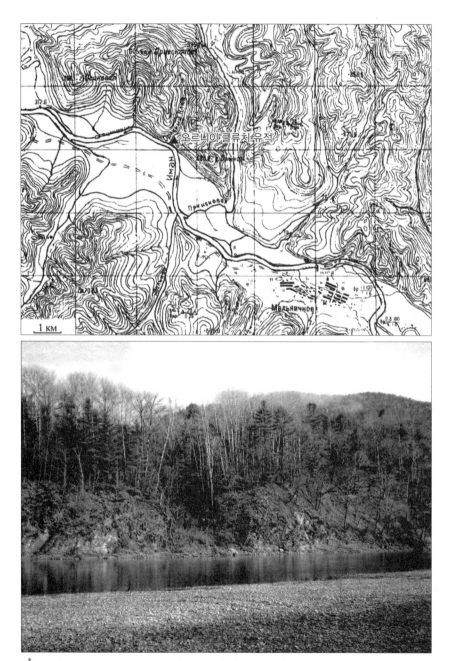

| 그림 1   오르니이 클류치 유적. 유적의 위치 지도와 유적의 경관

는 오르리노클류프 문화의 토기가 집중된 검은 층이 구지표에서 70~85cm 떨어진 곳에서 확인되었다(그림 2: 4층의 아래층과 5층): 35~40cm, 6) 자갈과 암반층으로 회백색 롬층은 주거지 내부토인데, 두께가 40~45cm 정도이다. 주거지 외부에서 이 층의 두께는 10~15cm 정도이며, 곳에 따라서 5cm 정도도 있다. 주거지 중앙인 A2-A4 격자, B2~B4 격자에는 층위 상에서 중요한 곳이다. 상층은 회백색 사양토로 깊이가 표토층에서부터 50~60cm에 달하고 지그재그문 어골문이 시문된 이른 알마진카 유형의 토기(25편), 조개편이 혼입된 고대 토기편(44점), 오르니이 클류치 토기와 루드나야 문화의 후기 유형(77점) 등도 확인되었다. 두께가 5~7cm가량의 얇은 층(때로는 10cm 정도)은 주거지 중앙에서는 거의 확인되지 않는다. 플린트제 석기와 토기는 구지표에서 65~85cm가량 혹은 90cm가량의 높이에서 출토되었다. 회백색 롬층의 둑을 제거하는 과정에서 검은 층이 확연하게 드러났는데, 이 층의 높이는 4b층으로 4층과는 구분된다.

구지표에서 70cm가량 높이의 가장 상부에는 조개편이 혼입된 대형 토기의 구연부편이 출토되었다. 패각이 혼입된 토기의 작은 편은 이 높이에서 주거지의 다른 지점에서도 출토된다(70점). 이러한 정황은 후대의 주거지에 의해서 주거지가 파손되었을 가능성을

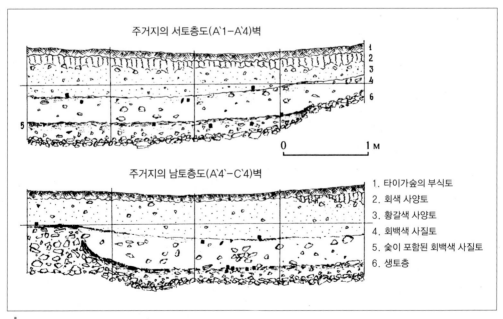

그림 2　오르니이 클류치. 주거지의 토층단면도

추정해 볼 수 있다. 그러나 A3 격자를 제외하고는 최소한 4층의 하층에서는 주거지의 파손은 확인되지 않는다. 대부분의 깨진 완형 토기 및 단일 유물은 4층의 아래층과 5층과 접하는 층에서 출토되었다. 5층에서 출토된 깨진 완형 토기 및 토기 저부는 전체 토기 량의 65~75% 정도가 되며, 4층에서는 38~35%가량이다.

토기가 주로 출토되는 층에서 석기도 함께 출토되었다. 예를 들면 5층에서는 석부 6점과 석겸 4점이 출토되었으며, 4층의 아래층에서도 2점의 석겸이 출토되었다. 단면이 둥근 석부 1점(그림 9: 4)이 출토되었는데, 4층의 가장 상부에서는 출토되어 주거지(오르리노클류프 문화)와는 관련성이 없다. 따라서 4층의 아래층과 5층에서 출토된 유물은 한 유물복합체의 것으로 볼 수 있다.

2) 주거지

반수혈식 주거지로서, 발굴 전에는 지표상에서 흙 다짐 흔적이 보였다. 선사시대 주거지의 구덩이를 파면서 버린 흙의 흔적으로 보인다. 발굴하는 과정에서는 주거지 1기만이 발굴되어서 주거지 내부의 둑에서 확인되는 층위에서는 확인되지 않고 주거지 어깨선 외부에서만 확인된다(그림 2). 주거지 내부의 둑을 남겨두고 기준을 삼아서 토층을 확인했는데, 둑의 위치는 A'1, C1과 C4(그림 2·3)이다. 주거지의 어깨선은 평면상에서는 확실하게 드러나지 않았다.[04] 평면상에서 주거지 어깨선은 유물의 분포로 확인할 수 있다. 그 전제 조건은 이 높이에서 주거지 외곽선으로는 유물이 한 점도 확인되지 않기 때문이다. 주거지의 크기는 5×4.5m이다. 주거지의 문은 북쪽에 있었을 것으로 추정되는데, A1 격자 내이며, 출토되었으며, 그 곳에서 유일한 주혈이 1개 확인되었다(직경 18cm). 주거지의 남쪽벽은 암반층과 맞닿아 있다.

주거지의 중앙에는 타원형의 노지가 확인되었다. 그곳에서 불 맞은 뼈가 확인되었는데, 석기를 떼어 낼 때 사용했던 것으로 보인다. 석부와 화살촉, 대부분의 쐐기형 석핵은 주거지의 남동쪽에서 출토되었다(그림 3). 깨진 채 출토된 완형토기에는 음식물 조리시 부착된 그을음이 있었다. A'1–B'2 격자(그림 4: 1), A'2 격자(그림 4: 2), A4–A5 격자(그림 5: 1), C4 격자(그림 5: 2)에서 출토되었다. 완형토기 가운데서는 그을음 흔적이

---

04 역자 주. 주거지 주변의 덮힌 흙으로 인해서 같은 높이에서의 주거지 어깨선은 확실하게 드러나지 못했다는 의미이다. 이는 러시아가 인공층위로 발굴을 하기 때문에 생기는 현상이다.

없는 것도 있는데, A'3 격자(그림 6: 1)와 C2 격자(그림 6: 2)에서 출토되었다. 음식 담는 용기로 보이는 2기의 잔발형토기도 C2 격자와 C4 격자(그림 7: 4)에서 출토되었다.

주거지의 평면형태는 정확하게 결론 내리기는 힘들었다. 평면도 상에서는 원형으로 보이지만, 말각장방형일 가능성도 있다. 주거지의 내부 곳곳에서 층위 상으로는 5층에서 숯이 확인되었다. 탄소연대 측정을 한 결과 3개의 결과가 추출되었다. 7120±90B.P. (COAH-7186)(B2 격자), 7090±95B.P.(COAH-8127)(A4 격자), 7210±120B. P.(COAH-8128)(C3 격자)이다.

2. 출토유물

1) 석기

주거지에서 출토된 석기는 모두 434점이다. 다양한 크기의 박편석기가 출토되었는데, 그 중 1점은 프리즘형(쇄기형) 석핵석기이고, 박편석기는 314점이다. 도구는 완형과 미완성형을 포함해서 120점가량이다(28.8%). 25점의 박편석재와 부러진 26점, 세석인 7점도 출토되었다. 박편 석기 가운데서 석촉(4점)은 나뭇잎 형으로 경부가 만입되었다 (그림 8: 6). 석창은 완형(2점)(그림 8: 7) 및 파손품(7점)이 출토되었다. 새기개 종류(5점)(그림 8: 4), 가장 자리만 다듬은 긁개(6점)(그림 8: 5, 그림 9: 2), 석인(3점), 뚜르개(1점)(그림 9: 1) 등도 출토되었다. 양면에서 눌러 떼기 된 석인편(1점), 석인(6점)과 가장자리만 눌러떼기 된 세석인(2점) 등도 출토되었다. 석인 가운데서 2점은 인면을 리터치 한 석도이다. 박편석기 가운데서 새기개(3점)도 있고, 11점은 가장자리를 재가공 한 것이다. 석기 가운데는 단면이 능형인 뚜르개로 추정되는 것도 있다(그림 9: 5).

마제석기는 편인은 석부(그림 8: 1·3, 그림 9: 6)와 석겸(6점)(그림 8: 2, 그림 9: 3), 마제석기와 평면형태가 원형인 관옥형 석기 등이 출토되었다. 그 외에 미완성 석부(2점)도 출토되었다. 그 외에 노지에서 불맞은 부러진 골각기가 출토되었는데, 골촉 혹은 골모로 추정된다.

상기한 석기는 연해주와 아무르강 하류의 신석기시대 중기에서 주로 출토되는 것이다.

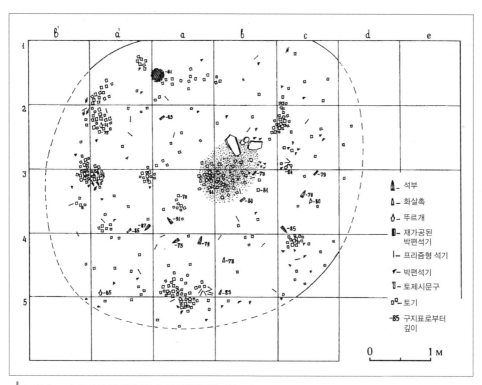

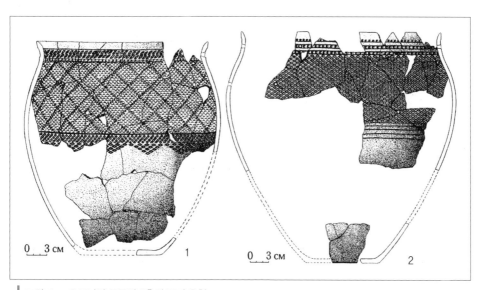

2) 토제품

점토로 제작된 제품은 모두 1,252점인데, 그 중에서 능형모양으로 음각되어 있는 토제 시문구(2점)(그림 7: 6)이 출토되었다. 방추차는 단면이 모자처럼 생겼으며 무문양이다. 그 외 다양한 크기의 토기편(1,249점)이 출토되었다. 그 중 구연부편은 모두 79점이고, 저부 73점, 문양이 시문된 동체부편 384점, 문양이 없는 동체부편 643점이 출토되었다. 많은 양이 작은 편조각으로 거의 80%를 차지한다. 그러나 그중 대형과 중형 토기편의 90% 이상은 문양이 있는 것이다.

주거지에서 출토된 토기는 크게 태토의 혼입율에 따라 2가지로 구분할 수 있다. 모래와 자갈이 혼입된 태토로 제작된 토기가 1,179점이고, 분쇄한 샤모트와 패각이 혼입된 태토는 모두 70점이다. 기본적으로 토기 제작 방법은 모두 같다. 토기의 기형은 권상법으로 제작되었는데, 가장 아래쪽의 점토띠는 저부의 외면을 만들었다. 토기의 외면은 얇게 점토를 펴발라서 마무리했던 것으로 보인다. 토기는 산화염 소성으로 제작되었다. 토기의 단면은 모두 검은색이다.

깨진 채 출토된 대형의 완형토기는 모두 7점이 출토되었는데, 음식물을 담는 잔발형 토기도 있었다(2점). 대부분 복원가능하다. 소형으로 문양이 새겨진 토기 가운데는 완형으로 출토된 것도 있다(7~8점). 대부분 토기의 두께는 5~6mm이다. 토기를 세척하면서 표면에 발린 점토가 대부분 씻겨내려가서, 대부분 토기의 외면이 거칠다. 태토의 모래 알갱이들이 박혀 있는 상태가 그대로 드러났다. 태토에 혼입된 혼입물의 크기는 0.3~1mm가량이고, 2~3mm가량의 혼입물은 찾아보기 힘들다.

토기는 크기에 따라서 크게 3종류(대, 중, 소)로 나눌 수 있다. 구연부의 직경이 25.8cm 이상 42cm 이하는 대형인데, 동최대경은 구경보다 1.5~2.5cm 이상 크다. 기고도 구경보다 1~2cm 정도 크고, 저경은 9cm가량이다. 작은 토기의 구경은 4~5cm가량인데, 한 개는 컵형토기로, 동최대경의 크기가 5cm가량인 토기이고, 저경은 2cm, 높이는 3.5cm이다. 나머지 한 개도 비슷한 기형으로 동최대경이 6.4cm, 저부 4cm, 기고 7.2cm, 경부의 높이는 2.4cm이다. 토기의 크기는 용도와 관련성이 깊은 것으로 생각된다.

대형과 중형토기의 기형은 모두 같다. 구연부가 약하게 외반하면서 동최대경은 기고의 중앙에 위치하며, 저부가 평저로 구경보다 작은 기형이다. 이러한 기형을 '반(半)잠긴 기

| 그림 5   오르니이 클류치 5층의 토기 유형

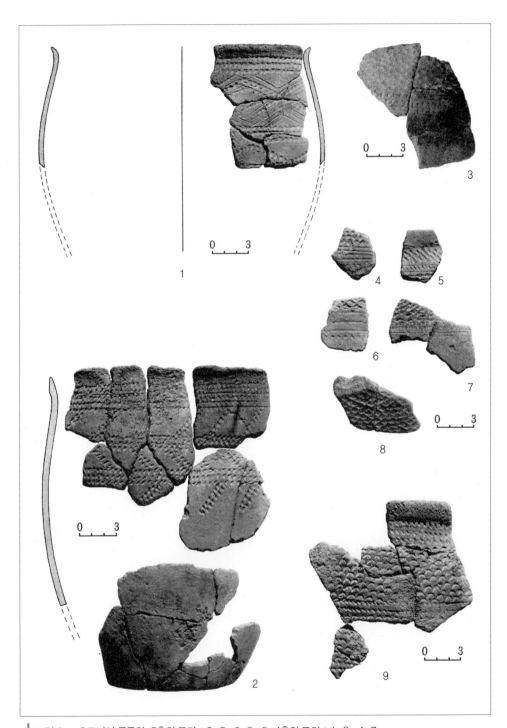

그림 6   오르니이 클류치. 5층의 토기 : 2·5~6·8~9, 4층의 토기 : 1·3~4·7

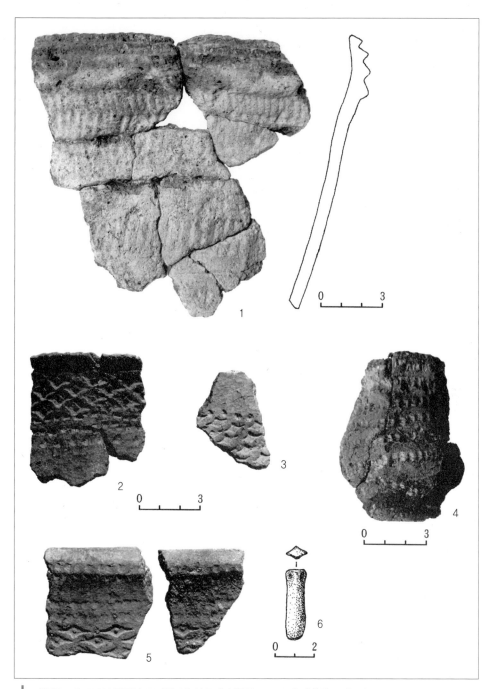

| 그림 7 　오르니이 클류치. 토기와 4층의 토제 시문구 : 1~4 · 6, 3층의 토기 : 5

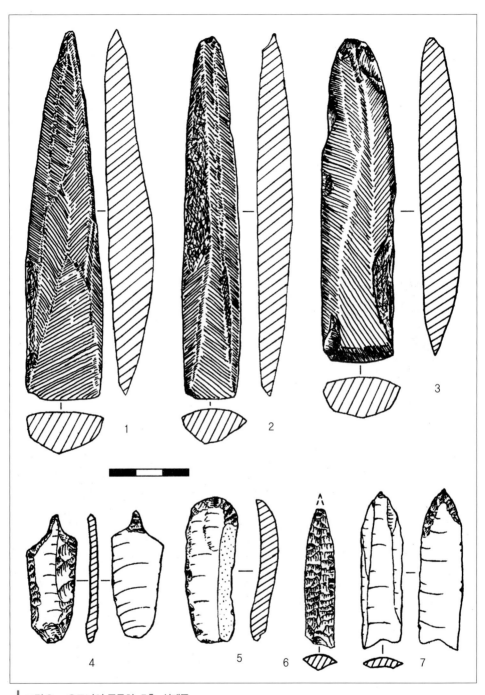

그림 8 　오르니이 클류치. 5층. 석제품

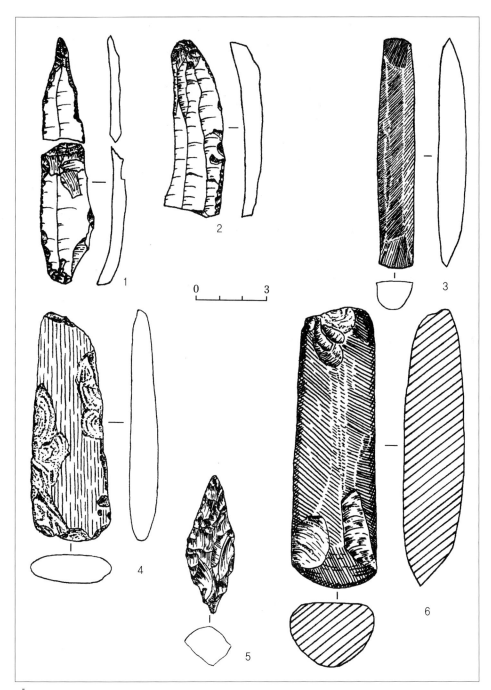

그림 9   오르니이 클류치. 5층에서 출토된 석제품 : 1~3・5~6, 4층의 가장 상층의 석제품 : 4

형05'이라고 할 수 있는데, 이 기형은 경부의 직경보다 항상 동최대경이 크다. 중형 토기의 문양은 대형 토기와 문양 시문범위에 차이가 있다. 대형의 토기는 가로방향의 문양대를 여러 개 반복해서 시문하고 있다(그림 4: 1~2, 그림 5: 1~4).

문양을 시문하는데 기본적으로 '스탬프'로 찍는 압인(押印)하는 방법과 침선하는 방법이 있다. 문양시문구로는 새 뼈, 점토로 제작된 스탬프 및 단치구 등이 있다. 단치구도 점토로 제작되었을 가능성이 있다. 그림 6: 9와 같은 부채꼴 모양은 새 뼈로 제작된 도구로 찍었을 가능성이 크며, 이런 문양이 연속해서 시문되면 어린문(魚鱗文)06으로 모티브화 된다(그림 4: 1).

단치구로 시문된 문양대에는 직선, 파상, 원형 등 다양한 문양형태가 일반적이다. 그런데 이 주거지에서 출토된 유물은 단치구로 시문된 것인데, 음각된 시문도구로 평면형태가 원형인 것으로만 시문되었다. 이 문양과 함께 표현된 다른 시문방법은 침선과 압날하는 방법이다. 시문구의 모서리 부분의 모양에 따라서 찍히는 문양에 차이가 있다. 렌즈형, 대칭적인 렌즈형, 반달형, 변형적인 타원형 등이다(그림 4: 1~2, 그림 6: 1~2). 주거지 내의 평면위치 A'1-B'2 격자에서 출토된 그림 4: 1의 토기는 능형의 그물문양을 침선하고 부채꼴모양의 단치구로 찍었다. 그 하단에 침선문으로 그려서 부채꼴문양이 능형모티브로 찍힌 상단과 구분하였으며, 다시 능형의 시문구를 연속해서 찍어 삼각형을 표현하였다. 동체부보다 위쪽인 경부에는 동체부와 다른 문양대가 시문되었는데, 대칭적인 렌즈모양의 시문도구로 찍고, 그 하단에 원형 시문구로 찍었다.

그림 4: 2의 토기는 주거지 내에서 A'2의 격자 위치에서 출토되었는데, 동체부의 문양대 가장 하단에는 5줄의 침선이 가로 방향으로 그어져서 동체부에서 시문되는 위치와 그렇지 않은 곳을 확실하게 구분하고 있다. 문양은 여러 시문도구를 사용해서 원문을 시문하고 있다. 가로 방향의 선은 너비가 대략 1~1.5mm가량으로 침선한 후 원문을 찍었다. 5줄의 침선은 동최대경의 위치에 시문되었다. 상기한 두 토기는 문양대의 가장 상단이자 구연부와 가까운 부분에 곡물문양07으로 보이는 문양을 찍었다는 공통점이 보인다.

문양의 시문도구는 점토로 제작되었는데 기본적으로 2가지 형식이다. 그림 7: 6과 같이 단순한 능형의 단치구와 치구가 2개, 4개, 5개인 다치구이다(그림 5: 1·3). 그 중

---

05 역자 주. 옹형토기.
06 역자 주. 아무르망상문 혹은 그물문양.
07 역자 주. 원문.

격자 모양이 있는 능형은 문양이 있는 토기 가운데서 유일하게 1점(그림 5: 4)이다. 삼각형이나 원형의 스탬프로 찍은 토기는 확인되지 못했다. 토기의 기형에 따라서 능형의 시문구로 표현할 수 있는 것은 상당히 다양하다(그림 4: 1~2, 그림 5: 2·4, 그림 6: 4·6·8). 능형문양이 연속적으로 시문되어서 일명 아무르 망상문양도 확인된다(그림 4: 2, 그림 5: 2·4, 그림 7: 2·5). 그 중에서 아무르 망상문양이 2개의 침선문으로 표현된 가로방향의 지그재그 문양과 함께 결합되는 경우도 있다(그림 5: 2·4).

대형 토기는 문양대가 2개로 구성되는데, 다치구로 찍은 문양대와 그 하단에 침선을 가로 방향으로 그은 것인데, 5점이 출토되었다. 예를 들면 한 토기에는 치구가 5개인 시문구와 5개의 가로 방향 침선이 시문되었다(그림 5: 1). 또 다른 토기에는 치구가 4개인 다치구로 찍고 그 하단에 침선을 2줄 그은 것도 있다(그림 5: 3).

주거지에서 출토된 대형토기는 오르니노클류프 유형 토기를 분리하는 가장 기본적인 토기이다(린샤 외 2011, p.203). 오르니노클류프 유형의 토기는 구연부가 외반하면서 토기의 동체부가 굴곡이 생기는데, 토기의 견부와 경부는 뚜렷하게 구분되고, 동최대경은 기고의 중간에 위치하고 저경은 매우 작은 편이다. 토기의 문양복합도는 문양대에 따라서 차이가 있는데, 구연부, 경부, 어깨부터 동체부까지의 문양요소가 각기 차이가 있다. 문양은 동체부의 중간까지 시문된다. 구연부 바로 아래에는 너비 1.5cm가량의 공간을 두고 그 하단에 문양대를 그렸는데, 가로 방향의 침선을 긋고 다양한 형태의 단치구나 능형의 시문구로 찍어서 표현하였다(그림 4: 1~2, 그림 5: 2·4, 그림 6: 9). 토기의 견부부터 동체부 중간까지는 능형이나 다치구 혹은 부채꼴 모양의 시문구를 연속해서 찍어서 표현하였다. 이 문양대에서 가장 자주 시문된 문양은 능형인데, 지그재그 문양과 어린문도 중요한 요소이다. 이 문양대의 하단에는 3~5개의 침선으로 문양대를 마감하였다(그림 4: 2, 그림 5: 1~2). 하지만 다른 문양요소도 결합될 가능성이 있는데, 그림 4: 1의 토기가 보여주고 있다. 이 토기에는 3개의 문양요소가 확인되는데 새긴문양, 다치구로 찍은 문양, 격자가 내부에 있는 능형문이 삼각형 모티브를 이루고 있는 것 등이다.

경부와 동체부 접합부는 문양대가 구분이 되지 않는데, 동체부의 문양대가 다치구와 침선으로 시문되기 때문이다. 상기한 토기와의 이 토기의 문양 구성의 차이점은 오르니노클류프 유형은 2개의 토기 형식(A형식과 B형식)으로 구분될 수 있다. 토기 형식이 구분되는 것은 문화의 차이로도 설명될 수 있다는 점에서 중요하다.

2개의 토기 형식은 같은 범주라고 할 수 있는데, 그 이유는 다치구로 찍은 문양과 능형문양이 함께 시문되는 토기가 확인되었기 때문이다(그림 6: 6). 다시 그림 4: 1의 다치구로 찍은 토기를 주목할 필요가 있다. 이 토기의 가장 마지막 단에 시문된 능형문은 내부에 격자가 있는 문양이다. 그 상단에 다치구로 찍은 문양이지만 마치 능형을 모방한 것처럼 보인다(그림 4: 1~2). 그리고 오르니노클류프 유형에서 또 다른 형식의 토기는 구연부 바로 아래에 원문을 찍는 것이다(그림 5: 1). 원문이 견부에 찍히는 경우도 있다(그림 4: 2). 이 원문이 어디서부터 시작되었는지는 아직 확실치 않지만, 이 유형의 토기문양에 보충적으로 사용되었음은 틀림없다.

필자는 중형토기를 대형토기와는 따로 분리해야 한다고 생각한다. 왜냐하면 두 토기는 용도의 차이가 있기 때문이다. 예를 들면 대형의 옹형토기이지만 저부가 아주 좁은 경우는 곡물이나 약체 등을 보관하는 용도로 사용하거나 원시 술과 꿀로 만든 음료 등을 제작하였을 가능성이 있다. 중형의 토기는 실제로 토기를 이용해서 음식물을 끓였을 수도 있다. 중형의 옹형토기는 물이나 우유 등을 보관했고, 좀 더 작은 것은 마시기 위한 용도로 일종의 컵일 가능성도 있기 때문이다. 중형의 토기는 대부분 형식적으로 통일되는데, 대형의 토기가 문양의 구성이나 문양 요소가 토기마다 차이가 있는 것과는 차이가 있다.

중형 토기도 토기 문양이 복합되는데, 대형 토기와는 차이가 있다. 물론 토기의 구연부편, 견부, 경부 혹은 동체부로만 확인되어서 확실하지는 않다. 토기의 두께는 4~5mm인데, 앞서 상기한 대형 토기에서 확인되는 문양 요소가 모두 확인된다. 침선문, 작은 다치구나 능형문 등이다(그림 6: 4~7).

그런데 그 중 가장 차이가 있는 것은 문양의 복합도이다. 시문구의 차이로 인해서 단치구는 원문만이 사용된다. 예외적인 경우는 가로 방향의 지그재그 문양으로서 침선으로 그린 후 그 내부를 원문으로 찍은 것이다(그림 6: 1). 이를 제외하고는 다른 토기는 원문은 토기의 견부나 동체부에 시문된다. 동체부에 시문될 때는 가로방향의 침선된 직선과 원문을 두줄로 찍는 방향을 바꿔서 찍기도 한다. 구연부에는 한 줄로 단치구로 찍은 문양이 시문되고 경부에는 5줄의 침선이 돌아가기도 한다. 문양대의 가장 하단도 역시 침선과 원문이 결합된 문양대로 마감하기도 한다(그림 6: 7). 한 점 만으로 분리하기는 너무 토기 양이 적지만 새로운 토기 형식으로 볼 수 있다.

토기의 구연단이 두툼하며 단면이 원형이고 그 하단에 능형의 아무르 망상문이 시문된 토기가 2점 확인되었다. 이 토기의 능형 문양 내부에는 '점'이 찍혀 있고, 문양대의 상단에는 단치구로 찍은 흔적이 남아 있다(그림 7: 5). 이 토기는 4층의 아래층에서 출토되었는데, 같은 형식의 토기가 3층에서도 출토되었으며 전형적인 루드나야 문화의 토기이다. 아무르 편목문이 시문된 다른 토기편은 능형문양은 상기한 것(그림 7: 5)과 유사하지만 구연부가 외반하고 얇게 마무리 되는 점은 차이가 있다. 이 토기 역시 루드나야 문화에서 상기한 것과는 다른 토기형식으로 생각된다.

중형크기의 토기는 92% 정도를 차지하는데(토기가 깨진 채 출토된 평면적의 너비가 대략 300㎠인데, 그 중 중형토기로 추정되는 토기가 분포된 너비는 225㎠) A3 격자에서 출토된 토기는 한 점 뿐이다(그림 7: 1). 원래 구연부 편(13×11cm)과 동체부(9×8cm)편이 분리되어 출토되었는데, 중간에 구멍을 뚫으면서 7개 편으로 부서진 채로 확인되었는데, 그 주위에 구멍을 뚫으면서 부서진 것으로 추정되는 작은 토기편(53점)이 출토되었다. 대부분의 토기편은 1.5~0.5cm 정도의 크기이다. A3과 C4 격자 내에서 2개체의 토기로 추정되는 작은 토기편 들이 출토되었다.

그런데 이 토기는 주거지의 유물복합체와는 다르다. 그 이유는 태토, 기형, 문양 등이 전혀 다르기 때문이다. 태토는 점토에 분쇄된 패각과 상대적으로 큰 샤모트, 아주 작은 알갱이도 들어 있었는데, 매우 작아서 현미경으로 3~4배나 확대해서 관찰해야만 했다. 이 토기의 기형은 전형적인 열린 기형[08]으로 구연부로 갈수록 넓어진다. 구연부의 단면이 괄호모양으로 안으로 약간 들어가고 있다. 구연단은 좁다란 장방형의 단치구로 찍으면서 점토가 밀려서 3개의 융기대가 솟아 있는 모양이다. 상단의 2줄은 단치구로 왼쪽 방향으로 기울어서 찍었으며, 하단부는 시문구를 오른쪽 방향으로 기울여서 찍었다. 그 하단 동체부에는 같은 시문구로 오른쪽 방향으로 찍었고, 그 하단부에는 침선문을 그려넣었다(그림 7: 1). 이 토기는 시벨라즈 유형으로 구분한 바 있다(린샤 외 2011).

3. 오르리노클류프 문화의 분리 문제에 관해서

이만강 중류역은 시벨라즈 유적과 달느이 쿠트-15 유적을 1996~1998년도에 발굴하면서 연구조사되기 시작하였는데, 클레인이 이야기한 고고문화를 분리의 직관화를 증명하기 위한 것이 목적이었다.

첫 번째 유적은 이만강 중류에 위치하는데 후기구석기시대부터 신석기시대 층이 확인되었으며, 1966~1998년 사이에 발굴되었다. 우수리스크 사범대학의 졸업생인 메르즈랴코프와 타라센코가 쿠즈네쵸프 박사의 발굴대 일원으로서 발굴조사에 참가하였다.

---

08 역자 주. 발형.

1989년에는 클류예프 박사, 크라딘과 니키틴 박사가 다층위 유적인 시벨랴즈 유적과 달느이 쿠트-15 유적을 발굴하였고, 메르즐랴코프와 타라셴코가 멜니치노예-1(Мельничное-1) 유적을 발굴하였다. 1990년에는 아르무(Арму)강 유역의 알마진카(Алмазинка) 유적을 최초로 발견하고, 1991~1992년에 이 유적을 발굴하였다. 1990년에 메르즐랴코프와 타라셴코는 아르무강 유역의 미쿠라(Микула) 유적을 발견하고, 달냐(Дальняя)강 유역의 탈니구자(Талингуза)와 침치구자(Чимчигуза) 유적도 발견하였다. 1999년에 린샤와 타라셴코는 달레카야와 오르니이 클류치 유적을 발굴하였다. 로쉬노-6(Рощино-6) 유적과 달느이 쿠트-15 유적을 발굴하면서 이만강 중류역의 다층위 유적에 대한 조사가 꾸준하게 이어져 오고 있다.

이 유적을 발굴하기 이전에는 이만강 중류역의 구석기시대 유적과 신석기시대 유적은 전혀 알려진 바가 없었다. 가장 가까운 고고유적이 루드나야강 유역의 유적들인데, 시호테알린산을 넘어서 180~200km 정도 떨어져 있으며 그곳으로 가는 길은 인적이 드물다. 이만-우수리-아무르강으로 수계를 따라서 올라가면 아무르강 하류의 고고유적들과의 거리는 거의 500km 정도 떨어진 곳이며, 한카호 부근은 유적이 많이 조사되지는 못했지만 그곳과도 거리가 300km 차이가 있다.

본고에서 소개된 유적은 이만강 중류역에 위치하며 원자력 구획에서 170km 정도 거리가 있다. 이곳에는 고고유적이 조사되지 않은 범위는 수백 km가 넘는다. 원자력 구역으로 지정된 곳에는 주거지에서 나온 것으로 보이는 유물복합체와 주거지, 노지 흔적 등이 확인되는데, 이 지역의 시간성을 설명할 수 있는 유적이 많은 것으로 생각된다. 지역별 고고문화변천에 대한 논의는 2003년에 처음으로 제기하였다(린샤 2003). 새로운 유적이 발굴되고, 절대연대가 모이게 되면서 이만강 유역의 신석기시대 문화를 좀 더 자세하게 지역별 시간순서로 다음과 같이 설명할 수 있게 되었다. 플린트 석인이 대표적인 알마진카 문화 6570~6100B.C., 오르리노클류프 문화 6370~5750B.C., 시벨랴즈 문화 5000~4000B.C., 이만 문화 2870~1720B.C.와 알마진카 문화 2570~1520B.C.(린샤 외 2011; Lynsha 2012). 이와 같은 연해주 남부와 아무르강 하류에서 이미 잘 알려진 문화를 원자력 지역에서 새롭게 나누고 있다고 생각하는 비판적인 사람들도 있다. 당연히 이미 알려진 유적과 함께 새로운 유적에 대한 정보 없이는 이 지역에 대한 새로운 유적의 시간성이나 문화적 특성을 논하기는 힘들다. 고고학연구에서 지역간의 비교나 자연분석과 필요한 분석이 반드시 필요하다. 당연히 우리는 연해주와 아무르강 하류의 알려진 문화에서 유사성을 추출하였다. 예를 들면 아무르강 하류의 보즈네세노프카 문화와 이만 유형의 유사성에 대해서 고찰한 바 있다(린샤 2003, p.147; 린샤 외 2011, p.205). 필자는 처음에 시벨라즈 유형으로 규정한 바 있는 토기와 보이스만 문화의 토기와 비교한 바 있다. 보이스만-1 유적과 보이스만-2 유적에서 출토된 각각의 형식토기는 문화를 세분하는 것 보다는 한 문화 안에서 공통점에 주안을 두고 연구되는 것으로 보였다(파포프 외 1997, pp.29~32·35·80; 보스트레초프 외 1998, pp.132~136). 모레바 박사에 의한 연구에서 보이스만 문화는 5단계에 걸쳐서 문화가 형성된 것으로 보았는데, 각 단계 마다 토기의 '문화적-편년적 유형'을 추출하였다(모레바 2003, pp.172~175).

그런데 왜 각 유형은 보이스만 문화만의 특징일까?[09] 2013년 11월 학술대회에서 모레바 선생의 「보이스만문화의 2단계의 문화적-편년적 유형」이라는 논문 발표 후에 논쟁이 되었다. 필자가 생각하기에는 매우 불편한 용어라고 생각한다. 모레바 박사는 본인의 학위논문에 발표한 보이스만 문화의 토기와 필자의 토기를 비교해서 시벨라즈 유형이 보이스만 2단계와 유사하다고 설명하였다(모레바 2005, 그림 44, 그림 45: 2~3·5~6, 그림 46).

하지만 필자가 판단하기에는 보이스만 2단계와 시벨라즈는 차이점이 있는데, 무엇보다도 토기의 크기와 문양요소이며, 큰 의미가 있다고 판단한다. 필자는 먼저 시벨라즈 유형과 아무르강 유역의 말리셰보 문화를 비교한 바 있다. 그 와 동시에 말리셰보 문화의 토기와 보이스만 문화의 세 번째 단계의 몇몇 토기가 서로 유사함을 언급한 바 있다.

오르니노클류프 유형의 토기와 가장 유사한 것은 베트카 유형의 토기로 이 토기는 루드나야 문화의 범위에 속한다고 생각한다(린샤 외 2011, p.204). 그리고 한카호와 가까운 신개류 문화와도 관련성이 있다고 보인다(Lynsha 2012, p.173). 그러나 필자는 토기 유형의 유사성 보다는 차이점이 훨씬 더 큰 의미를 부여할 수 있다고 생각한다.

이것은 아주 오래전부터 있어왔던 논쟁 중의 하나이다. 고고학 연구의 선행연구에서도 언급했듯이 처음부터 필자는 차이점에 주목하였다. 고고문화는 죽은 문화[10]로서 우리는 (유물이나 유구)가 퇴적된 후의 변화를 감안해서 살펴야만 한다. 죽은 고고문화와 살아있는 민족지 자료를 비교해서 문화적 차이점이 의미하는 바를 추출해야 할 것이다. 그럴 수 있다면 (고고문화에 있어서) 중요한 고찰이 될 수 있다. 차이점을 강조하는 데 있어서 '사

---

09 역자 주. 보이스만 문화를 분리해야 한다는 필자 의견의 완곡한 표현.
10 역자 주. 침묵의 자료.

족(蛇足)'이라는 위험요소는 없다고 생각한다. 예를 들면, 뒤에 설명하겠지만 유형의 차이점을 설명하는 것은 큰 의미가 없다. 오히려 문화의 각 유형을 통일하는 것은 어려운 것이 아니다. (문화를) 세분하는 작업은 훨씬 힘들고 시간이나 노력이 요구된다. 그렇지 않으면 연해주의 자이사노프카 문화와 같이 그냥 하나의 꾸러미처럼 뭉뚱그려질 뿐이다. 각각의 연구자 들은 각 유적마다 각 토기 마다 유형분리에 대한 문제를 고민해야만 한다.

따라서 필자는 만약에 차이점이 보인다면, 새로운 고고문화를 분리하는 것이 더 좋다고 생각한다. 고고문화의 분리는 그 연구목적에 끝이 없으며, 연구 과정에서 반드시 필요한 부분이다. 고고문화는 단순히 유물의 유형화로서 단순히 편조각을 통해서 진실을 연구하는 것이 아닌 가장 기본적이고 고고연구의 중요한 도구라고 생각한다. 필자는 이를 통해서 문화의 다양성을 고찰할 수 있는 더 좋은 방법이라고 생각한다. 고고문화에 대한 유물복합체를 분리하는 것은 문화의 다양성을 '느낄 수' 있을 것이다.

예를 들면 세르게예프카-1(Сергеевка-1) 유적은 1988년 린샤의 지표조사에 의해서 처음으로 발견되었는데, 새로운 유형으로서 세르게예프카 유형의 토기가 분리되었다. 이 토기는 구연부가 외반하는 옹형 토기인데, 동최대경보다 경부의 경이 작으며, 동체부가 약하게 만곡하면서 경부가 외반한다. 저부는 평저이다. 문양은 일정한 범위로 경부나 견부에만 시문되었다. 외반된 구연부 아래에는 두 줄의 괄호문양이 시문되는데, 크기가 작은 치가 붙은 시문구로 찍은 것으로 보인다. 또한 한 토기는 구연부에서 견부로 갈수록 괄호 문양이 사다리처럼 (종방향으로 여러 줄) 시문된 것도 있다(린샤 1989, p.42).

세르게예프카 유형의 토기는 세르게예프카-1 유적의 주거지에서 파포프와 바타르셰프카가 발굴(2004년) 하면서 확인된 것이다(바타르셰프 2009, 그림 23~25). 주거지에서 출토된 다량의 토기는 세르게예프카 유형의 토기 특징을 더 자세하게 알 수 있는데, 바타르셰프 박사에 의해서 주로 연구되었다. 그러나 세르게예프카 유형의 토기 특징이 너무 넓은 범위에서 설명된 것으로 생각된다. 왜냐하면 이 유형의 토기에 문양이 다른 유형의 토기 까지도 함께 포함했기 때문이다. 예를 들면 전형적인 루드나야 문화의 토기 기형이나 문양에서 차이가 있는데도 세르게예프카 유형의 토기를 이 문화의 한 유형으로 규정한 것이다. 구연부 아래에 능형문 양대나 작은 치구의 시문구로 찍은 점선문 등도 포함했다. 하지만 토기의 구연부 모양도 차이가 있고 토기의 동최대경 등은 기고의 중앙이나 기고의 하단부에서 1/3에 위치하는 점 등은 차이가 있다(바타르셰프 2009, p.101, 그림 26, 그림 27).

이 유형의 토기는 다층위 유적인 연해주의 중부지역에 위치한 셰클랴예보-7(Шекляе во-7) 유적의 주거지에서도 출토(클류예프 외 2003)되었는데, 바타르셰프 박사의 단행 본에는 세르게예프카 유형의 토기로 소개되었다(바타르셰프 2009, 그림 48). 이 토기는 셰클랴예보 유형으로 처음부터 분리되었는데, 두 유적을 제외하고 다른 유적이 더 이상 확인되지 않는다면 셰클랴예보 유형으로 명명되는 것이 더 명확하다.

드로랸카-1(Дворянка-1) 유적(연해주 서부)의 주거지와 노보트로이츠코예-2(Но вотроицкое-2) 유적(연해주 중부)이 발굴되고, 세르게예프카 유형의 토기가 일부 확인되었다. 클류예프 박사와 가르코빅 선생이 공동 연구하였는데, 셰클랴예보 문화로 새롭게 분리할 수 있도록 토기 유형을 잘 설명했다고 생각한다(클류예프·가르코빅 2008, pp.87~90).

이 곳은 화재가 있었던 주거지이기 때문에 하나의 잠긴 유형[11]으로 생각된다(아마도 고고학자들에게는 이런 유적을 발굴하는 것이 가장 큰 행운일 것이다). 믿을 수 있는 형식학자들이 유물을 정확하게 분석했다고 생각한다. 필자가 보기에는 바타르셰프 박사는 이 유형의 몇 가지 단점을 지적하기 위해서 매우 노력했다고 생각된다. 예를 들면 유적의 존속기간이 매우 짧았기 때문에 능형문, 삼각문, 승선문, 융기문 등이 존재하지 않는다고 하였다(바타르셰프 2009, pp.108~110). 그러나 바타르셰프 박사는 루드나야 프리스턴 유적의 9호 주거지를 기준으로 루드나야 유형과 세르게예프카 유형의 분리해서 큰 의미를 부여하였다(바타르셰프 2009, pp.75~76). 물론 이 주거지에서는 세르게예프카 유형의 토기가 출토(바타르셰프 2009, 그림 42, 그림 43)되었는데, 한 토기가 기형과 구연부 및 문양이 세르게예프카 유형으로 파악된 것이다(바타르셰프 2009, 그림 42: 1). 그리고 이 주거지에서 출토된 다른 토기는 루드나야 유형의 토기이다. 그리고 바타르셰프 박사는 우스티노프카-8 유적의 토기를 루드나야 문화의 세르게예프카 유형으로 파악(바타르셰프 2009, 그림 43: 1~8)했는데, 완전히 잘못 된 것이라고 생각한다.

최근에 메드베제프 박사와 필라토바 박사(메드베제프·필라토바 2009, p.170 그림 1~2)는 아무르강 하류의 신석기문화에서 세르게예프카 유형을 발견하였다. 하지만 이것은 전형적인 세르게예프카 유형의 토기가 아니라 루드나야 문화의 요소[12]로서, 클류

---

11 역자 주. 단시간에 주거지가 매몰되면서 여러 시기의 유물이 섞이지 않은 유형을 이야기 하는데, 가장 쉬운 예로 화재난 주거지에서 출토된 유물복합체가 대표적이다.
12 역자 주. 셰클랴예보 유형.

예프 박사와 가르코빅 박사가 분리한 것을 이야기 한다. 바타르셰프 박사와 모레바 박사, 파포프 박사(바타르셰프 외 2003)의 연구와 메드베제프와 필라토바(2009, 그림 2: 2~5)의 연구는 루드나야 문화의 세르게예프카 유형을 연구한 것이지만 완전하게 분리된 것으로 보이지 않고 복잡하게만 만들었다.

바타르셰프 박사의 연구에 의한 세르게예프카 유형은 세르게예프카-1 유적에서 찾을 수 있는데, 전형적인 세르게예프카 유형을 분리하고 이것을 루드나야 문화의 늦은 문양으로 파악했다면 좀 더 정확했을 것으로 생각된다. 그의 단행본 도면이나 표에는 전혀 이런 점이 언급된 바 없다. 따라서 루드나야 문화의 유형으로서 늦은 유형을 새롭게 설정해야 할 것이다.

최근에는 루드나야-콘돈 문화의 범위 안에서 최소한 5개 유형의 토기 유형이 밝혀졌는데, 이른 콘돈 유형과 늦은 콘돈 유형이다(셰프코무드 2003, pp.214~217). 연해주의 북쪽과 동북쪽에는 세 개의 하위 유형이 있는 루드나야 유형(오클라드니코프 1959, p.47 그림 10, 그림 11; 오클라드니코프·데레뱐코 1973, p.173; 남극동의 신석기문화 1991, pp.130~155 그림 69~74; 댜코프 192, pp.90~94)과 두 개의 하위유형이 있는 오르리노클류프 문화가 존재한다. 연해주의 남동쪽에는 아직 하나의 유형만 알려졌지만 베트카 유형(모레바 외 2008; 바타르셰프 외 2010, pp.106~111)이 있는데, 이 모두 비슷한 시기에 존재한 루드나야-콘돈 문화의 하위 유형일 가능성이 있다.

세르게예프카 유형의 토기는 셰클라예보 문화로 보이며, 이 문화는 전혀 다른 문화여서 루드나야-콘돈 문화에 속하지 않는다. 하지만 루드나야 문화의 토기와 함께 세르게예프카 유형의 토기가 확인되는 루드나야 프리스턴 유적의 9호 주거지와 세르게예프카-1 유적의 주거지로 보아서 양 문화 간의 접촉은 있었던 것으로 보인다.

결론

상기한 내용은 그간 필자가 논의하고 싶었던 부분이다. 차이점을 밝히기 위해서는 주의를 많이 기울여야 만 한다. 만약 새로운 유형으로 분리할 만큼 차이점이 확인된다면 새롭게 분리할 필요가 있다. 그러기 위해서는 주거지에서 출토된 '잠긴 유형'을 기준으로 분리하는 것이 가장 좋다고 보이며, 다른 어떤 것보다도 설득력이 있다.

만약에 (어떤 문화에서) 차이점이 충분하게 간취된다면, 새로운 고고문화로 분리할 필요가 있다. 처음에 새로운 고고문화는 각각의 특징을 기본으로 해서 직관적으로 알 수 있게 된다. 하지만 새로운 고고문화의 분리에는 분포범위와 고고문화들 간의 편년에 상응한 결과를 포함시켜야만 한다. (고고문화가) 존재했다는 수준이 아니라 형식학에서 각 속성의 특징들을 파악해서 석기나 토기의 유형을 분명하게 분리해야만 한다(만약에 주거지나 무덤 등의 유구 등에서 유물복합체를 찾을 수 없다면). 또한 토기의 제작기술, 기형, 크기, 문양시문방법과 문양복합도 등도 앞서 강조한 바 있다.

오르리노클류프 문화의 분리는 우선 문화의 하위 유형인 오르니노클류프 유형부터 설명되어야 한다. 연해주에서는 완전히 똑같은 유형을 찾아 볼 수 없다. 연해주 북동 지역(쿠루피얀코 2008, 그림 8: 1, 그림 7: 5·7)에서 제르칼나야강 유역에 위치한 우스티노프카-8 유적에서 출토된 토기가 가장 유사하다고 할 수 있다. 오르니노클류프 하위유형은 능형문 내에 격자와 능형으로 집합 삼각형을 그리고 있다는 점에서 베트카 유형(모레바 외 2008, 그림 3, 그림 8, 그림 9)과도 유사하다. 하지만 베트카 유형의 토기 기형은 대부분 중형 토기로 통형, 발형 혹은 구연부로 갈수록 벌어지는 나팔모양의 심발형 토기이다. 구연부가 외반하지 않으며 기고에서 하단부에 동최대경이 지나가는 토기는 베트카 유형에는 없다. 따라서 오르니노클류프 유형의 토기 기형은 베트카 유형의 기형과는 다르다.

토기 기형과 문양시문방법, 그리고 문양형태는 아무르 망상문 토기로 알려진 콘돈 문화의 후기 유형과 가장 유사하다고 할 수 있다. 이 문화의 토기 문양은 동체부에 어린문이 시문되는 것이다. 그러나 구연부 부근에 새겨진 문양대는 콘돈 문화의 후기 유형과 차이가 있는데, 이 유형에서는 침선을 가늘게 긋거나 혹은 다치구로 찍은 점선문 혹은 단치구로 찍은 문양 등으로 표현된다(셰프코무드 2009, p.21 그림 6: 1~9). 콘돈 문화의 후기 유형을 절대연대로 B.C.5310~5070(셰프코무드 2009, p.21)인데, 오르리노클류프 문화가 B.C.6370~5750 사이에 존재함으로 천 년 정도 이르다고 생각된다. 하지만 루드나야 문화의 이른 토기가 출토된 루드나야 프리스턴 유적의 2호 주거지의 연대가 7390±100B.P., 7550±60B.P., 7690±80B.P.(디야코프 1992, p.56)이라는 점은 좀 더 두고 봐야 할 것이다.

결론은 아직 끝나지 않았다. 필자는 언제나 우리 동료들과 함께 논쟁할 준비가 되어 있

다. 그래야 좀 더 낮은 연구가 될 것이며, 처음에 별로 중요하지 않게 보이는 것도 빠뜨리
지 않고 가치를 부여 할 수 있을 것이다.

참고 문헌

바타르셰프, 2009, Батаршев С.В. Руднинская археологическая культура в Приморье. Вла
дивосток: ООО《Рея》, 2009. 200 с.

바타르셰프·도로피예바·모레바, 2010, Батаршев С.В., Дорофеева Н.А., Морева О.Л. Пластин
чатые комплексы в неолите Приморья (генезис, хронология, культурная интерпр
етация) // Прикрывая завесу тысячелетий: к 80-летию Ж.В. Андреевой. Владиво
сток, 2010. С. 102-156.

바타르셰프·모레바·포포프, 2003, Батаршев С.В., Морева О.Л., Попов А.Н. Керамический ко
мплекс поселения Осиновка и проблема раннего неолита Приханкайской низмен
ности // Проблемы археологии и палеоэкологии Северной, Восточной и Централ
ьной Азии. Новосибирск, 2003. С. 66-72.

부르도프, 2007, Бурдонов А.В. Новое неолитическое местонахождение северного Примор
ья – Далекая-1 (Фынзыгоу) // Проблемы отечественной истории: Материалы на
уч. конф. Уссурийск, 2007. Ч. 2. С. 39-44.

디야코프, 1992, Дьяков В.И. Многослойное поселение Рудная Пристань и периодизация н
еолитических культур Приморья. Владивосток: Дальнаука, 1992. 140 с.

클레인, 1991, Клейн Л.С. Археологическая типология. Л.: ЛФ ЦЭНДИСИ, 1991. 448 с.

클레인, 2012, Клейн Л.С. Археологическое исследование: методика кабинетной работы
археолога. Донецк: Донецкий национальный ун-т, 2012. Кн. 1. 623 с.

클류예프·가르코빅, 2002, Клюев Н.А., Гарковик А.В. Особенности керамических комплекс
ов стоянки Дальний Кут 15 в Приморье (по результатам исследований 2000-2001
гг.) // Россия и Китай на дальневосточных рубежах. Благовещенск, 2002. Вып. 3.
С. 52-60.

클류예프·얀쉬나·코노넨코, 2003, Клюев Н.А., Яншина О.В., Кононенко Н.А. Поселение Шекл
яево - 7 – новый неолитический памятник в Приморье // Россия и АТР. 2003. № 4.
С. 5-15.

쿠루피얀코, 2008, Крупянко А.А. Долина реки Зеркальной: вверх по течению // Неолит и
неолитизация бассейна Японского моря: человек и исторический ландшафт: Ма

테리알르 메즈두나르. 아르헤올. 콘프., 포스뱌시. 100-레티유 소 드냐 로즈데니야 А.П. 오클
아드니코바. 블라디보스토크, 2008. С. 98-114.

린샤, 1989, Лынша В.А. Сергеевка-1 – новая неолитическая стоянка на юге Приморья //
Проблемы краеведения (Арсеньевские чтения). Уссурийск, 1989. С. 41-43.

린샤·쥬시호프스카야, 1996, Лынша В.А., Жущиховская И.С. Место стоянки Алмазинка в кам
енном веке Приморья в свете новых данных // Приморье в древности и средневе
ковье: (Материалы регион. археол. конф.). Уссурийск, 1996. С. 13-17.

린샤, 2002, Лынша В.А. Неолит и палеометалл иманской долины в свете новейших раскоп
ок // Россия и Китай на дальневосточных рубежах. Благовещенск, 2002. Вып. 3.
С. 38-43.

린샤, 2003, Лынша В.А. Колонная секвенция в неолите и палеометалле иманской долины
// Человек, среда, время: Материалы научных семинаров полевого лагеря «Сту
деное». Чита, 2003. С. 144-150.

린샤·타라센코·쿠즈민, 2011, Лынша В.А., Тарасенко В.Н., Кузьмин Я.В. Новые данные по а
бсолютной хронологии археологических культур долины среднего Имана // Акт
уальные проблемы Сибири и Дальнего Востока. Уссурийск, 2011. С. 199-222.

메드베제프·필라토바, 2009, Медведев В.Е., Филатова И.В. Неолит Нижнего Амура и Примо
рья: элементы сходства и различия (по материалам керамики) // Проблемы архе
ологии, этнографии, антропологии Сибири и сопредельных территорий: Матери
алы Итоговой сессии Ин-та археологии и этнографии СО РАН 2009 г. Новосиби
рск, 2009. Т. 15. С. 170-176.

메르즈랴코프, 1989, Мерзляков А.В. Новые археологические памятники р. Большая Уссурк
а // Проблемы краеведения (Арсеньевские чтения). Уссурийск, 1989. С. 46-47.

모레바, 2003, Морева О.Л. Относительная периодизация керамических комплексов бойс
манской археологической культуры памятника Бойсмана-2 // Проблемы археол
огии и палеоэкологии Северной, Восточной и Центральной Азии. Новосибирск,
2003. С. 172-175.

모레바, 2005, Морева О.Л. Керамика бойсманской культуры (по материалам памятника Б
ойсмана-2): Дис. ... канд. ист. наук. Владивосток, 2005. 285 с.

모레바 외, 2008, Морева О.Л., Батаршев С.В., Попов А.Н. Керамический комплекс эпохи н
еолита с многослойного памятника Ветка-2 (Приморье) // Неолит и неолитизаци
я бассейна Японского моря: человек и исторический ландшафт: Материалы меж
дунар. археол. конф., посвящ. 100-летию со дня рождения А.П. Окладникова. Вл
адивосток, 2008. С. 131-160.

남극동의..., 1991, Неолит юга Дальнего Востока: Древнее поселение в пещере Чертовы В
орота. М.: Наука, 1991. 224 с.

오클라드니코프 ,1959, Окладников А.П. Далекое прошлое Приморья. Владивосток: Прим. кн. изд-во, 1959. 292 с.

오클라드니코프 외, 1973, Окладников А.П., Деревянко А.П. Далекое прошлое Приамурья и Приморья. Владивосток: Дальневост. кн. изд-во, 1973. 440 с.

표트르 대제만의..., 1998, Первые рыболовы в заливе Петра Великого. Природа и древний человек в бухте Бойсмана. Владивосток: ДВО РАН, 1998. 390 с.

파포프 외, 1997, Попов А.Н., Чикишева Т.А., Шпакова Е.Г. Бойсманская археологическая культура Южного Приморья (по материалам многослойного памятника Бойсмана -2). Новосибирск: Ин-т археологии и этнографии СО РАН, 1997. 96 с.

타라센코, 2007, Тарасенко В.Н. Памятники с пластинчатой индустрией в Красноармейском районе // Проблемы отечественной истории: Материалы науч. конф. Уссурийск, 2007. Ч. 2. С. 27-33.

샤포발로프, 2009, Шаповалов Е.Ю. Новая группа памятников эпохи палеометалла в Северном Приморье // Россия и АТР. 2009. № 4. С. 36-40.

셰프코무드·쿠즈민, 2009, Шевкомуд И.Я., Кузьмин Я.В. Хронология каменного века Нижнего Приамурья (Дальний Восток России) // Культурная хронология и другие проблемы в исследованиях древностей востока Азии. Хабаровск, 2009. С. 7-46.

Lynsha V.A. The Ancient Pottery of the Northern Primorye and its Correlation with the Archaeological Cultures of the Northern China // The Proceedings of the 10th Meeting of the International Symposiumon Ancient Ceramics. October, 23-27,2012, Jingdezhen, Jiangxi. Shanghai-Jingdezhen, 2012.P.171-174.

03

사할린의 나빌-1 유적의
제 2지점 신석기시대 토기

얀쉬나(Яншина О.В.)

서론

　나빌-1(Набиль-1) 유적은 사할린섬의 동쪽 해안가에 위치하는데, 오호츠크해의 나빌만으로 유입된 곳에서 위쪽으로 10km 정도 떨어진 곳이며, 나빌 강의 우안에 위치한다(그림 1). 유적은 1980년대 이미 알려졌으나 2000년대 초반에 사할린섬의 석유가스관 건설을 위해서 최초로 발굴하게 되었다(슈빈 2005·2008). 유적은 몇 기의 주거지가 있는 취락유적으로 유적 내에서 3개의 그룹으로 나눌 수 있는데 1~3지점으로 명명하였다. 유적의 발굴은 2004년에 슈빈의 책임 하에 발굴되었다. 모두 2개의 발굴이 있었는데, 전체 면적은 250㎢이고, 주거지 4호와 5호가 2지점으로 분리된다. 발굴과정에서 다량이고 흥미롭고 다양한 시간대의 고고유물을 발굴할 수 있었다. 주거지 4호는 제1분층에서 발굴된 것으로 중세시대의 오호트 문화(Охотская культура)의 것으로 생각된다. 주거지의 노지에서 나온 숯을 기준으로 해서 지금으로부터 2000년기~1000년기(2015±50B.P.)(COAH-5813) 사이에 이 유구가 존재했다는 것을 알 수 있다. 주거지 어깨선 부근에서는 철을 주조하던 공방의 흔적이 남아 있었는데, 기원전 7~10세기(1190±65B.P.)(COAH-5811) 정도로 측정되었다. 토기는 민아미-카이드주카(Минами-Кайдзука) 유형의 토기인데, 석기는 신석기시대 석기와 거의 유사하다. 아마도 4호 주거지는 신석기시대 층을 파고 들어간 것으로 생각된다. 신석기시대 토기편은 행정

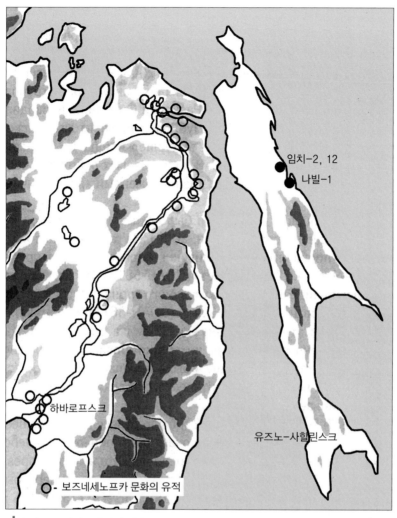

임치-2, 12

나빌-1

하바로프스크

유즈노-사할린스크

⊙ - 보즈네세노프카 문화의 유적

| 그림 1   나빌-1 유적의 위치

보고는 되었지만, 본고에는 별도로 싣지는 않았다.

　주거지 5호는 제2분층에서 확인되었는데 신석기시대의 것이다. 주거지의 바닥에서 노지에서 멀지 않은 곳에 숯과 숯 조각이 쌓여 있었는데 지붕이 불타서 내려앉은 흔적으로 생각된다. 각기 다른 위치에서 추출한 숯을 절대연대 측정한 결과치는 다음과 같다. 6700~6200B.P.(7580±125B.P.)(COAH-5814)와 5900~5470B.P.(6735±125B.P.)(COAH-5812)이다.

석기는 5층에서 발굴된 것인데, '모순'이라고 할 수 있다(슈빈 2008, p.143). 양면조정석기와 세석인이 주체인 두 가지 유형이 있다. 후자는 사할린의 임치-1(Имчин-1) 유적, 아무르강의 콘돈(Кондон) 유적, 사르골(Сарголь) 유적과 비교할 수 있으며 이들 유적은 사할린의 알단스키 유역의 이른 신석기시대 유적과도 유사하다(슈빈 2008).

토기는 두 가지 유형으로 나눌 수 있는데, 그 중 하나는 야쿠트 지역의 신석기시대 중기 문화인 이미야흐타흐(ымыяхтах) 유형과 벨카친(белькачин) 유형으로 '흠집'을 연속해서 시문하는 것이다. 다른 한 가지는 승선문 문양이 시문되는데 벨카친 혹은 죠몽 문양과 유사한 것이 시문된다. 혹은 바이칼 유역의 세로보 문화에서 잘 확인되는 것으로 알려진 공열문양도 있다. 그런데 그 무엇보다도 다치구로 시문된 문양의 토기가 많다. 다치구로 표현된 문양은 아무르 망상문, 지그재그, 능형, 직립 빗살문 등인데, 사할린의 임치문화에서 많이 확인되는 것이다(슈빈 2008).

하지만 전반적으로 오호트 문화의 주거지에서는 거의 천년 이상의 연대차가 있는 절대연대 측정치가 존재하며, 유물의 양상도 상이한 것이 함께 존재한다. 이것은 신석기시대 층까지 파내려가면서 신석기시대 주거지 내부토의 석기가 확인되었기 때문이다. 석기와 관련된 이른 연대는 신석기시대 주거지의 것이고, 토기는 훨씬 늦은 것이다.

2010년 여름에 나빌-1 유적의 2분층에서 토기를 살펴 볼 수 있었다. 흥미로운 점은 이 유적에서 신석기시대 층으로는 매우 이른 절대연대 측정치가 있다. 이는 사할린에서 토기제작 발달과정을 설명할 수 있는 토기 유형과 관련되어 있다.

살펴본 토기는 크게 두 개의 큰 그룹으로 나눌 수 있는데 오호트 문화와 신석기시대의 것이다. 발굴 보고서를 참고하면 오호트 문화의 토기는 1층에서 출토되었는데, 신석기시대 주거지보다 상층이었으며, 이 층의 아래에서는 말 그대로 토기편이 모두 같은 모양이어서, 이 그룹의 속성을 규정하는 것은 어렵지 않았다. 보고서에 의한 신석기시대의 토기는 주거지 내부토로(2분층에서 구지표까지) 출토되었다. 신석기시대 토기는 주거지 바닥과 구 지표면에서 그 양이 갑자기 줄어든다. 보고서에 살펴본 유물출토 위치에 대한 분석은 오호트 문화의 토기는 신석기시대 주거지의 어깨선 부근에서 일부 확인되고, 일부는 그 위에서 확인됨을 보여준다. 이것은 신석기시대 토기가 정확하게 모두 동시기 혹은 같은 계통에만 있었다고 볼 수 없는 정황이다.

이러한 사실은 유물을 실견하면서 바로 할 수 있었는데, 몇 개의 그룹으로 나눌 수 있었다.

1. 나빌 유적의 토기

1) A그룹

가장 많은 양을 차지하면서 쉽게 알 수 있는 토기로 야쿠티아 유적(모차노프 1969)의 벨카친 문화의 것으로 구분된 것이다. 그 분포범위가 아무르강 하류와 중류까지 퍼져 있다(셰프코무드·얀쉬나 2012). 이 그룹에는 약 200개의 파편이 포함되어 있으며, 벨카친 문화의 '상징'인 구연부나 동체부에 승선문이 시문되는 것이다(그림 2).

이 유적에서 출토된 벨카친 문화의 토기는 대부분 주거지의 내부토에서 출토되거나 그 위 혹은 바로 주거지 옆에서 출토되었다. 주로 주거지 내부토인 2분층(146점)에서 많이 출토되었다. 주거지의 바닥과 구지표면(각각 27점과 50점)에서는 점차 줄어들었다. 따라서 벨카친 문화 토기의 대부분은 전체적으로 아래층에서 출토되었다고 할 수 있다. 이 높이는 주거지 어깨선 내부와 동쪽 둑으로 볼 수 있다.

이 그룹의 토기는 고르지는 않지만 색칠이 되어 있는데, 대부분의 토기 편에는 밝은 황갈색과 회색의 조합된 흔적이 남아 있다. 태토에는 샤모트가 혼입된 점토로 제작되었는데, 정선되지 않은 광물들도 드물지만 확인된다. 다양한 크기의 샤모트는 아주 많이 혼입되었는데, 3mm를 넘지 않고 입자의 형태는 정제되지 않았다. 샤모트 원료의 소성은 낮거나 중간 온도에서 소성되는데, 특히 샤모트의 색깔이 황갈색 혹은 적색은 거의 없다. 토기 또한 낮은 온도에서 소성되었으며, 그 외면에는 약하게 그을린 흔적이 남아 있다.

완형은 존재하지 않는다. 토기의 기형을 알 수 있는 것은 구연부편인데, 대부분 발형으로 생각된다. 구연부는 약간 외반되었고 승선문이 시문되어 있다. 구연부는 특별한 구조로 제작되었다. 동체부의 상단 점토띠, 좀 더 정확하게는 구연부가 경사가 약간 지면서 세련되게 표현되었다. 구연부의 점토띠를 한쪽으로 경사지게 하였는데, 그 위에 점토띠를 덧붙인 이중구연 형태이다. 눌러진 점토의 단면은 쇄기형이거나 혹은 렌즈형이다.

구연단에 점토띠를 덧붙였기 때문에 구연단은 자주 떨어지거나 벗겨졌다. 점토띠가 떨어진 곳에는 토기 시문방법이 보이는데, 두꺼운 승선문이 동체부까지 내려가는 것이 관찰되었다. 당연히 동체부에도 같은 방법으로 시문되었다. 토기의 상부 문양대에는 승선문이 시문되어 있는데, 정확하게 종방향으로 항상 평행하면서 문양이 표현되었다. 토기의 하단부에 가서는 문양은 서로 중첩되었는데, 동체부의 하단부에서는 심하게 중첩되었다. 저부 부근의 동체부 두께는 1~1.2cm, 구연부의 두께는 0.5~0.7cm이며, 저부는

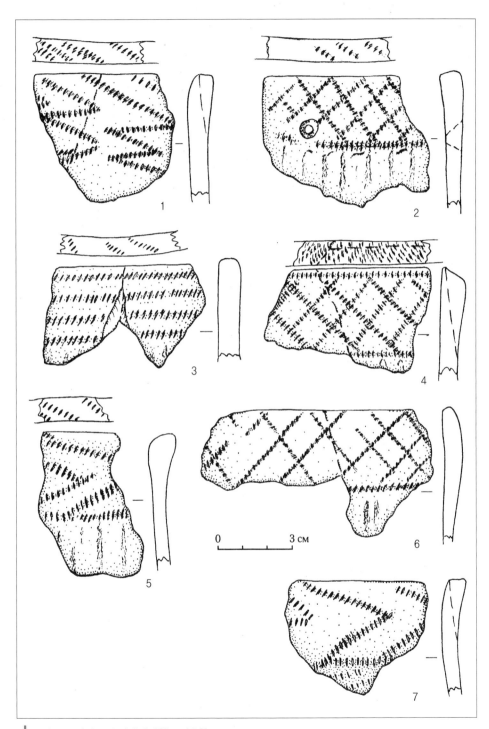

그림 2　나빌-1 유적의 벨카친 토기유형

확인되지 않았다.

벨카친 문화의 토기 구연부도 흥미로운 점이 많다. 토기의 승선문은 막대기에 줄을 꼬은 것으로 시문되었다. 토기표면에 시문된 승선문은 한 줄로 된 길쭉한 타원형인데 교차해서 시문되었다(그림 2). 꼬은 줄을 찍은 문양대의 너비는 시문구의 너비와 같은데, 상황에 따라서 문양의 밀도가 달라진다. 때로는 승선문만 시문되는 것이 아니라 다른 것도 시문된다. 구연단에는 대부분 시문이 되는데, 가장 기본적으로 이중구연단에 시문이 되는 것이 가장 큰 특징이다.

구연단에 문양은 늘 비스듬하게 표현되는데, 문양형태 자체는 다양하다. 구연부에 점토를 접합한 부분과 동체부와의 경계 부분에도 가로 방향으로 찍힌다. 이 문양대 위의 구연부 문양에는 능형 모티브가 가장 자주 애용되고(그림 2: 2·4·6) 혹은 종방향 지그재그 문양도 시문된다(그림 2: 1·5·7). 때로는 가로방향으로 승선문이 찍히기도 한다(그림 2: 3).

벨카친 문화의 토기는 특별하지만 어떤 면에서는 잘 알 수 없다. 벨카친 문화의 토기가 엄청나게 멀리 있는 야쿠티야에서 왔지만 이렇게 거의 변화 없이 그대로 확인된다는 점은 이상할 정도이다. 사할린에서 확인된 벨카친 문화의 토기는 샤모트를 태토에 넣었다는 점에서 야쿠티야 토기와 차이가 있다. 태토에 샤모트를 혼입시키는 전통은 아무르강 하류(말라야 가반)과 사할린의 전통이며, 야쿠티야와 아무르강 중류(그로마투하)에서는 이와 같은 광물질을 태토에 넣는 경우는 매우 드물다.

2) B그룹

이 그룹의 토기는 68편이 출토되었는데, 모든 토기 편에는 다치구로 시문되어 있다(그림 3~4). 당연하게도 이 그룹의 토기는 동체부가 매끈한 것으로 보아서 좀 더 큰데, 제작기법은 상기한 토기와 차이점이 있다. B그룹의 토기는 신석기시대 주거지의 어깨선 밖의 북쪽 부분에서 출토되었지만, 내부토에서도 출토되기도 하였다. 본고에서는 이 토기를 나빌유형이라고 할 것이다.

나빌토기는 아주 밝은 색조인데, 황색-분홍-흰색 혹은 회색토기편이다. 태토가 완전한 사질 혹은 사질토가 일부 섞인 것으로 샤모트가 혼입된 것이 아주 확실하게 관찰된다. 토기의 색조가 붉거나 갈색은 드물고 황색 혹은 분홍갈색인데, 후자의 토기에서 샤모트는 일관성 있게 보이지는 않는다. 샤모트의 크기는 작거나 중간이며 드물게 큰 것도 있다. 형태는 부정형이지만 둥근 것도 있고, 색조가 투명할 경우는 각이 진 것도 있다. 태토에는 그 외 다른 어떤 것도 들어가지 않았다. 토기의 내면에는 그을린 흔적이 남아 있는 경우가 종종 있다.

이 그룹의 토기는 모두 부서진 것으로 상대적으로 기형을 알 수 있는 것은 어떤 것도 없었다. 개체가 다른 토기의 구연부편 11점이 확인되었다. 모든 구연부는 수직방향으로 시문된 것으로 토기의 두께가 구연부에서 동체부까지 일정하다. 구연부는 단면이 둥근 홑구연(1)과 구연단은 편평하면서 구연단의 점토가 밖으로 약간 두툼하게 처리된 것도 있다(2). 후자가 좀 더 많은 편이다. 구연부로 보아서 토기 기형은 발형인데, 구연부가 약간 내만하는 형식일 가능성이 있다. 저부 부근의 토기 기벽의 두께는 0.7~0.8cm, 저부 부근은 1.5cm가량이다. 저부는 없으며 몇몇 편은 저부 부근의 동체부 하단으로 보이는데, 두터우며 편평했을 가능성이 있다(그림 3: 8·10). 토기편에는 접합흔적이 자주 관찰되는데, 기형상 아래로 갈수록 점토를 중첩해서 붙이는 것이 증가한다(중첩의 너비는 1cm에서 2~2.5cm). 접합부위는 두툼해지고 고르지 못했다. 점토 접합 이전의 과정이 소홀했던 것으로 보인다. 이 유형의 토기 제작방법은 사할린 남부의 전통과는 차이가 있는데, 주로 점토를 쌓아서 올리는 윤적법으로 제작되었다.

구연단 바로 근처에는 문양이 시문되지 않는데, 구연단은 둥글고 홑구연이기 때문이다. 구연부는 수직으로 직립하거나 약간 외반한다. 토기편 중 4개는 토기의 내외면 동시에 문양이 찍힌 것이 있고(그림 3: 1·6·8), 5개는 토기의 내면에 문양이 찍힌 것이 있다(그림 3: 2~3·5). 토기의 외면에만 문양이 찍힌 것도 있는데, 매우 작은 편이어서 내면에도 문양이 그려졌을 가능성이 있다. 그림 3: 8은 내면에도 시문되어 있는데, 아마도 구연부에서 저부까지 시문했던 것으로 보인다(그림 3: 8, 그림 4: 10). 하지만 저부 부근의 문양은 거칠고 부주의하게 시문되었다. 문양대의 구성은 완전히 복원되지 못했지만, 비교적 단순한 것으로 보인다. 주로 지그재그 문양[01]이 시문되는데, 가로방향(그림 3: 5~6, 그림 4: 3·7~8·10)으로 시문되는 경우가 많고, 비스듬하게 시문(그림 3: 1·6~8, 그림 4: 6)되기도 하며, 세로방향(그림 3: 2, 그림 4: 1~2)은 드물게 확인된다. 이외에도, 기본적인 문양으로 부채꼴문양이 횡방향 혹은 종방향으로 표현되기도 한다. 전자는 넓은 시문구를 가로 방향으로 문양대를 그린 것이고(그림 3: 3), 후자는 시문

---

01 역자 주. 어골문.

구는 부채꼴 모양을 사용했지만, 종방향으로 지그재그문을 부주의하게 그리는 것이다(그림 3: 2).

별도로 문양을 그리는 방법을 좀 더 살펴보고자 한다. 대부분 문양은 조잡한데, 지그재그문은 중첩되었을 거나, 교차되거나, 방향 등을 바꿀 수 있다. 토기동체부에 문양은 거의 없지만, 간혹 시문되기도 하는데, 기본적인 문양을 조잡하게 시문한다(그림 4: 9~10). 그 외에도 이 그룹의 문양은 특수한 형태의 시문구를 사용하기 때문에 단순한 지그재그 문양과는 차이가 있다. 뿐만 아니라 시문구로 표현된 문양은 시문방법의 세밀한 차이에 따라서 차이가 있다. 그리고 토기가 다 파편이기 때문에 이를 복원하는 데는 어려움이 있고 또한 남아 있는 토기편의 상태도 좋지 않으며, 문양의 시문자체도 정선되지 않았다.

문양 1. 큰 토기편은 시문구의 치구가 단단하며 작업면이 부채꼴 모양인 것으로 시문되었다. 이런 도구로 시문된 토기 문양은 시문단위가 그대로 표현된다(그림 3: 2). 이와 같은 문양의 한쪽 단면은 크고 깊이 보이며, 다른 쪽의 외곽선은 침식되고 평면화 된다. 때로는 시문된 문양은 빛의 움직임의 형태와 비슷하게 생겼다. 각 치구의 평면형태는 장방형인데, 그 모양이 정확하게 남아 있는 경우는 드물다. 지그재그 문양은 꼭꼭 눌러 찍거나 빨리 찍는 것이 결합되어 매우 독특한 기술로 시문된 것이다. 어떤 경우에는 지그재그 시문단위는 동체부 중간에 비해서 깊고 넓게 표현되었는데, 또 다른 경우에는 전혀 다르게 시문되었다. 때로는 토기편의 문양이 회전시문구를 이용해서 시문된 경우도 확인된다(그림 3~7). 이 경우에는 시문단위가 거의 보이지 않게 약간 휘어졌다.

문양 2. 상기한 것과는 다른 도구로 시문된 토기들은 드물지만 둥근 평면형태를 보이는 정형화된 도구로 찍은 토기편들도 있다. 문양의 모티브는 약간 구부러진 지그재그와 부채꼴 문양이다. 이 문양이 시문된 토기 편은 다른 것보다도 눈에 띄게 조잡하게 시문되었다. 어떤 경우에는 1번 옵션에서 상기한 시문구와 거의 똑같은 것으로 시문된 것도 있다(그림 4: 1~3·6). 다른 경우에는 꼭꼭 눌러 찍는 경우에는 넓은 문양대에 각기 다양한 시문구를 이용해서 복합 지그재그 문양을 찍는데, 무작위적으로 표현되기도 한다. 그림 4: 10은 눌러 찍은 문양으로 큰 지그재그 문양편이다. 이 옵션의 문양은 대부분 동체부 편인데, 저부 부근의 동체부편이나, 구연부편은 확인되지 않았다.

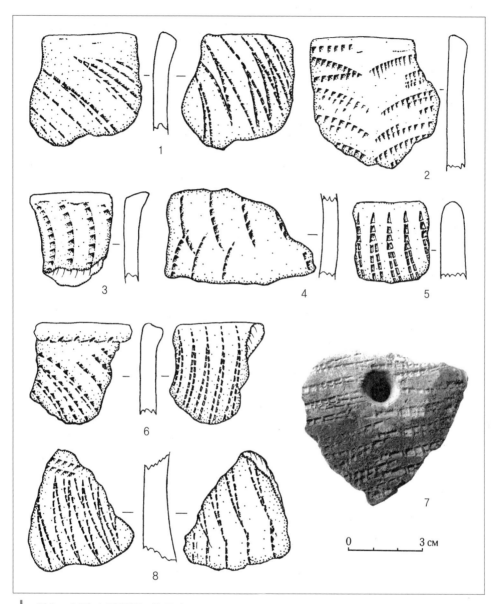

그림 3　나빌-1 유적의 B그룹 토기

문양 3. 치구의 평면형태가 반달모양으로 아주 작은데, 가장 특이한 문양이다. 이 문양을 시문하는 시문구는 정확하지는 않지만, 꼬은 노끈으로 추정된다. 문양의 모티브는 지그재그 문양이다(그림 4: 7). 문양이 시문된 위치는 무작위적으로 시문된다.

B그룹의 토기는 다치구로 시문된 지그재그 문양은 임치-보즈네세노프카 문화의 유적

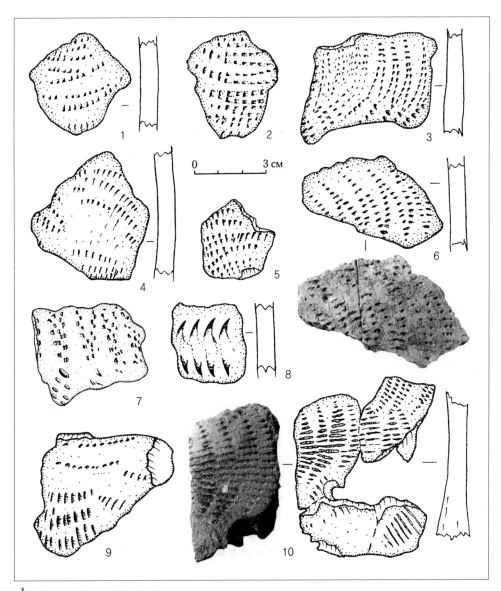

그림 4   나빌-1 유적의 B그룹 토기

의 출토유물을 생각나게 한다(쥬시호프스카야·슈비나 1987; 셰프코무드 2004; 쥬시호
프스카야 2004; 바실리예프스키 2008)는 점에서 특별하다. 그러나 토기를 가까이서 자
세히 관찰하면 그 중에서는 완전히 유사하지는 않지만 다른 점도 관찰된다.

임치토기는 무엇보다도 태토에서 나빌토기와 차이가 있다. 첫 번째는 태토에 패각을 혼입하는 것이고 두 번째는 샤모트이다. 또한 토기의 기형도 차이가 있다. 임치토기는 경부가 구부러져서 전체적으로 'S'자 모양이며, 나빌토기는 동체부의 상단이 직립하는 것이다. 전체적으로 사다리꼴 혹은 원통형 모양이다. 하지만 B그룹의 토기에는 임치토기의 특징인 융기문이 부착된 구연부가 존재하지 않는다. 나빌토기의 구연부는 단면과 외형상으로도 매우 단순하다.

하지만 문양의 차이점을 살펴본다면, 임치토기는 구연부 아래에 몇 개의 융기대를 붙이는 것 이외에 문양이 시문되지 않는다. 만약에 약간 시문된다면 주로 구연부 주변에 시문되는 것이 대부분이고, 동체부에 시문되는 것은 유일하다. B그룹의 나빌토기는 대부분 구연부만 확인되었는데, 전부 시문되었다. 동체부도 있는데 문양이 시문되었다. 문양은 기본적으로 지그재그 문양인데, 임치 문화에서는 종방향이고 나빌 문화에서는 횡방향이다. 임치 문화의 토기시문방법은 승선문과 관련이 있거나 혹은 치구가 있는 회전식 시문구로서 B그룹의 토기에서만 독특한 문양이 확인된다.

물론 보즈네세노프카 문화의 토기와는 차이가 있다. 보즈네세노프카 문화에서 회전식 시문구로 시문된 문양은 몇 가지 유형이 있는데, 고린(горин), 우딜(удыль), 말라야 가반(малогаван), 오렐(орель) 유형 등이 있는데, 그 중 오렐 유형은 임치 문화의 것과 가장 유사하다(셰프코무드 2004). 고린 유형의 토기는 말리셰보 문화에서 보즈네세노프카 문화의 전환기에 존재하는데, 태토에 샤모트를 혼입시키는 아무르강 유역의 전통적인 태토 제작방법을 그대로 간직한 것이다. 이 점에서 나빌유적의 토기 중 B그룹의 토기와 닮아 있다. 나머지 토기는 보즈네세노프카 문화의 특징인 태토에 패각을 혼입하는 레시피로 제작되었다.

나빌 유적의 토기 기형은 보즈네세노프카 문화의 것과 유사한데, 구체적으로는 고린 유형 및 우딜 유형과 유사하다. 두 유형의 공통점은 토기의 단면이 단순하다. 구연부도 유사한데, 구연단이 둥글거나 혹은 두터우며 편평하게 마감된 것이다. 그러나 고린 유형의 토기의 외면에는 돌대문이 부착되어 있고, 우딜 유형에는 궁형이나 침선문이 시문되어 있다. 여기에서 우리는 구연부가 돌대문으로 강조되고 있고 혹은 구연부의 문양 시문방법이 B그룹의 토기와는 전혀 다른 토기라는 것을 판단할 수 있다.

임치토기의 문양은 나빌 유적의 토기와 보즈네세노프카 문화의 토기가 복합된 것인데, 지그재그 문양 자체와 시문방법의 복합이다. 그러나 전체적으로 문양 전통이 공통적이지만, 문양시문방법이 다르기 때문에 차이가 있다.

첫 번째, 문양이 시문되는 위치의 차이점에 주목해야 한다. 잘 알려진 대로 보즈네세노프카 문화의 토기는 대체적으로 동체부에서 저부까지 문양이 시문되는데, 간혹 저부 부근은 문양이 시문되지 않은 경우도 있다. 나빌토기와 유사한 토기에는 구연부 부근의 동체부 내면에 시문되는데, 이것은 저부까지 시문되는 보즈네세노프카 문화의 전통이 아니다.

두 번째, 보즈네세노프카 문화의 토기와 비교하면 나빌 문화의 토기 특징은 특별한 시문구와 시문방법이다. 물론 여기에는 꼭꼭 눌러서 시문하는 것과 재빨리 누르듯 압날하는 방법이 복합적이라는 것을 강조하고 싶다. 아무르 유역에서 출토되는 지그재그 문양은 회전식 시문구로도 시문된다.

세 번째, B그룹의 나빌토기의 문양은 가로방향 지그재그인데, 이는 보즈네세노프카 문화에서는 찾아보기 힘든 것이다. 물론 이 문양이 말라야 가반 유적에서는 출토된 토기와 유사한 경우가 있다. 나빌문화의 토기는 점차 조잡하게 시문된다.

네 번째, 문양에 대해서 좀 더 반복하면, 나빌 문화의 토기에는 가로 방향의 문양대가 표현되며, 그 문양대는 부채꼴문양이 종방향으로 시문되는데, 이것은 보즈네세노프카 문화의 전통이 아니다. 이런 문양 방법은 콘돈 유적의 토기에서 찾아 볼 수 있다. 동체부의 상단에 2~3줄의 문양대가 가로 방향으로 시문되고, 그 내부를 다치구를 이용해서 종방향으로 시문하는 것이다(오클르다니코프 1984: 표 XXXII: 14, 표 XXXIII: 11-12, 표 XLIV: 4-5 등). 하지만 이 토기는 보즈네세노프카 문화의 것이 아니며, 아마도 콘돈 문화의 것과 유사하다. 문양 모티브는 차이가 있다.

나빌 문화의 토기 기본적인 문양은 다치구로 시문된 지그재그 문양과 부채꼴 문양인데, 보즈네세노프카 문화에서는 이 문양과 파상문 혹은 뇌문이 함께 결합되어 시문된다. 말라야 가반의 늦은 유형에서는 이 문양은 확인되지 않지만 이 문양 모티브가 완전히 사라진 것은 아니다.

앞서 살펴본 것으로 판단해 볼 때 나빌 유적 B그룹의 토기는 임치 문화의 토기와도 차이가 있고 보즈네세노프카 문화와 차이가 있다. 아마도 이 두 문화의 토기가 복합된 것인데, 다치구로 지그재그 모티브와 시문하는 방법이 복합되었다. 그렇다면 이 토기의 문화적 혹은 편년상에서 어떠한 위치를 점하고 있는 지에 대한 질문이 생길 수 있다. 이것은 나빌유적의 B그룹 토기로 설명할 수 있는데, 나빌 유적의 1호 주거지는 신석기시대의 것으로 비교적 이른 연대였다. 임치=보즈네세노프카 문화의 연대도 아니었고, 벨카친 문화의 연대도 아니었다.

무엇보다도 이 유적의 A그룹 토기인 벨카친 유형의 토기와 B그룹 토기와의 상대적 편년에 주목해야 할 것으로 생각된다. 이것은 두 가지 점에서 흥미롭다. 첫 번째 벨카친 문화의 토기가 수량, 크기, 상태 등으로 보아서 B그룹의 토기보다 훨씬 잘 남아 있다. 두 번째 만약 벨카친 문화의 토기가 주거지의 내부토에서 출토된 것이라면 B그룹의 토기는 발굴의 북쪽 부근으로 그곳에서 출토된 것이다. A그룹으로 분리된 벨카친 문화의 토기가 주거지 출토품으로 볼 수 있는 것이다. 그렇다면 B그룹의 토기는 벨카친 문화의 토기보다도 더 오래된 것으로 볼 수 있다.

B그룹의 토기가 벨카친 문화의 토기보다도 더 오래되었다는 증거는 말라야 가반 유적의 절대연대치가 있다. 탄소연대측정 결과 5070~5040B.P. 정도(셰프코무드·쿠즈민 2009)인데, 야쿠티야 유적의 절대연대도 5130~3970B.P.(알렉세프·디야코노프 2009)이다. 따라서 필자는 B그룹의 토기는 최소한 4000B.P. 보다는 오래되고, 상한은 5000B.P.이다.

다음은 신석기시대 주거지에 대한 문제이다. 이 주거지의 절대연대는 이 주거지의 바닥에서 나온 숯으로 분석된 것인데, 원래 벨카친 문화보다 훨씬 이른 연대가 측정되었다.

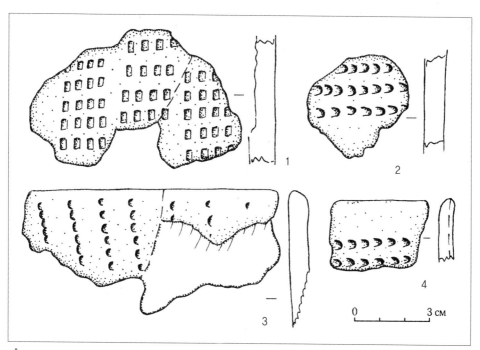

그림 5　나빌-1 유적의 토기

그렇다면 벨카친 문화보다 이른 문화의 사람이 이 주거지에 살았다고 추정할 수 있다. 물론 이 문화층이 B그룹과도 관련성이 있거나 혹은 다른 문화의 가능성도 생각해 볼 수 있으나, 다른 토기는 이 유적에서는 확인된 바가 없다. 따라서 토기 이전인 세석인 문화와 관련성이 있을 것으로 생각된다.

다음은 B그룹의 토기에서 좀 더 논의 하고자 한다. 이 그룹의 토기는 지그재그 문양이지만 임치-보즈네세노프카 유적들의 범주 안에서 출현하며, 다른 것들과 비교해서 이른 시기의 것으로 보인다.

첫 번째, 나빌 유적의 토기 기형은 단순하며, 문양 또한 단순하다. 이보다 이른 보즈네세노프카 문화의 토기 기형은 이처럼 단순한 기형이며, 문양은 나빌 유적의 토기보다는 좀 더 복잡하다.

두 번째, 나빌 유적의 토기 태토에 포함된 샤모트에 집중한다면, 아무르강과 인접하고 있는 사할린섬의 보즈네세노프카 문화 이전 혹은 임치문화에 아주 널리 퍼져 있었다(얀쉬나 외 2012). 임치-보즈네세노프카 문화의 토기 태토에 샤모트가 혼입되는 전통은 매우 빨리 단 기간에 일어났으며, 그 이전의 패각을 혼입하는 전통을 대신하였다.

세 번째, 상기한 바와 같이 횡방향 문양대에 종방향 다치구를 시문하는 것은 보즈네세노프카 문화 이전의 유적 즉 콘돈 문화 혹은 말리셰보 문화에서 관찰되는 것이다.

따라서 임치-보즈네세노프카 문화의 지그재그 문양만 놓고 본다면 나빌 문화의 토기 연대는 현재로서는 보즈네세노프카 문화의 고린 유형이 시작되는 시점과도 관련이 있다. 그 절대연대는 탄소연대측정으로 보아서 4240±4125B.P.이다. 그러나 이 연대는 앞서 추정한 나빌유적토기[02]와 벨카친 문화의 연대와는 모순이다. 그런데 만약에 전체 벨카친 유형의 토기에서 나빌-1 유적의 토기[03]가 가장 늦다고 한다면 가능하기도 하다. 그렇다면 또 아무르-사할린 지역의 다치구로 시문된 지그재그 문양은 보즈네세노프카 문화의 이전에 존재하는 것이 가능한가?

사할린 고고학에서 이 문제는 매우 추상적이고 무심하지만 이 문제는 아주 중요하다. 이 문제에 대한 해결은 두 가지 관찰로서 추정할 수도 있다.

첫 번째는 벨카친 문화의 토기 문양 중에 가장 기본적인 것이 지그재그 문양으로 아무르 사할린 지역에서 그 연대는 보즈네세노프카 문화의 이전이다. 또한 벨카친 문화의 지

---

02 역자 주. B그룹.
03 역자 주. A그룹.

그재그 문양을 시문하는 것은 다치구이다.

두 번째, 다치구로 시문하는 지그재그 문양인데, 이것은 아무르강 유역에서는 늦은 신석기시대 문화 뿐만 아니라 오시포프카 문화와 그로마투하(громатухинская) 문화에서도 확인되는 것이다(셰프코무드·얀쉬나 2012). 문양을 시문하는 방법에서 나빌토기[04]와 가장 유사한 것은 그로마투하 문화의 토기이다. 즉 그로마투하 문화의 토기는 시문구의 작업면이 부채꼴 모양이면서 다치구로 천천히 눌러 찍는 방법과 빨리 찍는 방법이 결합된 가장 이른 시기의 섯이라고 할 수 있다. 당연히 그로마투하 문화의 토기와 나빌 유적의 토기는 다르지만 나빌 유적의 지그재그 문양 시문하는 방법은 그로마투하 문화의 것을 연상케 한다. 앞서 이야기한 2번 옵션의 특징이 더욱 그러하다(그림 4: 1~6·8~10). 그 중 가장 늦은 지그재그 문양은 사실 아무르강 하류의 마린스카야 문화의 토기와 관련해서 신석기시대 초기부터 있어왔다. 이 문화에서는 구연부 부근에 문양대가 기본이 되어 문양이 시문되었으며, 이러한 전통은 루드나야-콘돈 문화의 유적 토기로 이어진다. 그러나 아무르강 하류에서 마린스카야 문화와 보즈네세노프카 문화 사이는 너무나 긴 공백임으로, 벨카친 문화의 토기가 확산되었다고 보는 것이 좀 더 논리적이다.

관찰된 결과는 나빌 B그룹의 토기는 나빌-1 유적의 신석기시대 주거지에서 획득된 이른 시기의 절대연대와 관련이 없다는 사실을 의미한다. 이 토기 유형을 해석하는 것은 매우 복잡한 문제로 이 문제에 대한 대답은 여러 가지 옵션으로 제시될 수 있다. 따라서 나빌 B그룹의 토기는 현재로서는 정확하게 규명하기는 힘들다고 결론 내릴 수 있다. 사할린섬의 신석기시대 앞으로의 연구과제는 사할린섬에서 이러한 유형의 토기의 확산과정과 그것의 특성이 일부 특정 요인으로부터 생기는 것이 아니기 때문에 앞으로 연구해야 할 것이다.

더불어서 토기 그룹에서 출토된 나빌 벨카친 문화의 토기에는 앞서 분리된 2개의 그룹 토기 외에 형식학적으로 볼 때 C~E그룹의 토기도 더 나눌 수 있다. 하지만 이들 개체수가 매우 적어서 문화적 특징을 살피기는 어렵다.

---

04 역자 주. B그룹의 토기.

3) C그룹

말 그대로 토기편 몇 조각이며, 외관이 매우 좋지 않은 상태로 잔존하는데, 색조는 명적색이다. 반원형 스탬프로 2~3줄로 찍어서 '산딸기'문양을 시문한 것이 특징이다. 어떤 경우에는 가로방향으로 문양을 시문구 단위대로 찍어가면서 시문한 경우도 있는데(그림 5: 2~4) 비스듬하게 찍었다. 어떤 토기편에는 문양이 없는 경우도 있었지만, 아주 붉은 색조를 띠는 토기로 점토띠를 두 군데 부착한 흔적이 보였다. 또 하나는 구연부편으로 구연단이 둥글게 처리되었으며, 구연부가 약간 외반한다. 문양은 구연 아래에서부터 1.5cm 이하에 위치한다(그림 5: 4). 이 토기의 태토는 아주 고운 사질토이며, 소성 후 토기에 밝은 황색으로 채색한 것으로 생각된다.

C그룹의 토기와 같은 문양이 확인된 바가 없지만 붉은 색칠과 마연을 한 제작 기법은 말리셰보 문화의 특징이다. 그러나 문양은 다치구의 치구가 방형 계통이며 시문방법도 재빨리 눌러찍는 방법을 사용하고 있어서 차이가 있다. 무엇보다도 말리셰보 문화의 토기 문양은 다른 문양 요소를 보인다. 단순한 문양이 아닌 기하학적이며 일종의 '뇌문'을 아주 넓은 구역에 걸쳐서 밀도 있게 시문하는데, 어떤 경우에는 토기 전면에 시문되기도 한다. 이러한 점에서 나빌-1 유적의 적색마연토기는 말리셰보 문화의 토기와는 차이가 있다.

4) D그룹

하나의 토기편이다. 태토에는 명갈색의 다양한 크기의 샤모트가 혼입되었다. 표면에는 외면에는 두텁게 점토가 발라져 있었는데 외면은 명갈색 색조이고, 토기의 내면과 단면은 명회색조이다. 문양은 치구가 4개인 다치구로 시문되었는데, 치구의 평면형태는 방형이다(그림 5: 1). 문양은 종방향으로 좁은 구역으로 '기둥'모양으로 시문되고 있다. 가장 유사한 문양은 말리셰보 문화에서 확인된다.

5) E그룹

구연부편과 동체부편이 몇 점 확인되었는데, 이 그룹을 분리한 이유는 토기의 기벽이 매우 얇기 때문이다(0.5cm). 구연부는 계단식 구연부로 태토에는 아주 작은 크기와 중간 크기의 알갱이들이 혼입되었다. 토기의 색조는 회색 혹은 갈색이며, 일부에는 그을림이 남아 있다. 유감스럽지만 이 토기의 특성을 좀 더 구체화 하지 못하였다.

결론

나빌-1 유적의 신석기시대 토기를 앞에서 분석하였는데, 각기 다른 문화 및 시간에 신석기인이 이 지역에서 살았던 것으로 추정할 수 있다. 가장 많은 양을 차지하는 것은 벨카친 문화의 유형[05]인데, 나빌토기[06]는 현재로서는 완전하게 규정하기는 힘들다. 이 토기를 분석하는 가운데 가장 마지막 의문점은 사할린섬에서 다치구로 지그재그 문양을 시문하는 토기가 보즈네세노프카 문화 이전부터 이미 존재하는 것인가 하는 것이다. 그 대답은 아무르-사할린 지역의 선사시대 질문에서 매우 중요하다고 할 수 있는데 왜냐하면 아무르 하류와 사할린섬의 문화 교류의 관계 문제를 설명할 수 있는 중요한 자료가 될 수 있기 때문이다.[07]

---

05 역자 주. A그룹.
06 역자 주. B그룹.
07 역자 주. 아무르강 하류의 신석기시대 문화가 사할린섬으로 퍼졌다는 것이 정설이다. 하지만 만약에 필자가 의문점을 가진대로 사할린섬에서 보즈네세노프카 문화 이전부터 이미 다치구로 지그재그 문양이 있었다면, 사할린섬에서 아무르강 하류로 문화가 확산될 수 있다는 점을 의미하는데, 필자는 여러 정황만 언급하고 결론을 내리는 것은 주저하고 있다. 앞으로 새로운 발굴조사를 통한 여러 증거를 통해서 이를 확실하게 결론 내릴 것이다.

참고 문헌

알렉세프 · 댜코노프, 2009, Алексеев А.Н., Дьяконов В.М. Радиоуглеродная хронология куль тур неолита и бронзового века Якутии // Археология, этнография и антрополог ия Евразии. 2009. № 3. С. 26–40.

바실리예프스키 · 그리셴코 · 오르로바, 2010, Василевский А. А., Грищенко В. А., Орлова Л. А. П ериодизация, рубежи и контактные зоны эпохи неолита в островном мире даль невосточных морей (в свете радиоуглеродной хронологии памятников Сахалин а и Курильских островов) // Археология, этнография и антропология Евразии. 2010. № 1. С. 10–25.

주쉬호프스카야 · 슈빈, 1987, Жущиховская И.С., Шубин О.А. Периодизация имчинской неоли тической культуры в свете анализа керамической традиции // Новые материалы по первобытной археологии юга Дальнего Востока. Владивосток, 1987. С. 7–11.

주쉬호프스카야, 2004, Жущиховская И.С. Очерки истории древнего гончарства Дальнего Востока России. Владивосток: ДВО РАН, 2004. 312 с.

모차노프, 1969, Мочанов Ю.А. Многослойная стоянка Белькачи-1 и периодизация каменн ого века Якутии. М.: Наука, 1969. 256 с.

오클라드니코프, 1984, Окладников А.П. Керамика древнего поселения Кондон (Приамурье). Новосибирск: Наука, 1984. 123 с.

셰프코무드, 2004, Шевкомуд И.Я. Поздний неолит Нижнего Амура. Владивосток: ДВО РАН, 2004. 156 с.

셰프코무드 · 쿠즈민, 2009, Шевкомуд И.Я., Кузьмин Я.В. Хронология каменного века Нижнег о Приамурья (Дальний Восток России) // Культурная хронология и другие пробл емы в исследованиях древностей востока Азии. Хабаровск, 2009. С. 7–46.

셰프코무드 · 얀쉬나, 2012, Шевкомуд И.Я., Яншина О.В. Начало неолита в Приамурье: посел ение Гончарка-1. СПб.: МАЭ РАН, 2012. 270 с.

슈빈, 2005, Шубин В.О. Отчет об археологических исследованиях древнего поселения Р ека Набиль I (пункт 2) в Ногликском районе Сахалинской области в 2004 году. Ю жно-Сахалинск, 2005.

슈빈, 2008, Шубин В.О. Археологические исследования в Ногликском районе Сахалинско й области в рамках проекта 《Сахалин-2》 // Природа, история и культурное насл едие Сахалинской области: исследования и открытия: Материалы науч. конф., п освящ. 110-летию Сахалинского музея (1896 – 2006 гг.), г. Южно-Сахалинск, 27–28 нояб. 2006г.Южно-Сахалинск,2008.С.135–168.

얀쉬나 · 고르부노프 · 쿠즈민, 2012, Яншина О.В., Горбунов С.В., Кузьмин Я.В. О раннем неоли те Сахалина: стоянка Адо-Тымово-2 // Россия и АТР. 2012. № 2. С. 31–49.

04

'소프카 볼쇼야(Сопка Большая)'[01]
신석기시대 유적

메드베제프(Медведев В.Е.)

　　연해주 고고학 유적 가운데서 가장 흥미로운 유적군은 나호드카(Находка)만으로 흘러가는 파르티잔스카야(Партизанская)강의 좌안(블라드비로-알렉산드로프 마을 방향)에 주로 위치한다고 할 수 있다. 이 지역은 1970년대에 소련 과학아카데미 시베리아분소 역사·철학·연구소(러시아 과학아카데미 시베리아분소 고고·민속학연구소의 전신)의 아무르-우수리스크 발굴대가 오클라드니코프를 단장으로 해서 매년 여름 8회에 걸쳐서 조사를 한 바 있다. 필자도 책임연구원으로서 대규모 발굴을 하였는데, 6개 선사시대 유적에 대한 발굴조사내용을 단편적이지만 보고한 바 있다. 그 유적은 페레발(Перевал), 포드 리파미(Под липами), 소프카 볼쇼야(Сопка Большая), 보시모이 킬로메트르(Восьмой километр), 불로치카(Булочка) 등이다. 불로치카 유적은 2003~2005년간 한국의 문화재연구소와 공동발굴을 한 바 있다. 그 중 가장 흥미롭고 다양한 시대에 걸친 유적은 불로치카 유적인데, 이미 한국과 공동출간한 바 있다(오클라드니코프·그린스키·메드베제프 1972; 국립문화재연구소·러시아과학아카데미 시베리아분소 고고·민속학연구소 2004~2006; 데레뱐코·메드베제프 2008; 메드베제프 2004·2005·2007; 메드베제프·필라토바 2011).

　　상기한 유적의 입지는 파르티잔강 유역에 위치한 산 혹은 언덕 위에 위치한 유적이라

01　역자 주. 높은 언덕이라는 뜻의 명칭.

| 그림 1   소프카 볼쇼야 유적의 경관. 남서 방향에서 본 모습

는 점인데, 주로 자이사노프카 문화의 신석기시대 주거지이다. 신석기시대 유적의 대부분은 파손이 심한데 그 중에서 포드 리파미 유적과 소프카 볼쇼야 유적은 잘 남아 있는 편이다. 전자는 주거지 1기만이 확인되었고, 후자는 6개의 수혈 가운데서 4기만이 주거지이다. 두 유적에 관해서도 이미 간략하게 보고 된 바 있다(오클라드니코프·메드베제프 1995; 메드베제프 2002; 메드베제프·코노넨코 2002). 금번에는 그 중에 하나인 소프카 볼쇼야 유적의 유물에 대한 보고와 함께 좀 더 구체적으로 논하고자 한다.

유적은 블라디미르-알렉산드로프스키 마을에서 남서쪽으로 7km 떨어진 곳에 위치한다. 유적은 높이 40m가량의 볼쇼야 소프카라고 불리는 언덕 위에 위치한다. 언덕의 서쪽은 높은 언덕과 연결되고 다시 그 언덕은 불로치카 언덕으로 남서 방향으로 이어진다(그림 1). 구덩이는 상대적으로 높은 밀집도로 모여 있었는데, 거의 육안으로는 드러나지 않았다. 주거지가 위치한 곳은 편평해서, 주거지의 어깨선이 드러나기가 유리한 곳이었다. 앞서 설명한 바와 같이 6개의 수혈 가운데서 4개(1~4호 주거지)만 발굴되었다. 다섯 번째 구덩이는 243㎡가 넘는 큰 발굴지역에 위치하지만, 주거지가 아닐 가능성이 있다. 여섯 번째 구덩이는 발굴하지 못했다. 1호 주거지는 유적 전체에서 가장 높은 곳에 위치하며 나머지 3기는 1호 주거지에서 동쪽과 남동쪽에 위치한다. 2호 주거지는 직경

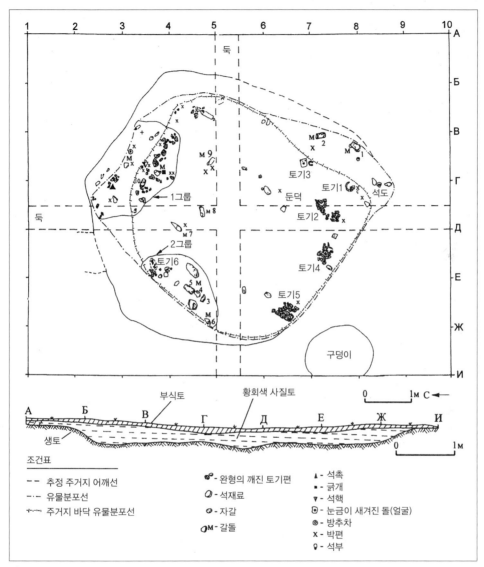

조건표

- – - 추정 주거지 어깨선
- – · 유물분포선
- +–+ 주거지 바닥 유물분포선
- 🐚 - 완형의 깨진 토기편
- 🖋 - 석재료
- ⬭ - 자갈
- ⬭M - 갈돌
- ▲ - 석촉
- ◼ - 긁개
- ▼ - 석핵
- ⬭ - 눈금이 새겨진 돌(얼굴)
- ◉ - 방추차
- x - 박편
- ⬭ - 석부

| 그림 2   소프카 볼쇼야 유적의 1호 주거지: 평면과 5번 라인을 중심으로 한 토층도

이 8m가량으로 가장 멀리 떨어져서 위치한다. 3호와 4호 주거지는 직경이 4m가량으로 1호 주거지에서 남동쪽으로 3m와 3.5m 떨어진 곳에 위치한다. 주거지의 토층은 상층에서부터 표토층은 4~10cm, 주거지의 내부토는 사질 자갈이 혼입된 명회갈색으로 깊으며 두께는 18~22cm부터 40~60cm가량이다. 생토는 부스러지기 쉬운 사질성 자갈층이다.

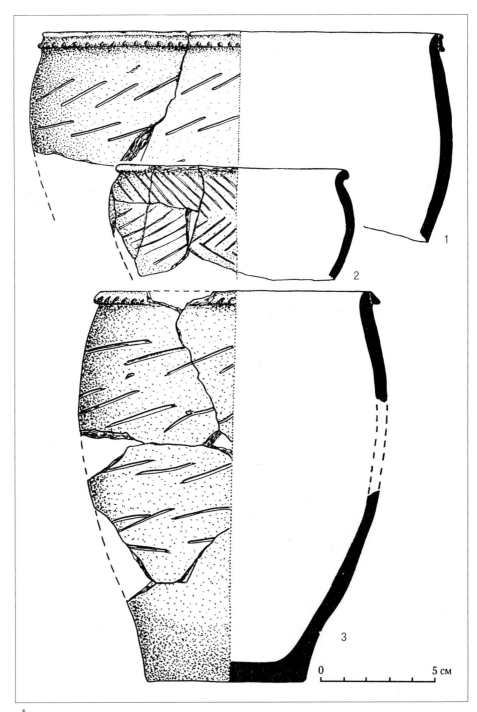

그림 3　　소프카 볼쇼야 유적의 1호 주거지 출토 토기

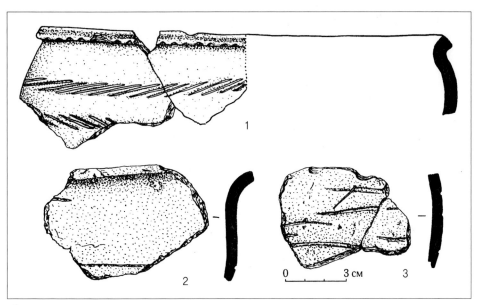

| 그림 4   소프카 볼쇼야 유적의 1호 주거지 출토 토기

　주거지의 평면형태는 말각방형인데, 주거지의 벽면이 완만해서 잘 보이지 않는 곳도 있다. 주거지는 모두 다음에서 설명하겠지만 모두 한 시기의 한 유형에 해당하는 것으로 생각된다.

　주거지 1호가 가장 잘 남아 있는데, 특징에 대해서 서술하도록 하겠다. 주거지의 직경은 5m 정도이며, 깊이는 중앙을 기준으로 20cm이다. 주거지의 남서쪽은 부분적으로 파손되었다. 이 곳에서 얼마 떨어지지 않은 곳에 위에서 언급된 5호 수혈(직경 1.7m, 깊이 10cm)이 확인되었다. 주거지의 정확한 평면적은 5.3×5.5m이며, 평면적은 21㎡ 정도이다. 바닥은 편평하고 주거지 중앙에 깊이 10cm가량의 수혈식 노지가 확인되었다. 주거지의 벽면이 잘남아 있는 곳은 북서와 북동쪽인데, 높이는 15~35cm가량이다 (그림 2). 지붕을 받쳤던 기둥을 포함한 어떤 기둥구멍자리도 확인되지 않았다.

　출토유물은 대부분 몇 개로 나누어져서 무더기로 확인되었다. 첫 번째 주거지의 북서쪽 벽면을 따라서 바닥에서 출토되었는데, 2.5m 정도 범위 내에서 출토되었다. 두 번째는 북서쪽 벽면에 이어서 북동쪽 벽면에서, 마지막으로 주거지의 남동쪽 벽과 남서쪽 벽 사이의 남쪽 모서리에 무더기로 출토되었다.

　가장 많은 수량을 차지하는 것이 토제로 제작된 것인데, 대부분 높이 17cm가량의 발형 혹은 옹형의 토기이다. 그 중에서 완형 혹은 일부이지만 기형을 알 수 있을 정도로 복원가능한 것은 9점 정도이다. 토기의 색조는 붉거나 혹은 회색빛인데, 구연부 부근에 점토를 덧대어 그 상단에 각목 혹은 눌러 찍은 것이다. 기본적인 문양은 토기의 견부나 동체부에 침선을 하였다. 완형은 아니지만 종방향으로 새긴 지그재그 문과 삼각형문, 삼각집선문등을 포함한다(그림 3, 그림 4, 그림 5: 2~4, 그림 6: 2·5). 흥미로운 점은 주거지에서 출토된 모든 토기는 주거지의 남서쪽 벽을 따라서 위치한다. 벽을 따라서 깨진 채로 무더기로 확인되는 점은 이 집의 거주자들이 집을 버리고 떠나는 순간에 균형을 잡지 못한 토기가 그대로 깨졌다는 것을 증명한다. 다른 토제품은 3개의 방추차가 확인되었는데, 두 점은 단면이 원추형이며, 한 점은 원판형 방추차이다. 방추차에는 문양이 시문되었는데, 주로 침선으로 중앙의 구멍에서 바깥쪽(으로 향하는) 방향으로 빛이 퍼지는 모양을 그대로 표현하고 있다(그림 5: 5~6, 그림 9: 7).

다양한 석제품도 많이 출토되었는데, 가장 많이 출토된 것은 괭이류 인데, 땅을 파는 데 사용되었던 즉 농기구류로 생각된다. 10점 이상이 출토되었으며, 완형은 대부분 주거지 바닥에서 출토되었다. 규산질 세일암으로 타제 기법으로 제작되었다. 평면형태가 작업면은 넓고 기부는 좁은 비파모양이 대부분이다(그림 6: 1, 그림 7, 그림 8). 길이는 16~21.5cm 정도인데, 가장 긴 것은 24.7cm에 달하는 것도 있다. 대부분의 도구는 인부에 사용된 흔적이 남아 있는 것으로 보아서 실제로 사용되었을 것으로 생각된다.

규산질 세일암으로 제작된 다른 도구로는 타원형의 석도와 단면이 장방형인 마제석도가 있다(그림 5: 1, 그림 10: 2). 흑요석제 긁개(그림 9: 1), 석촉편과 플린트제 긁개(그림 9: 3)도 출토되었다. 주거지의 동쪽 모서리에서는 대형 갈돌(27×6.3×3.5cm), 찍거나 빻는데 사용된 공이(그림 10: 1·3~4)돌 등이 출토되었다. 많지는 않지만 박편석기도 출토되었는데(그림 6: 3, 그림 9: 2·4~5) 그 중에는 암회색의 흑요석제품도 한 점(그림 6: 4·6), 플린트제 석핵(그림 9: 6)도 확인되었다.

그 외에도 마연으로 인해서 구멍이 여러 개 있는 석제가 주거지의 벽선 부근에서 2점 출토되었다. 첫 번째의 것은 주거지의 북동쪽 벽쪽에서 확인되었는데, 평면형태는 장방형으로 사질제 석제(14.5×13×5cm)로 제작되었다(그림 11: 4). 넓고 편평한데 반파품이다. 구멍은 모두 4개 있는데 단면이 반원형으로 구멍의 직경은 1.0~1.8cm가량이다. 그 중 세 개는 가장자리에서 반대쪽으로 삼각형을 이루며 모여 있는데, 4번째의 것은 가장자리에 접해 있는 것이다. 돌에 난 구멍은 수직방향으로 도구를 이용해서 낸 것인데, 도구는 삼각형으로 넓힌 끝부분(칼의 모서리?)을 이용한 것으로 생각된다. 납작한 돌에

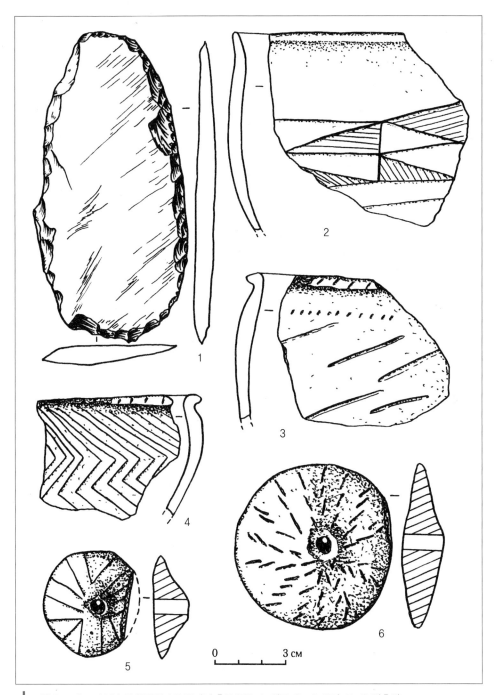

그림 5　소프카 볼쇼야 유적의 1호 주거지 출토유물. 1-석도, 2～4-토기, 5～6-방추차

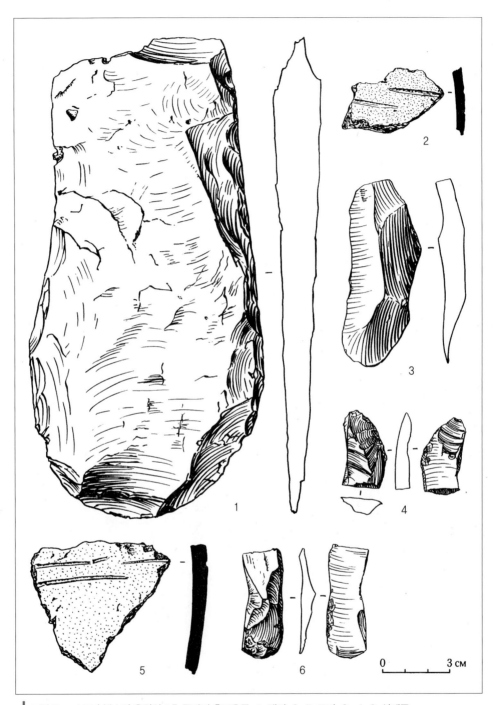

그림 6   소프카 볼쇼야 유적의 1호 주거지 출토유물. 1-괭이, 2·5-토기, 3~4·6-석제품

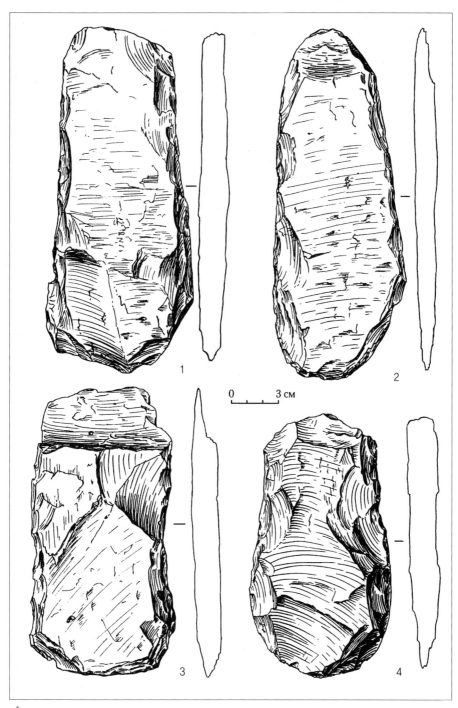

그림 7   소프카 볼쇼야 유적의 1호 주거지 출토유물. 1~4-괭이

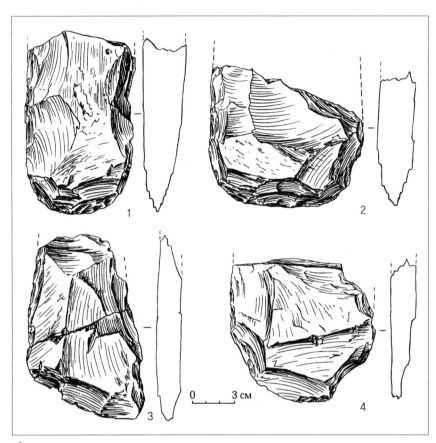

얼굴이 추정된 것으로 있는데, 한 점은 눈이 하나이며, 다른 면에는 눈이 두 개가 표현되었다. 이 납작한 돌 옆에는 굴지구와 토기의 구연부편(그림 11: 1~2)이 놓여져 있었던 정황 등은 이 납작한 돌이 단순하지 않는다는 것을 보여준다.

두 번째로 구멍 난 돌은 사질성으로 단면이 약간 둥근 것으로 크기가 9×6cm가량인 것인데, 주거지의 남동쪽 어깨선에서 출토되었다. 이 돌은 세 면이 불룩하게 튀어 나왔는데, 한 면은 크고 두 면은 작다. 작은 두 면에는 직경 1cm가량의 구멍이 세 개가 고타되어 표현되었다. 돌에 난 구멍의 위치는 이 돌이 남성의 얼굴 혹은 가지고 다닐 수 있는 암각화 종류일 것이라는 것을 확신한다. 이 돌은 상기한 구멍이 난 돌과 두 얼굴이 새겨진 돌과 같은 성격의 유물로 판단된다.

앞서 이야기 한 구멍 난 돌에 대한 해석과 관련해서 활비비 혹은 견과류의 껍질을 까기

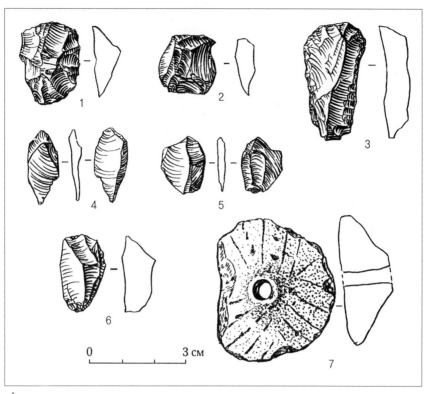

| 그림 9　　소프카 볼쇼야 유적의 1호 주거지 출토품. 1~6-석제품, 7-토제품

위한 것(물론 우연히 그러한 행위가 있었을 가능성도 있다)으로도 생각해 볼 수 있다. 하
지만 다각형의 돌은 상기한 목적을 이루기에는 매우 불편하다. 홈의 위치는 사람의 얼굴
을 연상케 하는 곳에 나 있다(그림 11: 3). 상기한 바와 같이 남성의 얼굴을 표현한 것이
좀 더 맞는 것 같다. 이러한 결론은 첫 번째 설명한 돌을 비교 분석하면서 내려졌다. 암각
화로 잘 알려진 아무르강 하류의 사카치 알리안의 암각화 중에서 구멍이 3개 있는 남성
얼굴이 그려진 것이 있는데 이와 앞서 설명한 돌이 유사하다(오클라드니코프 1971, 표
31, 표 36-3, 표 101-2). 얼굴이 그려진 돌은 연해주의 신석기시대 유적에서 종종 확인
된다(브로댠스키 2002, 그림 6~12 · 16 · 18 · 22; 브로댠스키 2011; 가르코빅 2011).
최근에 브로댠스키는 마이헤 유적(올레니)을 정리하면서 이러한 돌을 죽은 조상의 제단
이라는 가정을 내 놓았다(오클라드니코프 · 브로댠스키 2013, p.183). 소프카 볼쇼야
유적의 얼굴이 그려진 돌도 오랫동안 출판하지 않았는데, 이러한 유물은 이국적이거나

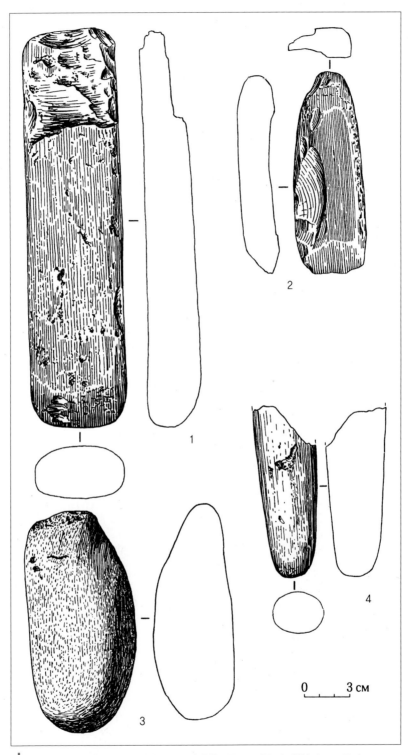

│ 그림 10   소프카 볼쇼야 유적의 1호 주거지 출토품. 1-갈돌, 2-석부, 3~4-공이

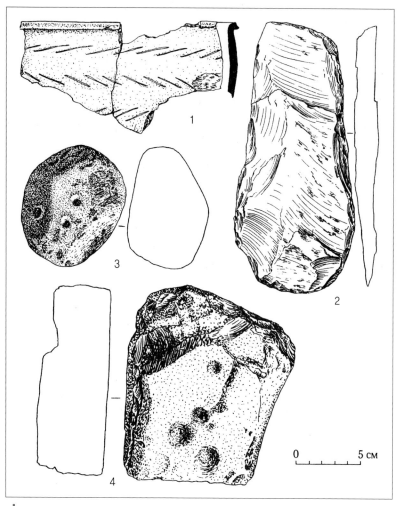

그림 11　소프카 볼쇼야 유적의 1호 주거지 출토품. 1-토기, 2-괭이, 3~4-구멍이 있는 돌

혹은 독특한 유물로만 생각해서는 안 된다. 연해주의 선사시대 주민의 예술적인 측면에서 기존의 선행연구와의 비교를 통한 연구가 필요한 것이다.

　유적에 대한 전체의 이해를 위해서 다음을 좀 더 보충하고자 한다. 발굴된 나머지 주거지(2~4호)도 기본적으로 1호 주거지와 유사하다. 2호 주거지에서는 10개의 굴지구류와 2개의 갈돌과 1개의 갈판이 출토되었다(그림 12). 갈판의 작업면은 움푹 파여져 있지만 그 반대면은 뱀이 그려져 있다. 주거지 2호에서도 굴지구, 갈판과 토기편과 플린트제 박편석기 등이 출토되었다(그림 13). 동체부가 둥글고 구연부가 내만하는 발형토기도 출토

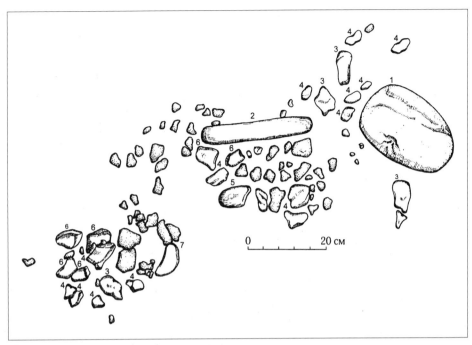

│ 그림 12 소프카 볼쇼야 유적의 주거지 바닥과 출토된 토기와 석기.
        1-갈판, 2-갈돌, 3-괭이, 4~5-괭이편, 6-자갈, 7-갈판

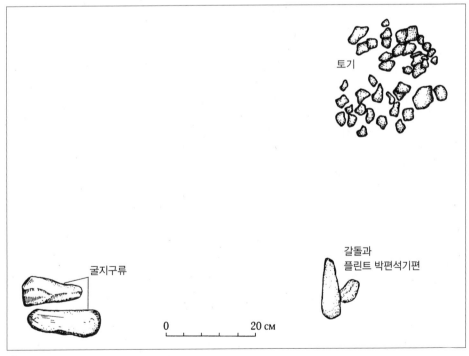

토기

굴지구류

갈돌과
플린트 박편석기편

│ 그림 13 소프카 볼쇼야 유적. 2호 주거지 바닥에서 출토된 유물

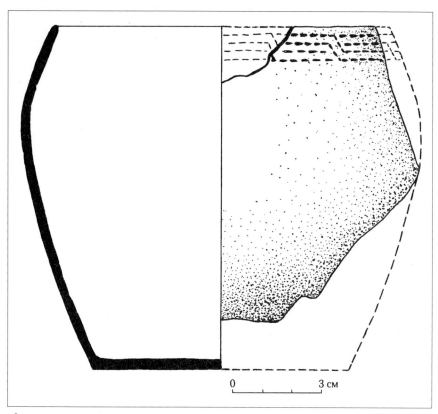

| 그림 14　소프카 볼쇼야 유적. 3호 주거지 출토 토기

되었는데, 구연부의 부근에는 뇌문[02]이 시문되었다(그림 14).

　연해주의 남부 신석기시대 후기의 주민들의 괭이를 이용한 농사의 존재는 이미 몇 십
년 전부터 알려진 바이다(오클라드니코프·브로댠스키 1969). 1970년대에 소프카 볼쇼

02　역자 주. 역자는 동북지방의 뇌문토기에 관한 논고를 발표한 적이 있다. 뇌문을 그릴 때 침선으로 문양의
　　모티브를 그은 후 그 내부를 단사선이나 압인등으로 충진하는데, 그 중 가장 느린 형식은 침선 대신에 'ㄴ'
　　자형으로 문양띠를 지운 것이고 그 내부도 대충선을 그은 것으로 주로 구연부에만 시문되는 특징으로 정리
　　하였으며, 아누치노-14 유적의 출토품이 그 대상이었다(김재윤 2007). 소프카 볼쇼야 유적의 뇌문토기도
　　아누치노-14 유적의 유물과 완전히 같지는 않지만 자이사노프카 문화의 뇌문토기의 모티브 만을 간략하게
　　표현하고 있다는 점에서 가장 늦은 형식의 뇌문에 속하는 것으로 보인다. 이를 언급하는 이유는 한국의 독
　　자들이 생각하는 동북한의 전형적인 뇌문과는 다소 차이가 있지만 뇌문에 속한다는 것을 알려두고 싶어서
　　이다.
　　김재윤, 2007, 「한반도 동북지역 뇌문토기의 변천과정」, 『文化財』40.

야 유적을 발굴하면서 이 유적이 농경민이 남겨놓은 것이라는 아주 강력한 믿음을 가지게 되었다. 그 이유는 석기때문인데, 농경과 획득된 농작물을 작업하는데 필요한 도구가 거의 모두 확인되었다고 생각했기 때문이다. 괭이, 칼, 갈판과 갈돌, 공이 등이다. 연해주의 고고학에서 최근에 논쟁점 중에 하나가 농경(기장 재배)의 계보이다. 물론 농경이 신석기시대 후기부터 시작되었다는데는 의심의 여지가 없다. 소프카 볼쇼야 유적의 유물 또한 이를 그대로 보여준다고 할 수 있다.

유적의 거주자가 농사만 지었을까? 당연히 그들 주변의 환경을 이용해서 다른 생업활동도 행했을 것이라고 생각한다. 그러나 주거지에서는 이와 관련된 유물은 전혀 존재하지 않는다. 물론 석촉은 수렵의 도구로 생각되고, 긁개는 동물의 가죽을 벗기는데 사용했을 것이다. 방추차는 실과 천과 관련된 자료일 것이다. 주거지에서는 강과 해양과 관련된 어업과 관련된 유물은 전혀 보이지 않는다.

그런데 주거지 내부에서 기둥구멍이 하나도 없었는데 그 이유를 설명하기는 힘들다. 기둥구멍 자국은 파손되면서 없어진 것으로 밖에는 생각되지 않는다. 필자는 이 주거지는 반수혈 주거지가 아닌 일종의 '춤'03으로 생각된다. 춤의 구멍은 자작나무 껍데기나 다른 물질로 제작되었을 것이다. 아마도 주거지의 노지는 일시적으로만 설치했을 것이기 때문에 노지에서 숯이 출토되지 않았다.

볼쇼야 소프카 유적의 주거지는 '비표준적'인데, 깊게 생각해 볼 필요가 있다. 이 주거지들은 혹시 주거지와 같이 생긴 유사주거지로서 안식의 장소가 아닐까? 하지만 아무르강 하류의 문화 중심에서 확인되는 가샤 유적(말리셰보 문화), 수추와 타흐타(보즈네세노프카 문화)의 유적에서와 같이 지상식 시설은 확인되지 않을까? 그런데 상기한 유적에서는 노지나 불 땐 흔적 혹은 숯 등이 출토되었다. 그렇다면 연해주의 볼쇼야 소프카 유적은 안식처로서 다른 형식일 가능성도 있다. 이 유적에서 의례공간 뿐 만 아니라 불 땐 흔적(메드베제프 2009)이 아주 두껍게 남아 있었는데 이것도 유적이 제사적 성격임을 증명한다. 따라서 볼쇼야 소프카 유적은 단기간 일시적으로 거주했을 것으로 생각된다.

출토된 유물은 연해주 해안가 유적의 남부 유적들에서도 확인된다. 이 유적도 자이사노프카 문화의 늦은 단계 중 한 곳으로 생각된다. 자이사노프카 문화의 늦은 시기는 보

---

03 역자 주. 일종의 텐트형 주거지. 극동 소수민족의 집 가운데서 집의 지붕이 집의 어깨선에 위치한 움집과는 달리 지상에 설치하는데, 주거지 기둥을 세우고 그 위를 가죽으로 덮는 주거지이다. 고아시아족의 에벤키족은 이를 춤(чум, chum)이라고 불렀는데, 주로 반렵반목하는 민족에게서 확인된다.

이스만 문화의 요소의 흔적이 남지 않은 곳을 이야기 한다(모레바·클류예프 2011). 이 유적과 가까운 유물이 확인되는 다른 유적은 볼로치카 유적과 포드 리파미 유적이다. 유적에서 확인된 탄소연대는 3915±50B.P.(СОАН-1530)와 3635±30B.P.(СОАН-1532)인데, 소프카 볼쇼야 유적의 연대도 이와 유사할 것으로 생각된다.

참고 문헌

브로댠스키, 2002, Бродянский Д.Л. Искусство древнего Приморья (каменный век-палеометалл). Владивосток: Изд-во Дальневост. ун-та. 2002. 220 с.

브로댠스키, 2011, Бродянский Д.Л. Дальний Восток: петроглифы из культурного слоя // Труды III (XIX) Всероссийского археологического съезда. СПб-М-Великий Новгород. 2011. Т. I. С. 108-109.

가르코빅, 2011, Гарковик А.В. Антропоморфные изображения в материалах эпохи камня и раннего палеометалла в Приморье // Труды III (XIX) Всероссийского археологического съезда. СПб-М-Великий Новгород, 2011. Т. I. С. 121-122.

국립문화재연구소·러시아과학아카데미, 2004, Деревянко А.П., Медведев В.Е., Ким Бон Гон, Шин Чан Су, Ю Ын Сик, Краминцев В.А., Медведева О.С., Филатова И.В., Хон Хен У. Древние памятники Южного Приморья. Отчет об исследовании поселения Булочка в 2003 году: В 3 т. Сеул: ИАЭТ СО РАН; Гос. Ин-т культур. наследия Республики Корея, 2004. 801 с. Рус. и кор. яз.

국립문화재연구소·러시아과학아카데미, 2005, Деревянко А.П., Ким Бон Гон, Медведев В.Е., Шин Чан Су, Хон Хен У, Ю Ын Сик, Краминцев В.А., Медведева О.С., Филатова И.В. Древние памятники Южного Приморья. Отчет об исследовании поселения Булочка в Партизанском р-не Приморского края в 2004 году: В 3 т. Сеул: ИАЭТ СО РАН; Гос. Ин-т культур. наследия Республики Корея, 2005. 822 с. Рус. и кор. яз.

국립문화재연구소·러시아과학아카데미, 2006, Деревянко А.П., Ким Бон Гон, Медведев В.Е., Ким Ен Мин, Хон Хен У, Филатова И.В., Краминцев В.А., Медведева О.С., Хам Сан Тек, Субботина А.Л. Древние памятники Южного Приморья: Отчет об исследовании поселения Булочка в 2005 году: В 3 т. Сеул: ИАЭТ СО РАН; Гос. Ин-т культур. наследия Республики Корея, 2006. 828 с. Рус. и кор. яз.

Derevianko A.P., Medvedev V.E. Cultural Change during the Late Prehistoric Period in southern Primorye (Based on Archaeological Evidence from the Bulochka Settlement) // Archaeology, Ethnology and Anthropology of Eurasia. 2008. № 3. P. 14-35.

메드베제프, 2002, Медведев В.Е. Погребение эпохи раннего железа на сопке Большой бли з устья р. Партизанской // Традиционная культура Востока Азии. Благовещенск, 2002. Вып. 4. С. 141–148.

메드베제프·코노넨코, 2002, Медведев В.Е., Кононенко Н.А. Ранненеолитический комплекс Поселения Перевал в Приморье // Археология и культурная антропология Даль него Востока. Владивосток, 2002. С. 83–89.

메드베제프, 2004, Медведев В.Е. Раскопки поселения Булочка // Археологические откры тия 2003 года. М., 2004. С. 439–441.

메드베제프, 2005, Медведев В.Е. Исследование поселения Булочка на юге Приморья // Ар хеологические открытия 2004 года. М., 2005. С. 468–469.

메드베제프, 2007, Медведев В.Е. Третий год исследований на поселении Булочка // Архе ологические открытия 2005 года. М., 2007. С. 491–492.

메드베제프, 2009, Медведев В.Е. Древние культовые места на Дальнем Востоке. Святили ще на юге Приморья // 《Homo Eurasicus》 у врат искусства: Сб. науч. трудов. СП б., 2009. С. 371–382.

메드베제프·필라토바, 2011, Медведев В.Е., Филатова И.В. Неолитические объекты на посе лении Булочка (Приморье) // Проблемы археологии, этнографии, антропологии Сибири и сопредельных территорий: Материалы Итоговой сессии ИАЭТ СО РАН, 2011. Новосибирск, 2011. Т. XVII. С. 82–86.

모레바·클류예프, 2011, Морева О.Л., Клюев Н.А. Взаимодействие археологических культ ур Приморья на рубеже среднего и позднего неолита // Труды III (XIX) Всеросси йского археологического съезда. СПб-М-Великий Новгород, 2011. Т. I. С. 180– 182.

오클라드니코프, 1971, Окладников А.П. Петроглифы нижнего Амура. Л.: Наука, 1971. 335 с.

오클라드니코프, 1969, Окладников А.П., Бродянский Д.Л. Дальневосточный очаг древнего земледелия // Советская этнография. 1969. № 2. С. 3–14.

오클라드니코프·그린스키·메드베제프, 1972, Окладников А.П., Глинский С.В., Медведев В.Е. Р аскопки древнего поселения Булочка у города Находки в Сучанской долине // И зв. СО АН СССР. 1972. № 6. Сер. обществ. наук, вып.2. С. 66–72.

오클라드니코프·메드베제프, 1995, Окладников А.П., Медведев В.Е. Неолит Южного Приаму рья (по материалам раскопок поселений) // Асеагомунхуа. Сеул, 1995. С. 601– 619.

오클라드니코프·브로댠스키, 2013, Окладников А.П., Бродянский Д.Л. Майхэ (Олений). Памят ники мезолита и неолита в Приморье. Владивосток: Издат. дом Дальневост. фед ерал. ун-та. 2013. 190 с.

사할린섬의 신석기시대 후기 카시카레바그시 문화: 극동에서 기원전 1천년기의 석기시대전통과 고금속기시대의 공존에 대한 문제

그리센코(Грищенко В.А.)

서론

B.C. 일 천년 기의 고고유적은 사할린섬의 선사시대 고고 연구에서 중요한 부분을 차지한다. 지난 10년간 사할린섬의 북쪽에서는 이 시기와 관련된 유적의 대규모 발굴이 진행되었는데, 나빌(набильская) 문화(바실리예프스키 외 2005), 필툰(пильтуная) 문화(바실리예프스키 외 2010), 팀(тымская) 문화(데류긴 2007·2010)와 같은 새로운 고고문화도 밝혀졌다.

B.C.1000년기의 고고유적이 많이 발굴되면서 사할린섬에서 고금속기시대에 대한 여러 의문점이 생겨나게 되었다. 나빌 문화, 필툰 문화와 수수이(сусуйская) 문화 등과 관련된 것이다(바실리예프스키·그리센코 2012). 유적에서 출토된 유물과 앞서 상기한 문화의 절대연대를 함께 비교해보면, 의심 없이 나빌 문화, 필툰 문화, 수수이 문화가 고금속기시대에 해당한다고 생각할 수 있다. 왜냐하면 방형 혹은 오각형의 주거지에 (신석기시대와는 다른) 원저와 첨저 토기, 금속제품 등이 출토되고 신석기시대에 비해서 석기 이용이 낮기 때문이다. 따라서 이 문화는 B.C.8~3세기의 아니프(анивская) 문화와 비교가능한데, 기술발달 수준은 석기시대 마지막에 해당하지만, 절대연대와 출토유물로 보아서 석기시대에서 철기시대로 변화되는 전환기에 해당된다(바실리예프스키 2008).

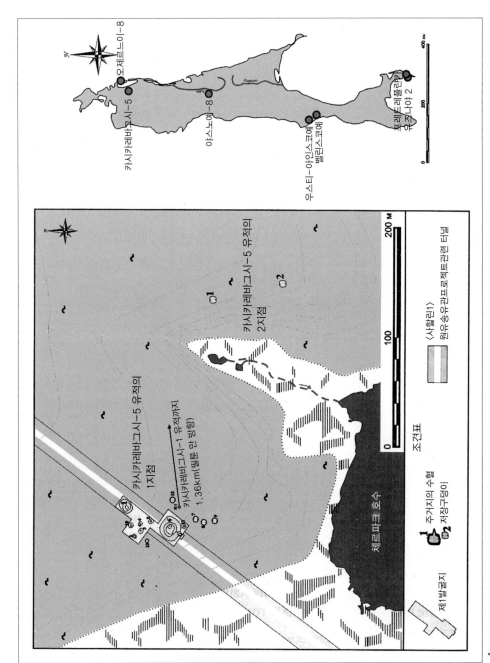

그림 1 사할린섬의 유적 분포도, 카시카레바고시-5 유적의 평면도

필자는 2008년에 카시카레바그시-5(КАШКАЛЕБАГШ-5) 유적의 출토유물과 2013년 바실리예프스키 박사가 발굴한 오제르느이-8(Озерный-8) 유적에서 출토된 유물을 바탕으로 사할린에서 기원전 천년기의 고금속기시대 존재에 대해서 논의한 바 있고, 이전의 석기시대와 확연하게 구분되는 문화의 성격에 대해서 논의한 바 있다.

1. 유적의 지형학적 특징, 입지, 층위

카시카레바그시-5 유적은 사할린섬의 북동쪽 해안가에 위치하는데, 필툰 석호 내의 큰 섬에 위치한다. 체르파크 호수의 해안가에서 카시카레바그시 언덕에서 서쪽으로 1.36km 떨어진 곳에 위치한다(그림 1). 2007년 사할린국립대학의 고고연구실 연구원인 표드르 추크가 발견하였는데, 체르파크 호수에서 북쪽으로 흘러가는 강줄기의 골짜기에 의해서 두 지점으로 나누어져서 위치한다. 유적은 남서 방향으로 약간 경사져 있는데, 삼목나무 숲이 우거진 곳이다. 주거지와 저장구덩이가 있는 유적은 체르파크 호수의 7월 물가 높이를 기준으로 4~6m 높이 언덕 위에 위치한다. 2008년 발굴에서는 3기의 주거지(1호, 3호, 6호)가 발굴되었고 5개의 저장구덩이와 주거지 사이 공간까지 전부 1,512㎡를 발굴하였다. 유적의 층위(그림 3~5)는 사할린섬의 홀로세 기간에 형성된 유적의 전형적인 모습이다. 주거지의 내부토는 아주 고운 사질토이다. 주거지 바닥에서는 노지와 기둥구멍 등이 확인되었는데, 노지와 기둥구멍에는 숯이 확실하게 남아 있었는데, 후

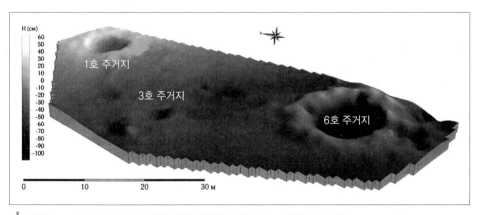

| 그림 2   카시카레바그시-5 유적, 3D를 이용한 2008년도 고대의 유적 표면

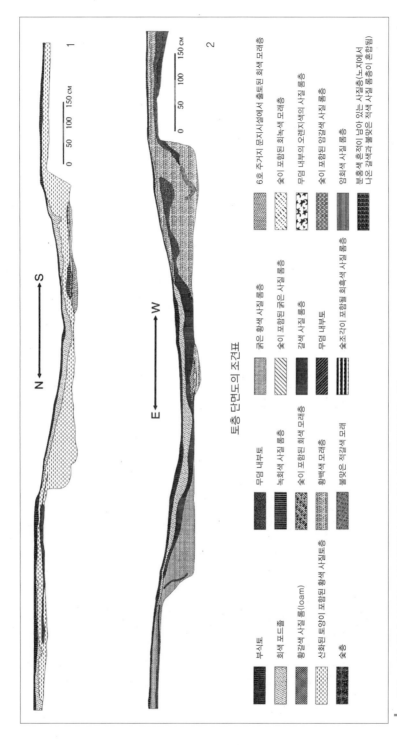

토층 단면도의 조건표

부식토	무덤 내부토	규토 황색 사질 롬층	6호 주거지 문지시설에서 출토된 회적된 화색 모래층
회색 포드졸	녹회색 사질 롬층	숯이 포함된 규토 사질 롬층	숯이 포함된 회녹색 모래층
황갈색 사질 롬(loam)	숯이 포함된 회색 모래층	갈색 사질 롬층	무덤 내부의 오렌지색의 사질 롬층
산화된 토양이 포함된 황색 사질토층	황백색 모래층	무덤 내부토	숯이 포함된 암갈색 사질 롬층
숯층	물맞은 적갈색 모래	숯조각이 포함된 회흑색 사질 롬층	암회색 사질 롬층
			분홍색 흔적이 남아 있는 사질층(노지에서 나온 갈색과 불맞은 적색색 사질 롬층이 혼합됨)

그림 3 1호 주거지 토층도, 남북 방향의 토층도(1), 동서 방향의 토층도(2)

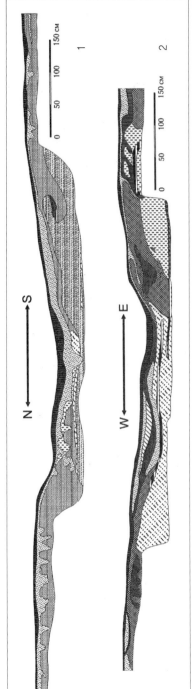

그림 4 3호 주거지 토층도, 남북 방향의 토층도(1), 동서 방향의 토층도(2)

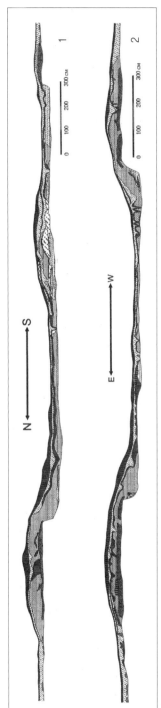

그림 5 6호 주거지 토층도, 남북 방향의 토층도(1), 동서 방향의 토층도(2)

자는 기둥의 목재 흔적으로 보인다. 1호 주거지에서는 집의 구조와 지붕이 불에 탄 후 그대로 내려앉은 흔적이 남아 있다. 층위에서 확인되겠지만 후대에 이 주거지를 파손한 흔적은 확인되지 않았나(그림 6).

출토된 유물은 주로 주거지 내에서 출토 비중이 높으며, 주거지 밖의 공간에서는 거의 출토되지 않았기 때문에(한 점이 출토되었다) 출토된 유물은 거의 하나의 유형으로서 주거지와 관련성이 깊다.

따라서 본 유적에서 확인된 유구(주거지와 노지) 및 출토된 유물은 단일한 유형이다.

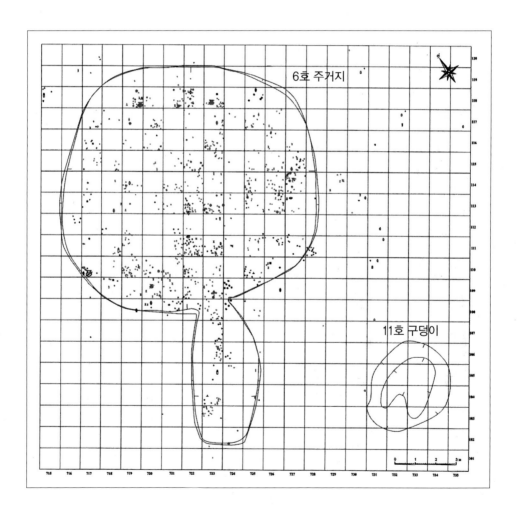

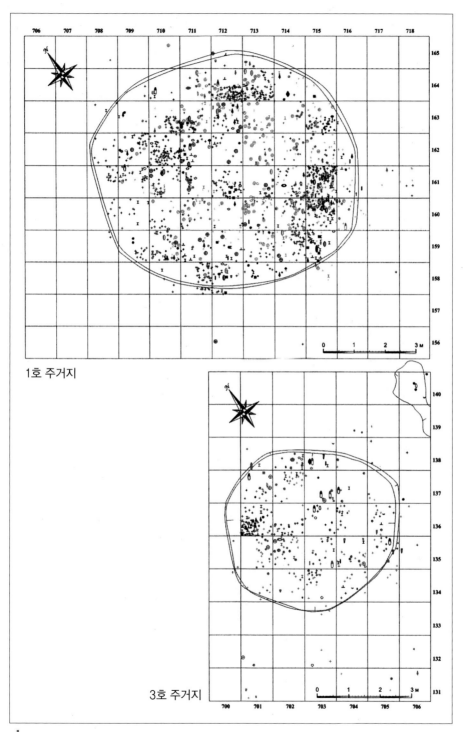

1호 주거지

3호 주거지

│ 그림 6   카시카레바그시-5 유적의 3층(붉은색)과 4층(검은색)의 유물분포도

1) 1호 주거지

1호 주거지 발굴결과 출토된 유물은 토기와 석제품이다. 석기는 석핵, 박편석기로 제작된 수렵도구와 생활용구가 있으며, 스폴과 도구 제작을 위한 소재박편도 확인된다. 양면조정석기의 제작과정에서 얻어진 박편석기가 집중적으로 확인된다. 이것과 관련해서 석핵석기는 박편을 떼어내는 과정에서 지나치게 박편화 되어서 석인이 확인되지 않는다. 양면가공으로 제작된 석기는 주로 다양한 크기로 아주 정밀하게 잔손질한 첨두형이 확인되었는데 그 중에 슴베가 있는 석창이 있다(그림 7: 7). 양 측면을 다듬은 긁개(그림 7: 8~9·11), 마연된 가공구류(그림 7: 12) 등도 확인되었다. 1호 주거지에서 출토된 토기(그림 8)는 토기의 기벽이 얇고(기벽의 두께는 5mm), 저부가 편평한 것이 특징이다. 태

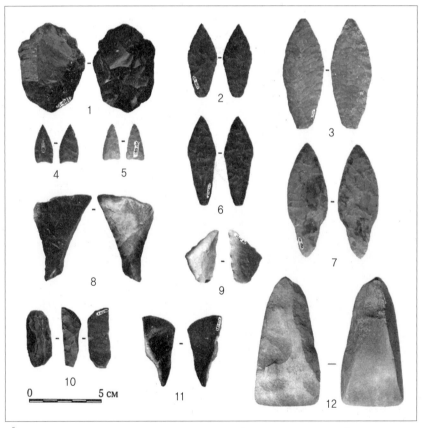

그림 7   카시카레바그시-5 유적의 원형의 석핵(1), 양면 조정 석촉(2~7),
          양 측면을 다듬은 끝 긁개(8~11), 석부(12)-1호 주거지의 석기

그림 8　카시카레바그시-5 유적의 1호 출토유물(1~7)

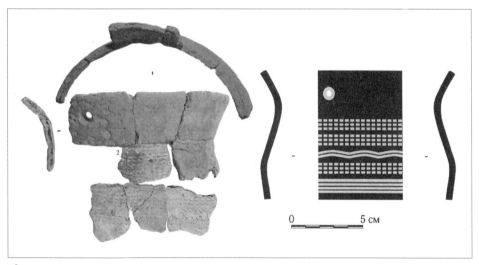

그림 9　카시카레바그시-5 유적의 1호 토기 문양

토에는 광물의 분쇄물을 혼입하였고, 낮은 소성온도, 색조는 황갈색이다. 토기의 문양은
적은데, 구연부에 구멍이 있는 것이 대부분이다(그림 8: 1·3~4). 아주 일부이지만 승
선문의 흔적이 남아 있는 편도 있다(그림 8: 5). 그런데 문양이 많이 시문된 토기도 확인

그림 10　카시카레바그시-5 유적의 1호 주거지

되었는데, 다치구로 찍는 방법과 침선법이 결합된 문양으로, 다치구로 가로방향으로 평행하게 찍고 그 아래에 파상문을 침선방법으로 그렸다(그림 9). 이 토기의 색조는 적갈색-오렌지색으로 소성온도는 낮은 것이다(토기의 단면은 소성이 덜 되었다). 토기는 구연부가 외반하고, 색조나 특징으로 보아서 앞서 설명된 1호 토기와는 성격이 다른 것으로 추정된다. 이 토기는 주거지의 노지 중심에서 출토되었는데, 이는 일종의 장례의식과 관련되었을 것으로 추정된다.

　주거지의 중앙에 둑을 제거하고 난 후에 완전히 드러난 주거지의 평면형태는 말각오각형으로 확인되었다(그림 10, 그림 12). 주거지의 벽면은 거의 수직이고, 벽의 높이는 인공적으로 주거지에서 밖으로 퍼낸 흙 때문에 높아졌다. 주거지의 중앙에는 노지가 확인되는데, 석제나 다른 물질로 쌓은 흔적은 보이지 않는다. 노지는 주거지 내에서 남서쪽으로 약간 치우쳤고, 확인된 숯 층은 10cm가량으로 얇은편이다. 사할린 북부의 유적에서 확인되는 전형적인 주거지형태이다.

2) 1호 주거지 내의 무덤

1호 주거지 내에서 주거지의 남서쪽 모서리 벽면 아래에서 오렌지-적색빛의 바닥에서 황갈색의 사질토가 들어가 있는 수혈이 확인되었다(그림 11). 150×50cm가량의 타원형 수혈의 남쪽에서는 인골의 두개골이 확인되었는데, 인골이 확인된 상부에서부터 무덤이 있었던 것으로 생각된다. 무덤에는 숯이 혼입된 황갈색 색조의 사질토가 들어가 있었는데, 이 층에서 엉덩이나 하반신의 인골이 확인되었다. 보존상태가 좋지 않았으며, 유물이 확인되어 부장품으로 해석된다(그림 12: 2). 석촉(11점), 인부, 긁개, 칼, 자갈 등이 부장품으로, 이를 제외하고는 무문양토기편, 박편 등은 출토된 모양새로 보아서 무덤의 어떤 시설물처럼 생각된다(그림 12: 3). 무덤의 수혈은 오렌지색-적색 사질토가 렌즈모양으로 확인되는데, 단면은 구유모양으로 주거지 바닥에서 인골이 확인된 높이는 대략 20cm가량이다. 따라서 추정할 수 있는 무덤의 모습은 무덤수혈의 내부토와 인골을 드러

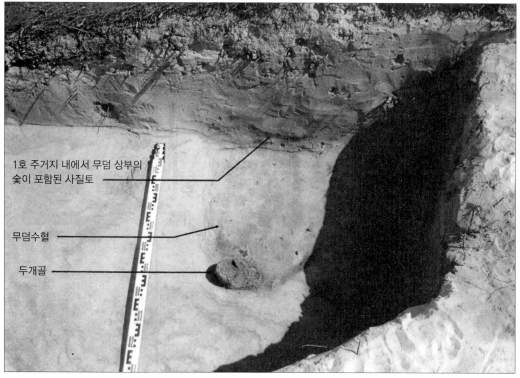

1호 주거지 내에서 무덤 상부의 숯이 포함된 사질토

무덤수혈

두개골

┃ 그림 11 카시카레바그시-5 유적의 1호 주거지 내 무덤 상부

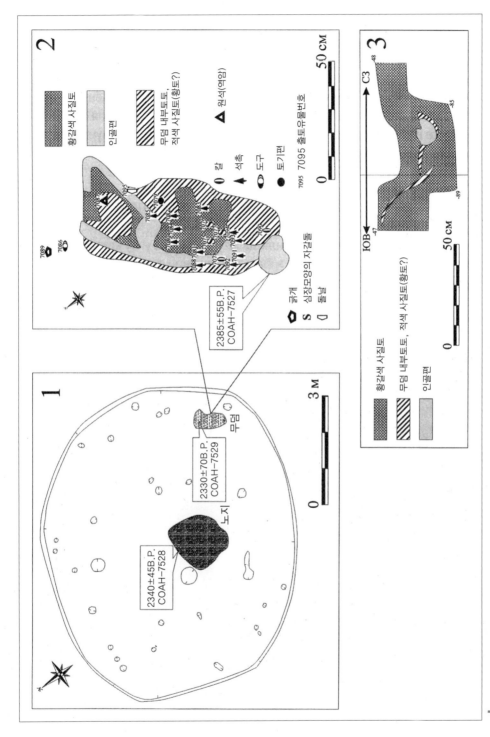

그림 12 카시카렌바고시-5 유적의 1호 주거지 평면도(1)와 인골이 출토된 무덤(2)의 단면도(3)

내고 알 수 있었다. 남동쪽 벽 아래에 깊이 20cm가량의 깊지 않은 구덩이에 시신을 눕혔던 것으로 보인다. 무덤은 북동-남서 방향으로 설치되었는데, 두향은 남서 방향이다. 무덤의 바닥에는 2cm 두께의 오렌지색-적갈색 흙이 깔려 있었는데, 이 섬에서는 자연토층에서 확인되는 것은 아니다. 아마도 색칠을 했거나 불을 맞은 흔적일 가능성도 추측해 본다. 인골은 오른쪽 무릎은 구부리고, 손은 가슴에 얹어 놓은 자세로 확인되었으며, 두개골은 인골의 다른 부위 보다 상층에서 확인되었으며 동쪽으로 약간 돌려놓았다(그림 12, 그림 14). 두개골이 무덤의 상층에서 출토되었는데, 이는 머리가 무덤의 위에 놓았을 가능성이 크다. 가슴 주위에서는 11개의 석촉이 출토되었다(그림 12, 그림 14: 1~11). 아마도 무덤에서 가슴에 얹은 손에 석촉이 쥐어진 채로 묻혔을 가능성이 있다. 무덤 위에서는 숯이 들어간 불맞은 흙이 10cm가량의 두께로 확인되었는데(그림 11, 그림 13) 무덤 설치 후에 불 놓은 행위가 있었을 것이다 이것은 집을 짓거나 파기 시킬 때 있었던 행

1호 주거지내 무덤상부의
숯이 포함된 사질토

그림 13 카시카레바그시-5 유적의 1호 주거지 내 무덤상부의 불맞은 부분

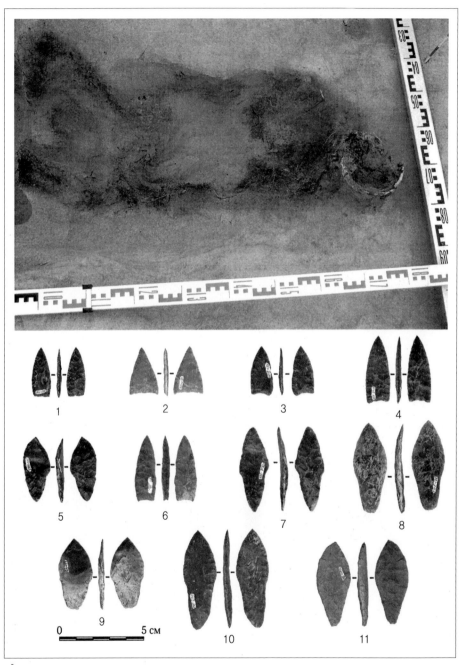

그림 14 1호 주거지의 무덤과 부장품(1~11-석촉)

위일 가능성도 있다. 바실리예바에 의하면 출토된 인골은 키가 작고 연약한 남성으로 판단된다. 또한 인골의 치아로 분석한 결과 대략 50세 이상으로 보인다. 치아는 연약해서 잇몸에서 뿌리가 거의 뽑혀진 상태였다. 이 남성은 병이 났거나 혹은 심하게 굶은 것으로

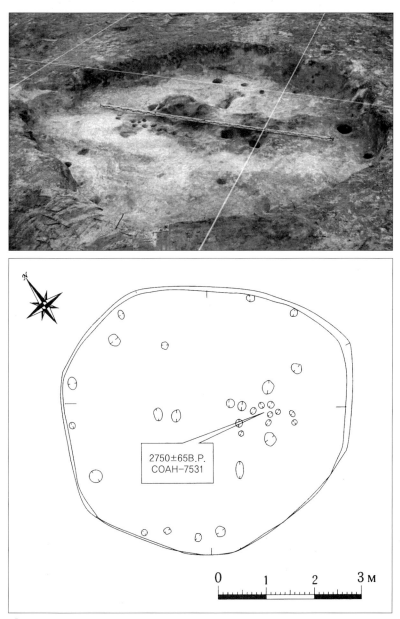

2750±65B.P.
COAH-7531

0   1   2   3 м

┃ 그림 15 카시카레바그시-5 유적의 3호 주거지

생각된다. 농사를 짓는데 많은 힘을 썼으면서, 어깨가 매우 힘을 쓴 것으로 보아서 자주 바다로 나간 것으로 보인다. 아마도 주요 생업은 바다와 관련되었을 것이다.

3) 3호 주거지

3호 주거지에서 발굴해서 출토된 유물은 석기와 토기인데 1호 주거지 출토품과 거의 유사하다. 접합할 수 있는 스폴과 박편을 떼어 내기 위한 석핵과 석핵 편, 칼, 석촉, 긁개 (그림 16: 1~3), 박편도구와 수렵도구 등이 출토되었으며, 호박으로 제작된 치레걸이 (그림 16: 4~5)도 출토되었다. 3호 주거지에서는 1호 주거지와 유사한 토기가 출토되었는데, 주로 구연부편에 구멍이 뚫려 있고 승선문이 시문된 것이다(그림 16: 6~7).

둑을 제거 한 후의 주거지의 평면은 거의 육각형에 가까운 형태로 확인되었으며, 주축 방향은 남북방향이다(그림 15). 수혈의 깊이는 50~70cm가량이다. 주거지의 벽면은 수직이며 벽면의 높이는 주거지에서 파낸 흙으로 인해서 인위적으로 높아진 것이 확인되었다. 주거지 중앙에는 약 5cm가량의 숯 층이 확인되었는데 노지로 생각된다. 노지를

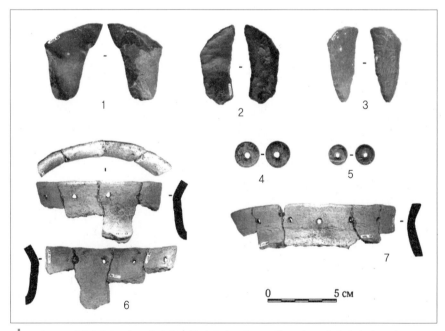

그림 16   카시카레바그시-5 유적의 양 측면이 가공된 끝긁개(1~3), 호박제 장신구(4~5), 토기 구연부편(6~7)

해체해 본 결과 직경 10cm가량의 기둥구멍이 확인되었는데, 노지와 관련된 시설물로 생각된다.

4) 6호 주거지

6호 주거지에서 출토된 석기는 상기한 1호와 3호 주거지와 거의 유사한 석제품들이 출토되었다. 그것과 함께 가장 많은 양을 차지하는 유물은 흑요석 제품이다(그림 17: 6). 슴베가 있는 양면조정된 첨두기(그림 17: 1~2·5~6), 날개 모양의 칼(그림 17: 10), 마제 석착(그림 17: 7~8), 끝 긁개(그림 17: 3~4)이다. 석인제품으로 양 측면과 끝이 모두 눌러떼기 된 복합긁개는 해양동물 모습과도 흡사하다(그림 17: 9). 6호에서 출토된 석기 중에는 재가공된 박편석기가 아주 많은 양이 출토되었는데, 박편 기술이 아주 확실

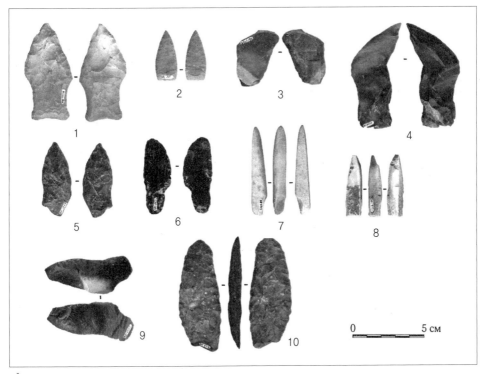

▍그림 17 카시카레바그시-5 유적의 6호 주거지 출토유물, 양면조정된 석촉(1~2·5), 양 측면이 가공된 끝 긁개(3~4), 손잡이가 있는 흑요석제 석도(6), 마제 석착(7~8), 석인을 이용한 복합긁개(9), 날개형 석도(10)

그림 18   카시카레바그시-5 유적의 6호 주거지에서 출토된 토기(1~2)와 토기편(3~5)

하게 드러난다. 석핵석기와 박편에는 방사상 혹은 평행으로 떼어낸 흔적이 있는데, 박편을 얻기 위한 것이다. 6호 주거지에서 출토된 토기는 얇은 기벽(두께 5mm)의 토기이다. 토기의 구연부는 넓고, 외반하며, 동체부 중앙은 부풀었고 평저이다(그림 18: 1~2). 토기의 색조는 갈색, 명황색이며 태토는 광물이 아주 많이 혼입되었다. 무문양의 토기가 대부분이지만, 그 중에서도 토기 문양으로 볼 수 있는 것은 구연단 아래에 구멍이다(그림 18: 2·5). 승선문이 시문된 토기도 한 점 확인되었다(그림 18: 3). 구멍이 있는 문양 가운데는 내면에서 외면으로 반관통된 구멍문양 토기도 확인되었다(그림 18: 4). 둑을 제거한 후에 노지와 기둥구멍 등이 드러났고, 남서방향으로 길쭉하게 늘어진 일종의 '복도' 같은 부분이 부착된 원형 주거지인 것으로 드러났다(그림 19). 주거지의 바닥은 명황색 모래로 단단하게 바닥 다짐되어 있었다. 주거지 바닥에는 노지가 확인되었는데, 노지 내 숯의 두께가 대체적으로 10cm 정도이다. 이 주거지는 오랫동안 거주하기 위한 것으로

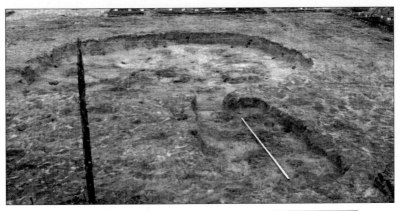

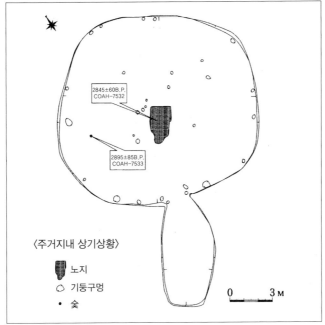

2845±60B.P.
COAH-7532

2895±85B.P.
COAH-7533

〈주거지내 상기상황〉

■ 노지
◯ 기둥구멍
• 숯

0   3 м

| 그림 19   카시카레바그시-5 유적의 6호 주거지 평면도

생각된다. 노지가 처음 드러날 때 모습은 렌즈 모양으로 하얀색 사양토로 판단되는 어깨선이 확인되었는데, 이 흙은 이 지역의 것이 아니다. 아마도 노지에 바른 점토 흔적으로 생각된다. 주거지의 벽면을 따라 확인된 14개의 기둥구멍이 확인된 것으로 보아서 이 지역에서 흔치 않은 구조로 생각된다. 구멍은 깊고 넓은데, 집의 근간이 되는 기둥구멍으로 생각된다. 주거지의 중앙에는 이것보다는 작은 직경의 구멍과 깊이가 확인되는데, 지붕

을 바치는 기둥의 구멍이었을 것으로 추측된다. 또한 다른 주거지와 다른 점 중에 하나는 주거지의 크기이다. 문 밖에서도 4개의 기둥구멍이 확인되었는데 문과 관련된 어떤 구조물이 있었을 것으로 추정된다.

주거지의 형태와 기둥구멍의 배치로 보아서 지붕이 있는 원형집으로 각이 없는 형태이다. 주거지의 문은 밖으로 향할수록 넓어지고 밖으로 갈수록 올라가는 형태이다(그림 19). 복도부분의 바닥은 매우 단단하고 기둥구멍이 확인되지 않았다. 이것은 나빌문화의 주거지로 여겨지는 차이보-1 유적의 187호 주거지(바실리예프스키·그리센코 2012)와 차이가 있다.

2. 카시카레바그시-5 유적의 연대문제

절대연대측정치로 보아서 유적은 신석기시대 후기의 2단계에 걸쳐서 형성된 것으로 보인다. 3호와 6호 주거지는 주거지의 노지에서 검출된 숯을 기준으로 한 탄소로 볼 때 2단계 가운데 이른 단계의 사람들이 거주한 곳으로 B.C.11~9세기(COAH-7533, 7532, 7531)에 살았던 것으로 생각된다(그림 20). 1호 주거지에서는 2개의 단계가 측정되었는데 B.C.10~9세기와 B.C.5~4세기(COAH-7527, 7528, 7529)이다(표 1, 그림 20). 주거지 및 주거지 내 무덤의 인골과 직접적인 관련성이 있는 것은 후자이다. 노지와 무덤에서 출토된 숯을 분석했기 때문이다. 이른 단계의 첫 번째 자료(COAH-7526, 7530)는 주거지의 구조물로 분석한 것인데, 바닥출토물인지가 정확하지 않다. 이 두 개의 연대는 주거지와 무덤의 연대와 상응하지 않는다. 왜냐하면 집의 천장과 기둥을 만드는 재료로 사용된 (그 당시의) 고대 숲의 나무를 목재로 이용했을 가능성이 있기 때문이다. 그리고 좀 더 오래된 3호와 6호 주거지의 기둥을 재사용했을 가능성도 빼놓을 수 없다. 따라서 1호 주거지의 연대는 B.C.5~4세기가 더 적합하다. 하지만 1호 주거지의 무덤과 노지로부터 분석된 탄소연대는 B.C.8~7세기부터 존재했을 가능성을 보여준다고 생각한다(그림 20).

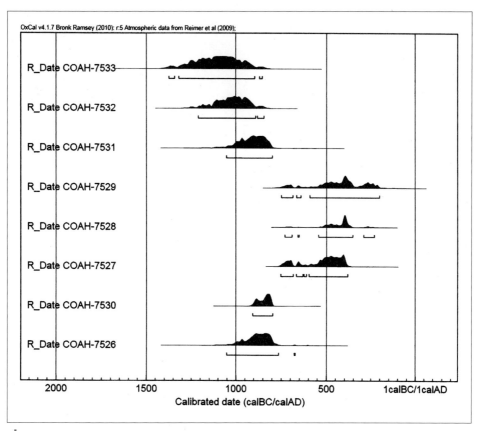

OxCal v4.1.7 Bronk Ramsey (2010); r:5 Atmospheric data from Reimer et al (2009);

R_Date COAH-7533

R_Date COAH-7532

R_Date COAH-7531

R_Date COAH-7529

R_Date COAH-7528

R_Date COAH-7527

R_Date COAH-7530

R_Date COAH-7526

2000   1500   1000   500   1calBC/1calAD

Calibrated date (calBC/calAD)

| 그림 20   카시카레바그시-5 유적의 절대연대측정치

결론

유적의 층위, 평면, 유물의 제작방법이나 형식분석으로 결론 내리면 카시카레바그시-5 유적의 연대는 단일 유물복합체(유형)로 생각된다. 주거지는 후대에 교란이나 파손된 흔적이 없으며, 복원이 가능한 완형의 토기를 포함한 유물도 가장 아래층에서 확인되었다. 따라서 주거지는 단일 유형이다.

석기의 특징은 사할린에서 신석기시대 후기의 가장 마지막 단계에 확인되는 유물인데, 도구 제작을 위한 박편석인을 많이 이용하였으며 접합이 가능한 스폴이 확인되었다(1차 박편을 제외). 유구에서는 많은 양의 석핵과 석편이 출토되었다(전체 유물의 57.32%).

그림 21 오제르느이-8 유적에서 출토된 토기편

유적에서 출토된 일련의 도구들은 신석기시대의 것으로 대량의 박편 석기가 그러하다. 그런데 사할린 북부의 같은 고금속기시대 문화인 나빌 문화와 핀툰 문화에서는 양면 가공된 첨두기를 이용하지 않고, 금속유물이 사용되며, 석기 이용빈도가 낮은 편인데 이것은 카시카레바그시-5 유적과 큰 차이다. 또한 토기 상에서도 나빌 문화와 핀툰 문화는 원저나 첨저토기 등인데, 이 문화는 평저토기와 문양이 있는데 이러한 점은 차이가 있다.

　　2013년에 사할린 국립대학교의 사할린발굴대가 바실리예프스키 박사와 함께 사할린 북부의 오제르느이-8 유적을 발굴하였다. 그곳의 유물상이 카시카레바그시-5 유적과 아주 유사하였다. 석기는 스폴과 양면조정기술로 제작된 석기, 흑요석, 호박 등으로 제작된 석제품 등이 출토되었다. 오제르느이-8 유적의 토기도 얇은 구연부편에 구연부가 외반하는 특징이고, 구연단 아래에 구멍이 뚫려 있으며, 승선문이 시문된 것이다(그림 21).

　　카시카레바그시-5 유적과 오제르느이-8 유적은 카시카레바그시 문화로서 규정할 수 있으며, epi-죠몽 문화의 공통체에 속한다고 볼 수 있다.

논의

　　사할린에서 B.C.1000년기 중반에는 신석기시대 마지막 기간으로 평저토기와 석인기법의 석기가 출토된다. 이러한 전통이 그대로 들어 있는 유적이 카시카레바그시-5이고, 데류긴이 조사한 야스노예-8(Ясное-8) 유적에서 확인된 팀 유형(데류긴 2007·2010) 도 카시카레바그시 문화에 해당된다. 이 유형의 출토유물은 사할린 남부의 Epi-죠몽 문화공동체로 생각되는 우스티 아인스코예(Усть-Айнское) 유적의 하층과 벨린스코예 (Белинское) 유적에 속하는 것이다. 이 문화의 공동체에는 유즈나야-2(Южная-2) 유적(바실리예프스키 2002a,b), 프레드레플랸카(Предрефлянка) 유적(새로운 연구... 1988, pp.26~47)으로 대표적인 아니프 문화에 속한다.

아니프 문화의 유적인 유즈나야-2 유적과 프레드레플랸카 유적에서 출토된 유물은 카시카레바그시-5 유적에서 출토된 유물과 거의 유사하며, B.C.1000년기에 사할린에서 신석기시대 전통이 남아 있는 평저토기 문화권에 속한다고 할 수 있다. 두 문화가 접촉한 근거는 특정한 석기(손잡이가 있는 석도, 양 측면을 가공한 끝 긁개)의 이용과 집을 짓는 건축방법(말각으로 반수혈주거지이며 주거지의 가장자리에 주혈을 설치하고, 노지를 점토로 덧바르는 것이 특징), 토기의 기형과 문양 등이다. 부분적이지만 구연부 하단에 구멍을 뚫는 것도 들어갈 수 있다. 또한 흑요석제품으로 제작된 도구와 호박제의 장신구 등도 관련성을 논할 수 있는 유물로 생각된다. 하지만 B.C.1000년기 사할린섬에서의 평저토기유형과의 차이점도 존재한다. 구연단의 내부에서 구멍을 반관통 시켜서 외면이 불룩한 '진주알' 토기, 노지를 돌로 쌓는 것, 흑요석제를 다양한 용도로 이용하는 것 등은 사할린 남부의 전통이다. 카시카레바그시-5 유적과 프레드레플랸카 유적의 출토품에는 승선문토기가 확인되어서, 승선문토기가 사할린 남부의 Epi-죠몽 문화의 범위 내에서부터 사할린 북부까지 확산되어 있음을 확인할 수 있다.

하지만 이것은 사할린 남부, 쿠릴 열도, 일본의 승선문토기와는 차이가 있다. 이 지역에서는 승선문토기는 진짜 새끼줄을 막대기에 감아서 시문구로 이용한 것으로 가장 기본적인 문양이다(90% 이상, 문양이 새겨짐, 새로운 연구... 1988, p.31). 하지만 사할린 북부의 승선문은 토기 문양에서 많이 사용되지 않으며, 승선문도 특이한 문양 요소이며, 승선문을 모방한 듯 한 그다지 뚜렷하지 않은 문양이다(그림 8: 7, 그림 11: 3, 그림 21).

이러한 차이점은 B.C.1000년기의 이 문양의 계통 혹은 기원 차이로도 논의 할 수 있다. 남쪽의 섬(쿠릴 열도, 일본, 사할린 남부)에서부터 내륙으로 승선문을 들여와서 승선문을 변화해서 사용했을 가능성을 이야기 한다.

또 다른 논점은 사할린 남부에서 신석기시대 마지막 평저토기 문화와 B.C.1000년기 고금속기시대 문화가 상당히 긴 기간 병행하고 있다는 점이다. 사할린에서 원저와 첨저 토기가 생기고, 석기의 이용이 현저하게 줄며, 금속기가 존재하고, 凸자형의 오각형 혹은 육각형의 주거지의 발생하는 것은 이 지역에서는 기원전 10~1세기까지 확인된다. 신석기시대 마지막의 토기라고 볼 수 있는 평저토기(카시카레바그시 유형, 팀 유형, 아니프 문화)는 오랜 기간 고금속기문화(나빌, 필툰 문화)와 함께 병용되는데, 섬의 특징적인 재지적 절충문화로서 상호 변화되어 사용된다.

* 필자는 러시아과학아카데미 역사고고학연구소 인류학 연구실의 바실레프 박사 덕분에 카시카레바그시-5 유적의 유물을 연구할 수 있었다. 또한 러시아과학아카데미 시베리아 분소 지질학광물학 연구소 지질고기후학연구실의 수석연구원 오를로프 박사의 배려로 탄소연대 측정을 할 수 있게 되어 이 유적의 많은 의문점들을 해결할 수 있었다. 마지막으로 러시아과학아카데미 시베리아분소 역사고고학민속학연구소 고고민속학연구실의 사할린 팀의 단장이며 사할린국립대학의 교수인 바실리예프스키 박사에게 컨설팅을 받았으며, 토론을 통해서 본고를 마칠 수 있었다. 감사드린다.

참고 문헌

바실리예프스키, 2002a, Василевский А.А. Сусуя и Эпи Дземон // Okhotsk Culture Formation, Metamorphosis and Ending. Sapporo, 2002a. P. 85-100. Рус. яз., яп. яз.

바실리예프스키, 2006b, Василевский А.А. Памятники Эпи Дземона на Сахалине // Okhotsk Culture Formation, Metamorphosis and Ending. Sapporo, 2002б. P. 1-23. Рус. яз., яп. яз.

바실리예프스키·그리센코·카시친·표드르축·베르세네바·포스탄토프, 2005, Василевский А.А., Грищенко В.А., Кашицын П.В., Федорчук В.Д., Берсенева Е.В., Постнов А.В. Текущие археологические исследования на Сахалине (2003-2005 гг.) // 6-th Annual Meeting of the RANA. Tokyo, 2005. С. 11-18.

바실리예프스키, 2008, Василевский А.А. Ранний железный век на Сахалине и Курильских островах // История Сахалина и Курильских островов с древнейших времен до начала XXI столетия. Южно-Сахалинск, 2008. С. 173-189.

바실리예프스키, 2010, Василевский А.А., Грищенко В.А., Федорчук В.Д., Можаев А.В. Археологические исследования Сахалинского государственного университета в 2003-2007 гг.) // Приоткрывая завесу тысячелетий: к 80-летию Жанны Васильевны Андреевой. Владивосток, 2010. С. 73-88

바실리예프스키, 2012, Василевский А.А., Грищенко В.А. Сахалин и Курильские острова в эпоху палеометалла (I тыс. до н.э.-первая половина I тыс. н.э.) // Уч. зап. Сахалинского гос. ун-та. 2012. Вып. IX. С. 29-41.

데류긴, 2007, Дерюгин В.А. Предварительные результаты исследования на памятнике Ясное-8 в рамках проекта Сахалин-2 // Археологические исследования переходного периода от неолита к железному веку на Дальнем Востоке России. Токио, 2007. С. 39-47.

데류긴, 2010, Дерюгин В.А. Керамика Тымского типа и вопросы классификации, периодизации керамических комплексов эпохи палеометалла Сахалина // Приоткрывая завесу тысячелетий: к 80-летию Жанны Васильевны Андреевой. Владивосток, 2010. С. 246-258.

새로운 연구..., 1988, Новейшие исследования памятников первобытной эпохи на юге Дальнего Востока СССР: Препринт. Владивосток: ДВО АН СССР, 1988. 48 с.

아무르강 하류의 신석기시대 토기
: 구연부 문양을 중심으로

필라토바(Филатова И.В.)

아무르강 하류의 신석기시대 현재 확인된 모든 문화 혹은 유형에서는 토기에 문양이 있는데, 그 중에서도 구연부를 중심으로 한 상단부에 문양이 위치한다. 오시포프카 문화(осиповская, 12000~9000B.P.), 마린스카야 문화(мариинская, 8000~7000B.P.), 콘돈 문화(кондонская, 7000 중반~5000 전반기B.P.), 말리셰보 문화(малышевская, 7000 후반~4000B.P.전 후), 보즈네세노프카 문화(вознесеновская, 3000 초반~2750B.P.) 등이 현재 확인된 문화이다. 토기의 구연부 상단을 시문하는 것은 매우 특징적이다. 그 시문법은 문화의 특성으로도 규정될 수 있다.

오시포프카 문화의 토기(그림 1: 1~8) 중에는 구연단을 시문하는 경우가 있는데, 가샤(Гася) 유적, 하르피찬-4(Харпичан-4) 유적, 곤챠르카-1(Гончарка-1) 유적 등에서 출토된 것이다(메드베제프 2008a; 마랴빈 2008; 셰프코무드·얀쉬나 2012). 곤챠르카-1 유적에서 출토된 구연부의 수량은 복원품을 포함해서 대략 20점 정도이다.

시문된 문양은 아주 다양한 편인데 그 중에 하나가 시문구를 이용해서 찍는 문양이다. 하르피찬-4 유적에서 출토된 구연부편에는 융기문을 부착한 것[01]이 출토되었다. 곤챠르

---

01 역자 주. 러시아어에서 융기문이나 돌대문이나 점토띠를 부착하는 방법은 그대로 표현하는 경우도 있지만 필라토바 박사는 'защипывание(자시피바니예)'라는 표현을 사용하고 있다. 영어로는 'pintuk'이라는 용어로 옷의 바느질 중에서 옷감을 덧붙여 불룩하게 튀어 나오게 하다는 뜻이다. 한국에서는 '융기문'이라는 용어로 이해가능하다.

카-1 유적에서도 손가락으로 눌러서 원형과 타원형으로 손가락으로 누른 문양이 출토되었다(셰프코무드·얀쉬나 2012, p.184). 지두문이 남아 있는 토기 가운데서는 토기의 표면에 승선문이 시문된 것도 확인되었다(셰프코무드·얀쉬나 2012, p.171). 따라서 오시포프카 문화에서는 토기 구연 부근에 3개 이상의 문양요소가 확인된다.

이 문화에서 문양을 시문하는 방법은 아주 다양하다. 원형과 타원형의 문양은 아주 다양하게 표현되는데, 손가락이나 단치구 혹은 3~4개의 치구가 붙은 다치구, 손톱, 융기문 등도 이용된다. 다치구와 타원형 문양시문도구로 구연단에서 40~45°에서 60~65° 각도로 시문되고 타원형은 대략 구연단에서 90°로 시문된다. 후자에는 구연부의 외면에 파상문이 시문된다. 파상문은 구연단이 각목된 경우와 결합되는 경우가 많다. 다치구로 구연부근을 찍은 경우는 오른쪽이거나 왼쪽 등 한쪽 방향으로 시문된다. 토기의 크기에 따라서 문양의 기울기나 문양형태의 변화는 없다.

문양은 가로 방향으로 시문되는 경우가 많다. 필자는 구연단에 다치구로 찍은 경우와 혹은 각목이 된 경우는 다치구로 시문되는 경우를 많이 관찰하였다(메드베제프 2008a). 오시포프카 문화에서 다른 시문방법을 본 적은 없다. 토기의 동체부는 구멍을 뚫거나 혹은 다치구로 찍어서 지그재그 문양을 시문하는 경우도 있다.

상기한 문양은 오시포프카 문화의 토기 문양인데, 대부분 구연부 부근의 동체부 상단에만 시문되었다. 이 때부터 구연상단에 문양을 시문하는 것은 문양 특징으로서 발전하기 시작한다.

마린스카야 문화[수추섬 일부, 콘돈-포취타(Кондон-Почта)의 이노켄티예프카(Иннокентьевка, 1발굴)] 유적의 유물에서는 아주 큰 토기의 구연부편 상단에 문양이 확인된다(그림 1: 9~11·16~18). 예를 들면 수추섬의 발굴된 토기 가운데서 이 문화의 토기로 생각되는 토기 134점 가운데서 문양이 시문되지 않은 것은 모두 4편 뿐이다.

문양을 시문하는 방법은 눌러 찍는 방법인데, 침선하는 것도 있다. 대부분 시문구는 작업면이 장방형인 것을 이용하지만, 다치구로 찍는 방법도 있다. 문양은 치구가 2개, 3개, 4개로 된 다치구를 이용하였다. 수추섬의 유물 가운데서 치구가 2개 혹은 3개 달린 시문구를 이용한 경우는 70점가량이다. 4개짜리 치구가 달린 시문구를 이용한 경우는 3점이다. 단치구를 이용한 경우는 독특한 경우인데, 침선문을 시문한 토기와 작업면이 장방형(수추섬 2점과 이노켄티예프카 출토품 1점)인 단치구를 이용해서 찍은 경우(수추섬)가 있다. 다치구로 찍은 토기의 문양은 45°에서 75°의 각도로 찍힌다. 비스듬하게 찍힌 경우는 오른쪽이거나 왼쪽으로 한쪽으로만 찍는다.

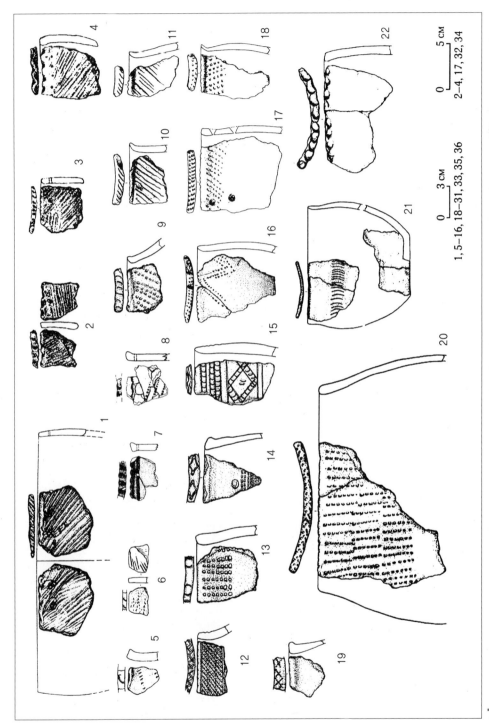

그림 1 아무르강 하류의 신석기기시대 구연부문양의 토기. 오시포프카 문화기. 오시포프카 문화(1~8). 마린스카야 문화(9~11·16~18). 룬든 문화(12~15·19~22·28). 말리세보 문화(23~27·29·30·32). 보즈네세노프카 문화(31·33~36).

1-가샤[메드베제프] 2008), 2~4-하리프찬-4(마런빈 2008). 5~8-곤차르카-1 유적(세묘프무드·안쉬나 2012).
9~11·16~18·27·32·34-수추, 12~15·19~22·25·28·31·33·35·36-룬든·포취타 유적, 23·26-보즈네세노프카,
29~30-말리셰보-1 유적

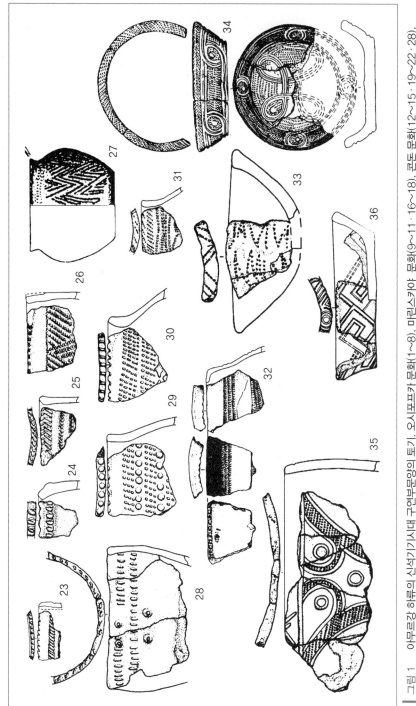

그림 1 아무르강 하류의 신석기시대 구연부문양의 토기. 오시포프카 문화(1~8), 마린스카야 문화(9~11 · 16~18), 콘돈 문화(12~15 · 19~22 · 28).
말리셰보 문화(23~27 · 29 · 30 · 32), 보즈네세노프카 문화(31 · 33~36).
1-가샤(메드베제보 2008), 2~4-하린포촌-4(마라빈 2008), 5~8-곤차르카-1 유적(셰프쿠무드 · 얀신나 2012),
9~11 · 16~18 · 27 · 32 · 34-수추, 12~15 · 19~22 · 25 · 28 · 31 · 33 · 35 · 36-콘돈-포취타 유적, 23 · 26-보즈네세노프카,
29~30-말리세보-1 유적

구연부에 문양은 다치구나 단치구로 가로방향으로 평행하게 찍어서 표현하였다. 마린스카야 문화에서는 구연부만 문양을 시문하고 동체부는 시문하지 않는 것이 특징이다. 대부분의 경우에 문양은 다양한 도구를 이용해서 찍지만, 하나만 이용하기는 경우도 있다. 마린스카야 문화에서 구연부 부근에 문양을 시문하는 행위는 전통과 유사한 수준, 어느 정도 전통으로 자리잡았다고 할 수 있다.

콘돈 문화의 토기 유형은 약간 다른 것으로 생각된다(그림 1: 12~15·19~22·28). 이 문화에는 콘돈-포취타 유적, 이노켄티예프카 유적, 크야제-볼콘스코예-1(Князе-Волконское-1) 유적, 세르메티예보(Шереметьево) 유적, 아무르스키 사나토리이(Амурский Санаторий) 유적, 비치하-1(Бычиха-1) 유적, 카자케비체보-2(Казакевичево-2) 유적, 보즈네세노프카 유적, 콘돈 마을의 다른 지점, 하르피찬-4 유적, 기르만(Гырман) 유적, 수추 유적, 말라야 가반 유적 등이 있다. 복원된 완형토기, 토기 구연부 상체 편, 구연부 편 등은 콘돈-포취타 유적과 이노켄티예프카 유적에서 출토되었다(1,390점).

문양을 시문하는 방법은 손으로 누르는 법, 침선법, 융기대를 붙이는 방법 등이 있다. 문양은 다양한 스탬프를 이용해서 시문된다. 가장 대표적인 문양은 다치구(1,050점)로 찍는 것인데, 치구가 2개(339점), 3개(347점), 4개(168점), 5개(40점), 6개(21점), 7개(4점)까지 관찰된다. 단치구로 찍힌 문양은 궁형문(9점), 원형(30점), 타원형(83점), 컵형(8점), 삼각형(5점), 방형(42점), 장방형(22점), 능형(4점), 비스듬한 문양(11점), 침선문(2점), 조흔문(4점), 지두문(2점), 유사융기문(78점) 등 다양하다. 문양 중에서 반 이상을 차지하는 방법은 다치구로 찍는 방법이다. 특이하지만 시문구를 2개 사용해서 찍는 경우가 있는데, 다치구의 갯수가 2개인 것과 3개인 것을 함께 이용하기도 하고, 2개인 것과 5개인 것을 복합해서 찍기도 한다. 다치구로 찍힌 문양은 타원형, 장방형, 삼각형으로 그물모양으로 찍히거나 다치구는 구연부 아래에서 35~45°에서 65~75° 방향으로 혹은 비스듬하게 시문되기도 한다. 단치구는 대부분 90°로 찍힌다.

구연부근에 문양은 다치구나 단치구로 가로방향으로 평행하게 찍어서 표현하였는데, 다양한 형태의 도구로 찍었다. 각도를 조정해서 십자문과 침선에 의한 횡방향 지그재그 문양 등도 드물지만 확인된다. 구연부 부근과 동체부 상부에 아주 다양한 문양이 서로 복합되었다. 가장 자주 확인되는 것은 찍힌 문양이 타원형으로 다른 시문구와 복합된다. 그런데 복합시문문양을 제외하고는 어떤 표준적이라고 할 수 있는 문양시문방법 혹은 규정된 법칙은 없다. 다양한 시문구가 사용된다.

콘돈 문화의 토기 구연부에 문양을 시문하는 것은 전통이라고 할 수 있다.

말리셰보 문화의 토기는 이노켄티예프카 유적, 보즈네세노프카 유적의 하층, 수추섬, 세르미티예보 유적, 카자케비체보, 아무르스키 사나토리이, 말리셰보-3 유적, 고샨 유적, 사카치 알리안 유적의 하층, 콤소몰스카야 나 아무르(의 맞은편 중부) 유적, 콘돈-포취타 유적 카리노프카 유적, 콜촘-3 유적, 말라야 가반 유적 등이 있는데, 그 곳에서 아주 많은 양의 토기가 출토되었으며, 동체부 상반부도 많이 포함되어 있다(그림 1: 23~27·29~30·32). 대부분 말리셰보-1 유적, 보즈네세노프카 유적, 수추섬 유적, 이노켄티예프카 유적, 콘돈-포취타 유적에서 출토된 유물을 선택하였다(127점).

시문하는 방법, 누르는 법, 침선법, 꼬집어서 유사융기문으로 표현하는 방법, 색을 칠하는 법 등이 있다. 여타의 다양한 시문구와 함께 작업면이 둥근 단치구도 문양시문시에 사용되었다. 다치구로 찍는 방법(37점)이 가장 주요한데, 시문구의 치구는 2개(20점), 3개(11점), 4개(2점)가 있다. 그 외에는 단치구도 사용되었는데 그 작업면은 궁형문(6점), 원형(17점), 타원형(13점), 장방형(6점), 비스듬한 문양(10점), 지두문(4점), 융기문(5점), 구멍이 뚫린 문양(12점) 등이 있다. 다양한 다치구와 단치구를 구연부 아래에서 45°에서 75° 방향으로 혹은 비스듬하게 오른쪽이나 왼쪽으로 방향으로 찍는다. 단치구는 거의 90°로 시문구를 바로 세워서 이용한다.

문양은 대체적으로 횡방향으로 시문된다. 문양은 구연단과 동체부가 다르게 시문되지만, '표준적인' 문양시문구성은 없다. 토기의 외면에서 눌러서 불룩하게 표현하는 토기 중에서 예외적으로 둥글게 붙인 두립문 토기가 있는데, 문양모티브는 '얼굴'을 표현하였다고 한다.

따라서 말리셰보 문화의 토기는 남아 있는 토기를 대상으로 한 것으로 토기 상단부에 문양을 시문하는 것은 자주 이용되는 것이 아니다.

보즈네세노프카 문화의 토기는 주로 보즈네세노프카 유적(상층), 말리셰보-2층 유적, 콘돈-포취타 유적(3·13·14호), 수추섬 유적(2·4·6·7·83·84호, 의례공간), 콜촘-3 유적, 카자케비체보 유적, 세레미티예보 유적, 노보트로이츠코예-12 유적, 그리만 유적, 가샤(세번째 상층) 유적, 후미 유적, 콜촘-2 유적, 골르이 미스-5 유적, 로가체프스키섬 유적, 스타라야 카카르마 유적, 말라야 가반 유적, 수차니노 유적, 타흐타 유적 등이 있는데, 토기 상부에 문양이 시문된 경우는 아주 드물다(그림 1: 31·33~36). 보즈네세노프카 유적, 콘돈-포취타 유적, 말리셰보-2 유적에서 출토된 유물은 모두 10점이 보고되었다. 그 중에서 콘돈-포취타 유적에서 출토된 구연부 부근과 동체부 상단이 복원된 제품, 보즈네세노프카 유적에서 출토된 구연부편, 골르이 미스-5 유적에서 출토된 토기 구연부편 등이 있다.

분양을 시분하는 방법은 다치구로 찍는 것, 회전식 시분구로 굴린 것, 짐선, 놀대를 부착하는 것 등이 있다. 문양의 기술적인 특징은 시문구에 달렸는데, 다치구는 3개와 4개의 치구로 된 것이 있으며, 회전식 시문구는 아주 치가 많으며, 돌대 등도 포함된다. 다치구로는 25~45°, 단치구는 45° 각도로 비스듬하게 시문하였다.

문양의 모티브는 아주 다양하다. 가로 방향의 문양대는 다치구나 회전식 시문구로 꼬은 문양을 표현하는 경우가 많다. 회전식 시문구도 꼬은 문양이나 능형으로도 표현된다. 침선은 평행하는 가로 선, 혹은 호선과 원형 등 다양하게 표현된다. 보즈네세노프카 유적에서 출토된 토기에는 구연부 부근에 돌대가 붙고 상단에 짧게 각목되며, 동체부에는 뇌문, 궁형문, 원형문 등이 시문되었는데 주로 침선방법으로 시문된다. 콘돈-포취타 유적에서 출토된 토기의 구연부편은 다치구로 꼭꼭 눌러 찍은 종방향의 지그재그 문양이 동체부에 시문되었고 구연부에는 회전식 시문구로 굴려서 시문한 복합 시문토기도 존재한다. 콘돈-포취타 유적과 수추섬의 토기는 다치구와 침선을 복합해서 '얼굴'을 표현한 것도 있다. 얼굴모양이 시문된 토기는 다치구로 눌러 찍어서 표현한 수직의 지그재그문도 있고, 잔발형 토기 기형으로서 다치구로 격자문을 찍어서 '얼굴'로 표현된 것도 있다. 골르이 미스-5 유적에서 출토된 토기는 구연부에 침선과 타원형이 복합된 것도 있다.

보즈네세노프카 문화의 토기 유형에서 확인된 구연부의 상단의 문양시문만을 시문하는 경우는 한 경우 외에는 없었고 대부분 전면이 시문되며, 이 문화의 특징이 아니다.

즉 아무르강 하류의 각 문화에서 토기 구연부 부근 혹은 토기 상단부를 시문하는 것은 신석기시대 시작 시간부터 마지막 단계까지 확인된다. 오시포프카 문화에서부터 나타나서 하나의 전통 혹은 큰 특징으로 정착되는 것은 마린스카야 문화와 콘돈 문화이며, 그보다는 작지만 그래도 말리셰보 문화에서도 어느 정도 확인된다. 하지만 보즈네세노프카 문화에서는 이러한 전통은 사라지는 단계라고 할 수 있다.

그런데 흥미로운 점은 토기의 문양을 시문하는 방법과 문양 모티브는 이미 오시포프카 문화에서부터 숙련되어 나타난다는 것이다.

오시포프카 문화와 콘돈 문화, 오시포프카 문화와 말리셰보 문화, 마린스카야 문화와 콘돈 문화 사이에서는 문양 시문하는 방법, 문양의 모티브 등이 서로 유사하다(메드베제프 2008b; 필라토바 2012). 오시포프카 문화와 콘돈 문화의 구연은 다치구로 찍는 방법과 융기대를 부착하는 방법이 확인된다. 오시포프카 문화와 말리셰보 문화에서는 구멍문양이 공통적인데, 전자에는 뚫린 구멍이지만, 신석기시대 중기에 해당하는 후자에는 동그란 문양을 눌러 붙인 것이다. 마린스카야 문화와 콘돈 문화에서는 주요한 시문도구가 다치구를 이용해서 문양을 찍는다는 것이 공통이다.

아무르강 하류의 토기 문양과 연해주의 유물을 비교 할 수 있다. 루드나야 문화(8000년 전 중반~6000년 전 후반), 원보이스만 문화(7010±70B.P.), 베트카 문화(7000년 전 초반~6000년 전 마지막)가 대상이다. 또한 아무르강 중류의 그로마투하 유적에서 확인된 그로마투하 문화(13000년 전 중반~6000년 전 초반)에서도 구연부 부근과 동체부 상단에만 시문된 토기가 확인된다.

상기한 문화는 다음과 같은 결론을 내릴 수 있다. 토기의 구연문양은 오시포프카 문화의 토기에서부터 확인되며, 그 문화의 특징으로 볼 수 있다. 신석기 전기와 중기에 해당하는 마린스카야 문화와 콘돈 문화도 그 전통을 잊고 있다. 그런데 말리셰보 문화에서는 전통이 아닌 문화내에서 어떤 '단계'에만 존재하는 것으로 생각된다. 보즈네세노프카 문화의 토기 유형은 구연부에만 시문되는 경우는 거의 없어서 '에피소드'처럼 여겨진다. 지역을 넓혀서 살펴보면 구연부 문양은 연해주에서는 루드나야 문화와 원보이스만 문화, 아무르강 중류에서는 그로마투하 문화에서 확인된다. 따라서 러시아 극동에서 신석기시대 전기와 중기에 구연부를 중심으로 시문하는 전통이 널리 퍼져 있었던 것으로 생각된다.

참고 문헌

말랴빈, 2008, Малявин А.В. Харпичан-4: многослойный неолитический памятник (Приам урье) // Окно в неведомый мир: Сб. ст. к 100-летию со дня рождения академика А.П. Окладникова. Новосибирск, 2008. С. 150-155.

메드베제프, 2008a, Медведев В.Е. Из коллекций керамики осиповской культуры поселени я Гася // Окно в неведомый мир: Сб. ст. к 100-летию со дня рождения академика А.П. Окладникова.-Новосибирск, 2008a. С. 56-162.

메드베제프, 2008b, Медведев В.Е. Мариинская культура и ее место в неолите Дальнего В остока // Труды II (XVIII) Всероссийского археологического съезда в Суздале. М., 2008б. Т. I. С. 244-248.

필라토바, 2012, Филатова И.В. Об 《археологических университетах》 и керамике мариинс кой культуры (орнаментальный аспект) // Дальневосточно-сибирские древност и: Сб. науч. тр., посвящ. 70-летию со дня рождения В.Е. Медведева. Новосибирск, 2012. С. 16-20.

셰프코무드, 2004, Шевкомуд И.Я. Поздний неолит Нижнего Амура. Владивосток: ДВО РАН, 2004. 156 с.

셰프코무드·얀쉬나, 2012, Шевкомуд И.Я., Яншина О.В. Начало неолита в Приамурье: посел ение Гончарка-1. СПб.: МАЭ РАН, 2012. 270 с.

07

아무르강 하류의 신석기시대와
고금속기시대의 古민족문화 발달의 개념

셰프코무드(Шевкомуд И.Я.)

머리말

아무르강 하류의 신석기시대와 고금속기시대에 대한 최신의 연구는 극동고고발굴대가 실시한 대규모 발굴과 그에 따른 연구성과가 쌓인 것이다. 하지만 이를 포괄하는 전문서적이 한 권도 없는 것도 현실이다. 이것은 학문적으로 올바르지 못하다고 생각한다. 좀 더 정확히 표현하면 신석기시대에 대한 조사와 그에 따른 많은 연구성과(클류예프 2003)를 묵살하는 것과 같다. 한편으로는 여러 연구자들이 많은 논문과 단행본(데레뱐코·메드베제프 1993; 데레뱐코 외 2000·2002·2003; 메드베제프 2005a·2005b; 셰프코무드 2004; 셰프코무드·쿠즈민 2009; 셰프코무드·얀쉬나 외 2012)을 낸 것도 사실이다. 그러나 고금속기시대와 관련해서는 관련된 논문 정도는 있지만 좀 더 심층적이며, 그에 대한 문제의식은 적은 편인 것이다.

당연히 필자도 본고에서는 많은 양으로 자세하게는 적지 못한다. 그러나 가능하다면 모든 자료를 기초하여 복원된 모델 혹은 개념을 통해서 전체의 비전을 제시하고 싶다. 최근의 연구성과가 축척되면서 아무르강 하류의 신석기시대와 고금속기시대의 연구의 문제점들을 분석할 수 있게 되었다.

아무르강 하류의 고금속기시대 문제는 데레뱐코의 연구로부터 시작(1973, 1976)된다고 할 수 있다. 얀쉬나의 논문(얀쉬나 2013)에서 최근 연구 성과 및 문제 제기와 앞으로의 연구과제 등에 대해서 간략하게 언급한 바 있다. 이에 대해서는 더 이상 언급하지 않고자 한다. 극동고고발굴대의 연구기간 이후에 아무르강 유역의 연구는 말로이 힌간(Малой Хинган)의 서쪽지역[01]으로 넓어졌고, 고금속기시대의 연구가 그가 많이 축척되었다. 대표적으로 네스테로프(부랴티의 고대문화 2000), 그레벤시코프·데레뱐코(그레벤시코프·데레뱐코 2001) 등의 연구가 있다. 말로이 힌간의 동쪽 지역을 연구한 데레뱐코의 연구를 필두로 해서 많은 논쟁점이 대두되었다. 또한 연해주의 남쪽에서부터 아무르강 하류까지 연구영역이 넓어졌는데, 다층위 유적에 대한 연구성과와 그에 대한 단행본이 출판되었다. 이곳의 다층위 유적은 철기시대의 이해의 프로세스에 대해서 중요한 부분을 차지한다고 할 수 있기 때문이다(데레뱐코 2004·2005; 시니예 스칼르이 2002).

최근 데류긴과 로산은 아무르강 하류의 고금속기시대 토기의 형식학적 분류와 편년을 정리하였다(데류긴·로산 2009). 그들은 오랫동안 유물을 관찰해서 새로운 형식학적 방법으로, 우릴(урильская) 문화와 폴체(польцевская) 문화 분리를 완결했다고 판단하였다.

메드베제프 박사는 고금속기문화에 대해서 특히 사르골 문화(саргольская, 메드베제프 2003·2012)에 대해서는 쟁점이 되고 있다. 그 연구에는 아무르강 하류의 청동기시대 분리문제에 대한 언급, 신석기시대 문제도 거론되고 있는데, 특히 문화의 계통문제에 대해서 다루었다.

고금속기시대 연구 가운데서 얀쉬나 박사가 졸티이 야르(Желтый Яр) 유적(얀쉬나 2010)을 통해서 폴체 문화토기의 형식학적 분류와 신뢰 가능한 절대연대를 확보한 것은 가장 필요했던 것 중에 하나일 것이다.

필자도 일본과의 공동연구를 통해서 고금속기시대 형식과 편년 문제에 대해서 연구한 바 있다(후쿠다·셰프코무드 외 2005; 셰프코무드·후쿠다 2007; 셰프코무드 2003·2008a·2008b 외). 물론 주요한 과제는 석기시대에 관한 것이었다. 신석기시대와 관련해서는 많은 논문이 공동저작으로 출판되어 오고 있다. 물론 여기에 아무르강 하류 동부지역의 고금속기시대 특징에 관한 내용도 포함되어 있다.

최근의 아무르강 하류의 신석기시대와 고금속기시대 및 아무르강 중류역과 우수리강

---

01 역자 주. 서 아무르지역.

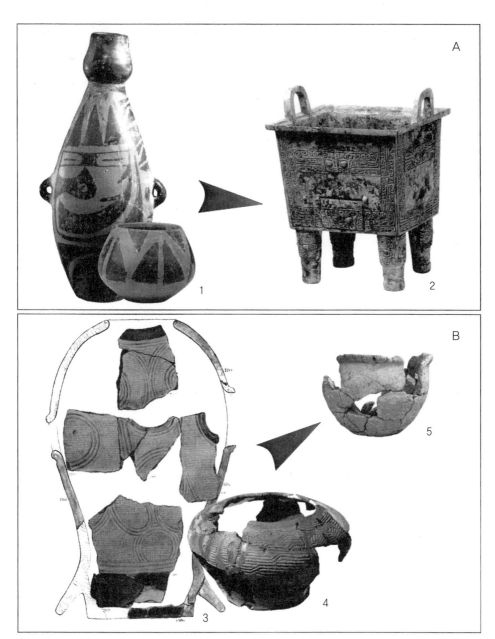

그림 1　아무르강 하류의 신석기문화의 패러독스를 보여준다-이 지역의 신석기문화는 발달된 청동기시대로 올라서지 못했다(B). 이를 보여 주는 그림이다. 황하강 유역(A) 1-앙소문화의 토기, 2-상나라의 청동예기(1~2-The Treasures of a Nation 1999), 3~4-보즈네세노프카 문화와 말리셰보문화(메드베제프 2005a, Okladnikov 1981), 5-아무르강 하류의 청동기시대 토기

유역에 대한 고고자료는 기본적으로 4가지 점으로 요약할 수 있다.

1. 신석기시대 문화는 플라이스토세 마지막 기간부터 아주 일찍부터 시작되었는데, 광대한 지역에 걸쳐서 지역별로 시간순서(클레인 1991, p.394)대로 발달되었다. 문화의 범위는 하바로프스크 주에서만 아무르강 유역에서부터 우수리 강까지 대략 900km에 달하며 광대하다. 유적은 아주 많지만, 아무르강 하류의 광대한 지역은 그 내부에서 따로 구분이 되지 않고 전 지역에 걸쳐서 거의 유사한 토기만이 확인된다.

신석기시대는 거의 12000년 동안 영위되었다(셰프코무드·쿠즈민 2009). 오시포프카 문화, 콘돈 문화, 말리셰보 문화, 보즈네세노프카 문화로 변화하는 아무르강 신석기문화는 '고민족문화의 거대조직'으로서 전통을 유지하며 변화하고 있으며, 문화단위가 계통문제와도 연관되어 있다. 그리고 오시포프카 문화에서는 그에 뒤따르는 아무르강 하류 신석기문화의 모든 특징들이 이미 나타나고 있다(셰프코무드·얀쉬나 2010·2012). 아무르강 하류의 신석기시대 연구에서 중요한 역할을 한 오클라드니코프 선생은 아무르강 신석기문화를 시간적인 성격인 '단계'로 파악하였다(오클라드니코프 1941·1967; 데레뱐코 1972). 이에 반해서 데레뱐코는 아무르강 하류의 신석기시대에서 문화 공동체로 논한바 있다(데레뱐코 1973, p.260).

아무르강 하류의 신석기 발달 수준을 동아시아의 가장 중요한 신석기문화가 발달한 지역인 황하강과 양자강 문화 및 일본의 죠몽 문화와 비교해 보고자 한다. 오클라드니코프와 다른 연구자들은 이미 아무르강 하류의 신석기문화를 북아시아를 배경으로 한 수준 높은 현상으로 주목한 바 있다. 이것을 동아시아에서 민족과 문화계통의 큰 중심축으로서 해석한 바 있다(오클라드니코프 1941; Okladnikov 1981; 데레뱐코 1973 외). 상기한 지역에서 신석기공동체 발달은 또 다른 '아무르 문명'의 발생을 논할 수 있다고 생각한다.

그러나 신석기시대의 마지막에 뭔가가 발생했는데, 이 화려하고 독립적인 문화가 청동기시대로 발전되지 않고 그냥 끊어졌다. '붕괴'되었다고 할 수 있을 정도이다. 아마도 그 이유와 그 내용에 대해서는 현재까지는 '가정'의 수준이지만, 결론은 신석기 문화가 파국을 맞이한 것으로 보인다. 확실한 것은 아무르강 하류 신석기 보즈네세노프카 문화가 매우 발달 하였으나 기원전 13~12세기[02]에 어떤 이유에서 인지 멈추었고(셰프코무드·쿠즈민 2009) 역사적인 연속성은 멈추었다. 아무르강 하류의 '최초로 인간이 정착한 거주

---

02 절대연대는 다른 표기가 없는 한 탄소연대를 기준으로 한 것이다.

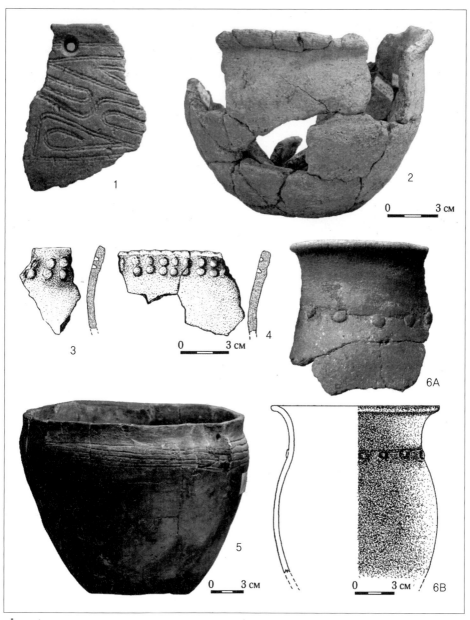

그림 2　아무르강 하류의 청동기시대 토기 1-코핀 문화의 토기(콜촘-3 유적), 2-포스트 말라야가반 유형 토기(보고르도스코예-24), 3~4-우스티 밀 문화의 토기(골르이 미스-5 유적), 5~6A-콜촘-2 유적의 청동기시대 토기, 절대연대 분석의 시료, 문화소속이 정확치 않음. 6B-노보트로이츠코 예-12 유적

지(Ökumene)'는 하루 아침에 변해버렸다(그림 1).

2. 아무르강 하류의 보즈네세노프카 문화의 붕괴 이후에는 아주 다양한 유적이 드물지만 점점이 분포한다(그림 2). 그 유적들은 간략하게 두 가지 정도로 분류할 수 있다.

제1그룹-보즈네세노프카 문화와 그에 해당하는 유형의 잔재라고 할 수 있는 것으로 신석기시대 마지막과 관련이 있지만 다른 단계이다. 이것은 코핀(коппинская) 문화로 후(post)-말라야 가반 유형이라고 할 수 있는데, 아직 확실하게 분류된 특징은 없지만(역자 주. 보즈네세노프카 문화와는)어떤 다른 것이 있다.

제2그룹-아무르강 하류와 생태경제적으로 인접한 지역에서 확실하게 이주한 유형으로서, 이주 이전에는 아무르강 하류 신석기전통의 어떤 특징과도 관련성이 없다. 알려진 문화는 야쿠티아로부터 온 것으로 회상되는 우스티-밀(усть-мильские) 문화와 서아무르로부터 전해진 우릴 문화이다(데레뱐코 1973; 부랴티의 고대문화 2000 외). 다른 것도 있었겠지만 아직 확실치 않다. 기원전 17세기부터 기원전 9~8세기까지 청동기시대라고 할 수 있는데, 이 기간에는 서쪽의 신석기시대는 어떤 문화도 확인되지 않는다.

3. 기원전 1000년기 전반에 아무르강 하류와 중류에 넓은 지역에 걸쳐 있던 우릴 문화가 이 지역으로 들어오면서 일종의 신석기시대 기간을 기억하게 하는 고'민족'개념으로서 문화개념이 생겨났다. 기원전 9~8세기가량에서부터 아무르강 하류에 초기철기시대가 생겼으며 기원전 3~1세기까지 폴체 문화가 형성되기 전까지 계속되었다.

아무르강 하류의 이 기간은 원저토기 문화인 사르골 문화가 존재하였는데, 처음에 이 문화는 청동기시대로 여겨졌다(오클라드니코프·데레뱐코 1968, p.139). 우릴 문화, 사르골 문화가 기원전 1000년기 초반부터 중반까지 아무르강 하류와 상호작용이 토기 유형을 통해서 보여진다(예를 들면 우릴-사르골 문화의 넓게 유행하는 뇌문문양). 우릴 문화의 마지막 기간은 막심 고르키(Максим Горький) 유적과 니즈네탐보프스키(Нижнетамбовский) 유적이 대표적으로 존재했을 것이다(데레뱐코 1973; 셰프코무드 외 2007; 코시치나 외 2006)(그림 3, 4).

4. 이러한 과정을 단순히 새로운 문화중심제가 들어와서 다른 문화와의 상호작용에 의한 것이라고 재개념화 시키기는 힘들다. 이미 아무르강 하류의 철기시대 발달시기로 폴체 문화라고 특징지어졌다. 이 문화의 시작 시기는 기원전 3~1세기가량이다.

폴체 문화의 기본 배경이 우릴 문화의 전통이라는 것을 의심하기는 힘들다(데레뱐코 1976, p.158). 그리고 하나의 문화에서 다른 문화로의 전환기는(역자 주. 아무르강 하류의 철기시대 문화의 계통 및 문화 형성 배경에 관해서는) 아주 이론적이며 자연스럽다.

그림 3   우릴 문화의 토기: 1~2-이른 유형(골르이 미스-1), 3~4-후기 유형(니즈네탐보프스키 무덤)

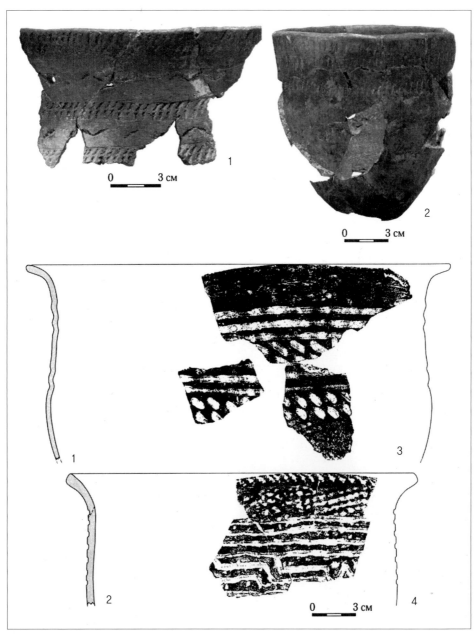

그림 4   샤르골 문화와 우릴-샤르골 문화의 토기: 1~2-샤르골 문화 토기(1-샤르골 유적, 2-콘돈 2~5
유적), 3~4-즈메이카-1 유적에서 출토된 넓게 펼쳐진 뇌문이 시문된 우릴-샤르골 문화의 토기

그간 여러 논문을 통해서 충분히 논쟁했다고 생각하지만(메드베제프 2013; 셰프코무드 외 2007), 우릴 인과 폴체 인은 아주 오랫동안 이웃으로 살았기 때문에 이웃과 함께 사는 것이 그리 즐겁지 않았을 것이다.03

  기원전 1세기에 아무르강 하류 동부지역의 문화는 두 개의 축으로 발전된다. 제1축은 폴체 문화와 관련되어 아주 강하고 종합적인 것이다(그림 5). 최소한 아무르강 유역의 동부지역을 모두 아울렀으며, 그 문화의 변형으로 생각되는 올가문화가 연해주 전 지역까지 영향력을 미쳤다. 제2축은 아무르강 하류의 동북지역 전체에서 고대문화 중 가장 화려하게 문화가 꽃핀 시기이다. 폴체 문화와 인접하면서 모자이크처럼 점점히 나타나고 있는데, 크게 두 그룹으로 구분할 수 있다. 1그룹은 우릴 문화와 폴체 문화의 요소가 확실하게 보이는 것이다. 하지만 현재까지는 우릴과 폴체 문화, 우릴 혹은 폴체 문화의 지역적 유형을 구분하기는 힘들며, 즈메이킨(змейкинский) 유형과 콜쳄(кольчемский) 유형이 있다(셰프코무드 2003; 데류긴·로산 2009). 2그룹은 우릴 문화-폴체 문화의 요소와 관련성이 없는 것이다. 알려진 것은 야쿠티아의 청동기시대가 뿌리로 생각되는 볼셰부흐틴 문화(большебухтинская культура)이다(셰프코무드 2008b). 이 문화는 아무르강 하류의 우릴-폴체 문화의 지역에서 어떻게 남아 있었다.

  상기한 문화는 아무르강 하류의 고금속기시대에 많은 문화유형이 점점이 존재했으며, 중요한 문화 축은 우릴-폴체 문화로 이 시대를 연구하는 것은 정말 힘들다.

  여기에서는 앞서 이야기한 유형과 아무르 여진 문화의 유적의 수와 방대한 범위에 속한 문화를 논하도록 하겠다. 아무르 여진 문화는 포크로프 문화(покровская культура)라고도 하는데, 기원후 5~7세기까지 존재하였으며, 몽골침입 이전 13세기까지 아무르 지역에서 문화의 중심축에 속하는 것인데, 테바흐 문화(тэбахская культура)와 다른 수렵 유형이 조명되고 있다.

  17세기에 러시아 탐험가는 고대 아무르 지역을 다니면서 그다지 힘이 세지 않는 극동의 국가를 발견하였지만, 그때까지 고고학에 대한 이해는 없었다. 17~19세기 중반까지 좀 더 힘이 센 중국인들04이 이 지역을 통제하였으며, 19세기 중반에 만주지역은 러시아 제국에 편입되었다.

---

03 역자 주. 필자는 우릴 문화와 폴체 문화가 공존하지 않았으며, 우릴 문화가 폴체 문화의 전신이라고 생각하고 있다. 두 문화가 공존한다는 것은 메드베제프 박사의 입장으로 이를 비꼬는 표현이다.
04 역자 주. 청나라.

본문

본 장에서는 신석기시대와 고금속기시대를 좀 더 자세하게 분석해보도록 하겠다.

1. 보즈네세노프카 문화의 붕괴

상기한 바와 같이 여러 문헌에서 연구된 결과는 아무르강 하류에서 신석기시대 문화는 매우 발달된 토착문화라고 할 수 있다. 전체 문화의 영역과 세밀하게 나누어진 편년은 이를 뒷받침한다(셰프코무드·쿠즈민 2009). 연해주의 루드나야 문화와 보이스만 문화는05 유사한 유형으로 지역성으로 파악할 수 있고 아무르 세계에서 가장자리 지역에 위치했다고 파악된다.

아무르강 하류의 고고문화는 각 유형간의 토기 제작방법의 관련성을 주목할 필요가 있다. 첫 번째 오시포프카 문화는 이미 신석기시대를 열었으며, '이노베이션'이라 할 수 있을 정도로 문화의 내용이 풍부하다. 이로 인해서 콘돈, 말리세보, 보즈네세노프카 문화를 생기게 하였다. 상기한 문화에는 공통적인 특징이 있는데, 태토의 구성성분에 샤모트가 혼입된 것, 토기의 기형, 기형을 제작하는 방법, 문양 등 이다. 구체적으로 토기 기벽에 얇은 색조의 점토 혹은 색칠, 평저, 발형 기형과 함께 다치구로 시문된 지그재그 문, 능형문, 다치구로 비스듬하게 찍은 문양 등이 오랫동안 공유되었다(셰프코무드·얀쉬나 2012). 이런 특징은 신석기시대 전기, 중기, 혹은 후기까지 여러 개가 복합되면서 나타났다.

두 번째, 오시포프카 문화의 예술성도 눈여겨 볼 만 하다. 오시포프카 인은 이미 사람의 얼굴 등을 표현하였는데 기술적인 면에서나 예술적인 면에서나 원시적이라고 하기는 힘들다. 사람의 얼굴은 토우로 제작되거나 바위에 암각화로 그려졌다(오클라드니코프 1971; 셰프코무드 2004). 또한 보즈네세노프카 문화의 신석기 토기에도 얼굴이 표현되어 있다. 긴 기간을 통해서 공통적으로 드러나는 특징은 세대별 시퀀스와 도착화의 증거가 되며, 북아시아의 다른 지역과 차별되는 아무르강 하류의 신석기문화의 정수라고 생각된다. 물론 다른 인접한 지역으로 부터의 영향을 부정하지는 않지만 아무르강의 문화는 이러한 영향을 성공적으로 동화시킨 것으로 보인다.

---

05 역자 주. 연해주의 루드나야 문화와 보이스만 문화는 아무르강 하류의 콘돈 문화, 말리세보 문화와 유사하다고 여겨진다.

세 번째, 생계경제면과 관련된 기술적인 면에서 오시포프카 문화에서는 가공구류를 제작하는데 있어서 여러 기술의 혁명이라고 볼 수 있는 제작방법인 마연, 구멍 뚫기, 조각하기, 톱질, 석제 크기 재기 등이 모두 확인되며, 신석기시대 홀로세 기간의 발달을 이룬 것이다. 어망추와 잔손질 된 물고기 모양의 조각품 등도 어업이 있었다는 것을 알 수 있다(데레뱐코·메드베제프 1993; 셰프코무드 2012). 따라서 플라이스토세 마지막 기간에는 단순한 수렵어업 생업에서 복합생업으로 변환되는 전환기라고 생각된다. 현재까지 어업의 비중이 얼마나 커졌는가에 대해서는 규정된 바가 없지만 연어를 중심으로 한 어업이 행해졌을 것이다[이른바 아무르강의 어식민족(漁食民族)의 개념](오클라드니코프 1964, p.214; 오클라드니코프·데레뱐코 1965, pp.128~129).

최근에는 아무르강에서 신석기시대 농경에 대한 존재(라리체프 1961; 데레뱐코 1972; 데레뱐코 1973, p.260 외)가 다시 언급되고 있다. 만약에 고고학자들이 노지 주변의 흙을 채취해서 물 채질을 했다면 좀 더 일찍부터 논증적으로 문제에 다가갈 수 있었을 것이다. 그러나 아무르강 하류의 신석기시대 주거지의 발굴 후에 물체질을 한 경우가 없다. 최근 곤챠르카-1 유적에서 신석기시대 후기의 말라야 가반 유형으로 생각되는 유물에서 재배된 식물의 껍질이 확인 된 바는 있다(셰프코무드·얀쉬나 2012). 아무르강 하류의 북동지역인 수추섬의 보즈네세노프카 문화 층에서 농경이 가능했다는 흔적도 남아 있다(쿠즈민 2005, pp.102~103). 상기한 사실은 신석기시대에 농경의 존재에 대한 의심을 풀 수 있으나, 이를 구체화 할 수 있는 보충적인 연구가 필요하다. 아마도 신석기시대 중기부터 후기(B.C.4000년기 후반~2000년기 1/4까지)가 생업활동의 변화가 생긴 시점으로 가장 확신할 수 있을 것이다.

오시포프카 문화는 정주민이 형성했을 것인데, 인공으로 땅을 파고 집을 지어 긴 기간 동안 살았던 것이 이를 반영(Naganuma·Shewkomud et al. 2005; 셰프코무드·얀쉬나 2010)하며 홀로세에 널리 이루어졌다.

아무르강 하류 지역의 신석기시대의 전 기간 동안 외부문화의 영향은 두 개 정도가 신뢰가능하다. 첫 번째는 야쿠티아 지역 혹은 아무르 북부로 부터 온 벨카친 문화의 영향인데, B.C.4000년기에 말리셰보 문화의 후기 수추섬의 주거지에서 확인된다(셰프코무드 외 2008; 데레뱐코 외 2000·2002). 아마도 벨카친 인은 인접한 원주민인 말리셰보 인과 이웃하면서, 자신의 생업을 지켰을 것으로 생각되는데, 서로의 상호관련성은 눈에 띄게 확인되지는 않는다.

두 번째는 보즈네세노프카 문화의 중간에 생기는 현상으로 사할린 지역과의 문화교류

현상이 있었을 것으로 생각된다. 이것은 토기 태토에 패각을 분쇄해서 넣는 제작방법의 변화로 감지된다. 보즈네세노프카 문화의 변화는 시간유형인 고린 유형, 우딜 유형, 말라야 가반 유형에서 패각이 혼입된 매체의 영향에 의한 토기제작 기술의 변화가 관찰된다. 이 중 가장 마지막 유형인 말라야 가반 유형에서는 가장 많은 변화가 있었다. 그 영향은 연해주 북부와 사할린, 아무르강 중류까지 주었으며(셰프코무드 2004), 아무르강의 지류까지도 미쳤을 것으로 생각된다.

보즈네세노프카 문화의 마지막 단계에는 성공적으로 가장 널리 문화가 퍼졌으며 가장 발달되었다(셰프코무드 2004, p.139). 하지만 앞서 이야기 한 바와 같이 이 거대한 고민족문화의 중심은 한 번에 신석기시대와 청동기시대의 경계쯤에 무너져 내렸는데, 신석기시대 발전축이 붕괴되었다고 할 수 있을 정도이다(그림 1). 얀쉬나 박사의 논문에서 이미 언급된 바와 같이 신석기시대에서 고금속기시대로의 전환기에는 뚜렷하지는 않지만 어떤 현상이 있었던 것 같은데, 그 원인은 다음과 같이 가정해 볼 수 있다.

1) 자연적인 재해(한랭화로 인한 스트레스, 기후 극상기 이후 생물자원의 고갈, 화재, 홍수, 전염병)로 인한 것인데, 실제로 아무르강 하류 신석기 문화의 변화는 홀로세 기후하강과 관련된 기간이 있다. 하지만 아직 연구가 크게 진척되지는 못했다. 만약에 자연변화가 생물자원의 고갈을 야기 시키지 못했다면 이런 원인으로 규정하기는 힘들다. 아마도 어떤 복합적인 원인이 있을 것이다.

약간 다른 관점에서, 아틀란틱期 이후에 훨씬 가물고 한랭한 기간에는 화재의 위험은 생각해 볼 수 있다. 아무르강 하류에서 산불은 짧은 시간 동안 아주 넓은 지역을 다 태울 수 있다. 그러나 신석기시대 마을 사람들이 화재를 진압 할 수도 있었을 것이다. 하지만, 유적에는 (화재로 인해서) 불탄 유적이 없어지고, 아주 오랫동안 대규모 범위가 황무지화 되었다는 고고학적 증거가 남아있다. 말리셰보 문화와 보즈세노프카 문화의 주거지에서 화재의 흔적이 대부분 남아 있는데 이를 반증한다(오클라드니코프 1983; 셰프코무드 2004; 데레뱐코 외 2000·2002 외). 아무르강 하류의 신석기시대 후기와 고금속기시대 층에는 목재가 타고 남은 숯이 자주 확인된다. 예를 들면 우딜 섬(셰프코무드 2004, pp.18·290)과 니즈네탐보브스키 마을 입구 유적(코시치나 외 2006)에서 발굴 범위의 모든 지역에서 목재가 타고 남은 숯이 확인된다. 모두 화재에 의한 것으로 판단된다. 이 목재로부터 절대연대를 측정하고 이를 통해서 다른 지역과의 병행관계를 살핀다면 흥미로운 연구가 될 것이지만 아직까지는 행해진 바가 없다.

아무르강 하류의 홍수 여파는 2013년에 홍수로 인해서 확실하게 경험하였다. 그 때 아무르강의 수위가 하바로프스크 시에서는 8m 이상으로 올라갔다. 아무르강의 홍수 위력은 현대 산업화 사회에서도 큰 재해로 작용한다는 것을 최근에도 경험한 바 있다. 선사시대 문화의 생활에서 그 영향은 어떤 면에서는 부정적일 것이다. 특히 강 주변 지대에서는 빠른 유속은 강의 침식과 퇴적작용을 변화시켰을 것이고, 아주 큰 유물도 끌어서 위치를 변화 시켰을 것이다. 홍수가 일어난 지역에서 유적은 확 휩쓸렸을 것이며, 해안가도 마찬가지이다.

그런데 특히 기운 빠지는 것은 선사시대에 유적의 문화층이나 문화 전체가 흔적도 없이 살아졌을 가능성도 상정해야 하는 것이다. 예를 들면 말리셰보 전기의 유적은 거의 확인되지 않는다. 하지만 아무르강 하류의 신석기시대에 존재했던 전기의 유적 존재가 몇 개 없지만 있다는 것은 사실이다.

우리 학계에서는 전염병이 고고학적으로 증명된 경우는 없지만, 이로 인해서 아주 넓은 지역이 황폐화 되고 버려진 것은 전염병 때문일 것으로 추정되는 경우는 더러 있다.

2) 신석기시대 후기의 고민족문화의 형성과정. 신석기후기의 토기 유형은 모순적인 상황이 관찰된다. 토기의 태토에 샤모트나 모래 등이 혼입되는 제작방법이 말리셰보 문화로부터 승계되어서 보즈네세노프카 문화의 고린 유형에서도 나타난다. 하지만 상기한 바와 같이 태토의 혼입물에 변화가 생기는데, 샤모트를 대신해서 패각이 혼입되는 것이다(셰프코무드 2004). 이를 도입한 것은 보즈네세노프카 문화의 우딜 유형인데, B.C.3000년기 중반에서부터 확인되며 태토에 샤모트를 섞는 전통은 사라진다. 우딜 유형은 다양하고 복잡한 기형의 토기와 붉은 색으로 마연하는 기법으로 제작된 것인데, 문양 시문하는 방법은 보즈네세노프카 문화의 여타 유형과 같다(셰프코무드 2004, pp.59~38). 그런데 이러한 변화는 토기 제작 방법에서 후퇴라고 말 할 수 있고, 보즈네세노프카 문화 외부의 영향이라고 할 수 있다. 이 변화는 사할린(예를 들면 투나이차 유형)에서부터 온 것이라고 할 수 있는데, 신석기시대의 태토에 패각을 혼입하는 전통이 아무르강 하류의 신석기편년에 따른 전기부터 후기까지 남아 있기 때문이다(바실리예프스키 2008). 어떤 경우든지 토기의 파라독스는 역사적인 사건을 증명하는 것이다.

3) 현재 잘 알려지지는 않았지만 문화 전체가 사라진 역사적 사건은 13세기 아무르 여진의 문화가 사라진 것도 예로 들 수 있다. 이미 B.C.2000년기 전반에 인접한 지역과 갈

등이 있어왔고, 사람들은 전문적으로 일종의 전쟁을 치러왔다면, 그 문화가 남아 있기는 힘들 것이다. 이것은 야쿠티아의 교르듀겐 무덤(Кёрдюгенскoe погребение)의 양상에서 찾아 볼 수 있다. 이 무덤에서 출토된 유물은 바이칼 유역의 우랄르바 무덤(고류노바 외 2004)에서 확인되는 것과 같은 잔손질이 많이 된 세석인과 검이다. 만약 전쟁과 같은 희생이 있었다면 이것은[06] 충분히 가능한 것이다. 만약에 보즈네세노프카 인들이 이웃한 사람들과 갈등관계가 있었다면, 보즈네세노프카 문화의 영역 안에서 말라야 가반 유형의 유적이 널리 퍼졌을 가능성도 있다. 그러나 모든 변화가 일률적이지는 않았을 것이다. 전쟁이 전혀 다른 지역에서 행해졌다면, 일본의 야요이 문화의 도래와 같은 형태도 있었을 것이다(Imamura 1996).

　4) 아무르강 하류의 보즈네세노프카 주민의 이주. 보즈네세노프카 문화의 말라야 가반 유형에서 인접한 지역으로부터 이주의 흔적이 확인된다. 그 이주는 먼 곳으로부터 계속적으로 있어온 것이다. 이것을 증명할 수 있는 것은 아무르강 하류의 사카치 알리안 암각화의 사람 얼굴을 그린 주제와 그린 방법이 예니세이 강의 무구르 사르골(Мугур Caргола) 유적에서와 유사하다는 점이다. 뿐만 아니라 시베리아 청동기시대 오쿠네보 문화와 다른 유적의 암각화와도 비교될 수 있는데, 이미 오클라드니코프는 이 주제의 암각화가 동쪽에서부터 기원했다고 논한 바 있다(오클라드니코프 1971, p.122). 보즈네세노프카 문화를 제외하고는 상기한 문화는 모두 청동기시대 문화인데, 아무르강 하류 먼저 청동기시대가 된 곳이다. 아무르강 하류의 영역으로 생각되는 홋카이도 죠몽 후기에도 동쪽으로부터 기원한 이주의 영향이 확인된다. 누사마메 유형의 오세로도바 유적에서 출토되었다(오르세도바 유적... 1989). 뿐만 아니라 앞서 1)~3)에서 이야기한 바도 이주의 원인이 된다.
　이 모두가 보즈네세노프카 문호의 붕괴원인으로 생각되는데, 다양한 복합적인 상호작용이 있었을 것이다. 시나리오는 많다. 아무르강 하류의 신석기시대 마지막의 복잡한 양상은 앞으로 계속 연구되어야 할 것이다.

06　역자 주. 넓은 지역에 걸쳐서 나타나는 문화의 흔적.

2. 고금속기시대 혹은 청동기시대(?)로의 전환기

아무르강 하류의 청동기시대 문화인 사르골 문화와 예보론 문화가 최초로 연구(오클라드니코프·데레뱐코 1968, p.139; 1970, p.202)되었을 때를 상기코자 한다. 현재 이 문화는 현재 철기시대로 편년되며, 본고에서 재고찰할 필요가 있는 것으로 생각된다.

아무르강 하류의 유적은 신석기시대 후기의 상층에 고금속기시대인 우릴-폴체 문화의 층이 자리잡는 다층위 유적이 아주 일반적이며, 이 지역에서 고금속기시대 유적의 대부분은 이러한 양상으로 확인된다. 토층 상에서 두 문화층은 각각 기원전 18~17세기와 기원전 9~8세기에 해당해서 그 시간차이는 심하면 대체적으로 천년까지도 벌어진다. 아무르강 하류의 북동지역에서는 그 중에서 어떤 몇몇 유적에서는 후(post)-보즈네세노프카 시기의 것이라고 생각되는 것이 확인되는데, 필자는 이를 고금속기시대로 가는 전환기라고 생각한다.

하지만 얀쉬나 박사(2013)는 이에 대해서 비판적인 입장이다. 이것은 체스에서 추그추왕07같은 형세이다. 모든 결론은 복잡하다. 이 시기를 어떻게 부르든지, 어떻게 비판하든지 신석기시대 마지막 양상, 그 후의 시기는 비정상적이라고 할 수 있다. 보즈네세노프카 문화의 말라야가반 유형의 특징을 통해서 자세하게 이 시기를 살펴보고자 한다.

코핀 문화에 관한 내용은 출판물로 이미 잘 알려져 있지만(셰프코무드 2004, pp.129~141; 2008a) 이 문화의 곡선적인 문양은 보즈네세노프카 문화를 회상케 한다는 의견을 다시 상기코자 한다. 하지만 코핀 문화의 시문방법은 아무르강 하류의 신석기시대에 있어서 전혀 특징적이지 않다(셰프코무드 2008a). 코핀 문화의 승선문으로 시문된 토기(그림 2: 1)와 유사한 것이 보다 이른 시기의 토기 유형에서 확인되지 않는데, 수수께끼 같다. 또한 이 문화가 아무르강 하류와 타타르 해협을 포함해서 현재까지 확인된 바로는 유적이 7개 뿐이라는 것이다. 토기에 붙은 그을음과 노지의 숯을 토대로 한 골르이 미스-1(Голый Мыс-1) 유적은 보즈네세노프카 문화의 뒷 시기로 기원전 17~14세기에 해당한다. 보즈네세노프카 문화와의 시간 단절은 한 세기 혹은 그보다 조금 더 되는 것으로 생각된다(셰프코무드·후쿠다 2007).

골르이 미스-1 유적에서 11층과 12층 사이의 호수 자갈이 무너지면서 약하지만 녹색으로 부식된 청동의 흔적(청동슬래그)이 확인되었다. 산화가 심해서 곧 바스라져서 유적

---

07 역자 주. 체스에서 말을 물일 수 밖에 없는 판국.

에서 채취하지는 못했다. 하지만 이러한 사실은 바뀔 수 없고, 아무르강 하류에서 청동기의 상태가 비극석으로만 끝나지 않기만을 바랄 뿐이다.

이와 동시기로 말라야 가반, 보고로드스코예-24(Богородское-24), 베르흐냐 파흐타-2(Верхняя Патха-2) 유적 등이 있다. 현재 이들을 후(post)-말라야가반이라고 하고, 신석기시대 후기의 토기 전통과 관련이 있는 것으로 보고 있다. 토기의 구연부가 보로트니이치코프 유형으로 특징적이지만 문양이 없어서 다층위 유적에서 층위가 정확하지 않으면 구분하기가 어렵다(그림 1: 5, 그림 2: 2). 층위상과 절대연대로 보아서 코핀 유형과 동시기로 생각된다(內田和典, I. Shevkomud, 國木田大, M. Gorshukov, S. Koshitsyna, E. Bochkaryova, 松本拓, 山田昌久, 今井千穂, 2009). 이에 관해서는 보충연구가 필요하지만 보즈네세노프카 문화 보다 늦은 시기의 'OCLC'[08]와 같은 곳이다. 금속제 유물은 확인된 바가 없다.

비(非)아무르의 토기는 B.C.2000년기 후반에 존재한 것으로 보이는데, 골르이 미스-5 유적의 고금속기시대 층의 가장 아래층(4층)에서 확인되었다(셰프코무드 2003). 흔히 말하는 '진주알'[09]이 두 줄로 부착된 토기의 구연부편 인데, 진주알은 두 줄로 서로 붙어서 돌아간다(하지만 바둑판처럼 정확하지는 않다). 진주알은 토기 내면에서 눌러서 불룩하게 한 것이다. 구연단에는 다치구로 찍어서 구순각목 되어 있다(그림 2: 3~4). 이 토기는 야쿠티아의 청동기시대 문화인 우스티-밀 문화(예르투코프 1990)의 것으로 분석되었다. 또한 최근에 분리된 우라한-세렐냐흐 문화(улахан-сегеленняхская культура)와도 유사하다(디야코프 2012). 예르투코프에 의하면 진주알 토기는 야쿠티아에서 청동기로 제작된 특징적인 몇 개의 유물과 관련 있다고도 한다(예르투코프 1990, p.112).

골르이 미스-5 유적의 4번째 토층은 우릴-사르골 문화의 토기가 출토되는 2층과 3층 아래에서 확인된다. 우릴 사르골 문화는 뇌문이 유행하는 문화로 현재로서는 기원전 8세기 이전으로 올라가지 않는다(이에 대해서는 아래에서 언급하겠다). 따라서 아무르강 유역에서는 청동기문화가 야쿠티아 지역으로부터 왔으며 그 시간은 3100±100B.P.(예르투코프 1990)이고, 골르이 미스-5 유석에는 이러한 징황이 그대로 보어진다고 할 수 있다.

08　역자 주. On Line Computer Library Center. 보즈네세노프카 문화 이후의 문화가 모두 모인다는 뜻으로 비유한 것임.
09　역자 주. 반관통된 공열문.

그런데 아무르강 하류의 유적에서 이 절대연대는 다소 이해가 안되는 부분이다. 첫 번째, 구연부가 넓은 발형의 평저토기(원뿔모양의 토기)는 신석기시대적 요소가 많이 남아 있고, 횡침선문양도 그러하다. 콜촘-2 유적에서 고금속기시대 층에서 이러한 유물(그림 2: 5)이 출토된 바 있다. 이 토기의 출토위치는 수혈이나 주거지를 파기위한 준비를 하면서 옮겨진 것으로 생각되는데, 이 토기의 절대연대는 토기의 그을음을 긁어서 측정된 것으로 3390±40B.P.(SU-03-160)이다. 그러나 이 연대는 우릴 문화의 토기와 상응하지 않는데, 좀 더 이른 유형의 것으로 청동기시대일 것으로 생각된다.

노보트로이츠코예-12(Новотроицкое-12) 유적에서 출토된 다른 토기도 아무르강 하류의 남서지역에서 확인된 유일한 절대연대 측정이 가능한 유물이다. 토기는 보즈네세노프카 문화의 말라야가반 유형과 폴체 문화 층 사이에서 구지표면상의 노지 옆에서 확인되었다(셰프코무드 외 2006). 토기 기형은 구연부가 외반하고 경부가 형성되었으며 동체부가 둥근 옹형이다. 저부는 없었지만 평저였을 것이다. 동체부가 결실되었는데, 진주알이 구연부 하든에 부착되었다(그림 2: 6A, B). 노지에서 출토된 숯으로 측정한 절대연대는 2700±40B.P.(TKa-13494)이다.

따라서 아무르강 하류에서는 상기한 유형들은 청동기시대에 속한다. 뿐만 아니라 현재 있는 유물을 통해서 이 시대를 구분할 수도 있다. 필자는 언제나 최초의 연구자들이 옳다고 생각하지만 아무르강 하류의 청동기시대(오클라드니코프·데레뱐코 1968; 데레뱐코 1976, p.276 외)에 대해서는 재고할 필요가 있다. 필자는 다음과 같은 이유로 충분히 논증된다고 생각한다.

첫 번째, 기원전 17세기부터 기원전 9~8세기까지 북부아시아에는 청동기시대가 발생하였는데, 아무르강, 야쿠티야, 자바이칼, 중국 동북지방을 포함한다. 두 번째, 야쿠티아 문화의 청동기 문화가 아무르강에서 확인된다. 이러한 사건은 신석기시대의 마지막인 기원전 2000년기 중반부터 후반 사이에서도 존재하는데, 그 영향은 부정적인 것으로 자연스럽지 못하고 어떤 사건이 있었을 것이다. 만약에 청동기문화의 발달 없이는 아무르강의 넓은 지역에 걸친 신석기시대 문화가 붕괴되기는 힘들었을 것이다. 또 다른 점은 청동기시대가 매우 짧으며, 일찍 시작되는 철기시대도 문제가 되었을 것이다(데레뱐코 1976, p.276; 네스테로프 외 2008).

3. 아무르강 하류의 철기시대 문제

철기시대의 여러 가지 문제점 가운데서 무엇보다도 아무르강 하류의 고금속기 시기의 일반적인 발달인 우릴과 폴체 문화의 유적에 대한 유형의 분류문제를 논의해 보고자 한다. 앞서 이야기 한 바와 같이 우릴 문화는 서아무르 지역에서 이주한 것으로 알려졌다. 우릴 문화는 비교적 광범위한 지역에 분포했던 것으로 생각된다. 이 문화에 해당하는 발굴된 유적을 먼저 살펴보고자 한다.

1) 아무르강 하류의 초기철기시대 – 우릴 문화

아무르강 하류에서 우릴 문화는 데레뱐코 박사가 막심 고르키 유적, 볼쇼이 두랄(Бол ьшой Дурал) 유적 등을 발굴하면서 연구가 시작되었다(오클라드니코프 1980; 데레 뱐코 1973; 얀쉬나 2009). 그 뒤에 2000년대에는 니즈네탐보프스키-2 유적, 니즈네탐 보프스키 무덤(코시치나 외 2006; 셰프코무드 외 2007) 유적의 발굴을 통한 유물과 골 르이 미스-1 유적 6~9층(셰프코무드·후쿠다 2007), 리브니이 포르트(Рыбный Пор т) 유적(코피티코 2006)의 유물을 통해서 이 문화에 대한 분석이 이루어졌다. 말라야 가 반 유적(셰프코무드 외 2008)도 다층위로 우릴 문화층을 포함한다. 필자는 서아무르 지 역에서 우릴 문화의 유물이 처음 연구될 당시에는 지리학적으로 보아서 아무르강 부근 의 하류에서부터 아무르 본류의 입구까지 우릴 문화의 영역에 해당된다고 생각했는데, 그 때는 이 생각이 옳았다고 생각한다(데레뱐코 1973, pp.188~191; 데레뱐코 1976, p.158; 쿠즈민 외 2005).

우수리강 유역의 많은 유적들은 연해주 북부까지 퍼져 있다. 아무르강 하류와 이들 유 적간의 연대적인 차이점이 있는데, 이에 대해서는 앞으로 논하고자 한다. 그런데 상기한 유적과 유물은 기본적으로 논문형식(예외적으로 골르이 미스-1 유적은 공동단행본)인 데, 연구자들의 관점차이가 있다. 그런데 얀쉬나 박사(2013)의 논문에서 이를 분류하고 정리하였다.

데류긴과 로산(2009)은 니즈네탐보프스키-2 유적에서 카코르마 그룹을 분리하였지 만, 매우 불분명한 방법이었다(카코르마 그룹은 얀쉬나 박사가 이미 언급하였지만, 막 심 고르키 유적과 니즈네탐보프스키 무덤을 함께 분석해야 완성될 것이라고 생각한다). 이 그룹에 대해서는 데류긴, 로산, 얀쉬나가 언급한 바와 같이 우릴 문화의 하위유형이 다. 아무르강 하류의 북동 유적에서 주된 유물은 막심 고르키 유적과 그 유적에서 파생

된 유적과 관련되어 있다. 데류긴과 로산의 공동 논문에서 주거지를 분석하였는데, 아무르강 하류의 고금속기시대의 문화 및 유형과는 전혀 관련이 없어 보인다(데류긴·로산 2009). 뿐만 아니라 카코르마 그룹은 계통적으로 하나가 아니라고 하였는데(데류긴·로산 2009, pp.52~53), 출판된 논문의 도면을 통해서 보이는 이 그룹의 유물은 우릴 문화 뿐만 아니라 폴체 문화도 포함되어 있는 것으로 생각된다(데류긴·로산 2009, 표 12 외).

스타라야 카코르마 유적은 다층위 유적으로 고금속기시대 문화층도 확인되었는데, 발굴책임자인 로산은 이 유적이 폴체 문화에 해당한다고 보았다. 그러나 이 유적의 층위는 교란된 것으로 절대연대도 빠져 있어 보고된 공간물을 그대로 믿기 힘들다(로산 1991; 데류긴·로산 2009). 우릴 문화의 토기가 한 점 있었는데, 이 유적이 표준적인지 의심스럽다. 니즈네탐보프스키-2 유적의 대형 주거지와 니즈네탐보프스키 무덤에서 출토된 유물은 편년작업이 잘된 것으로 적어도 아무르강 하류 우릴 문화의 늦은 유형에 대입할 수 있는 것이다. 막심 고르키 유적도 마찬가지이다[10](그림 3: 3~4).

우릴 문화의 이른 유형은 골르이 미스-1 유적의 6~9층이 해당되는데, 아무르강 하류의 북동지역 유적에서 확인된다(그림 3: 1~2). 이 유적은 아무르강 중류의 부렌 유적과 가깝다(선사시대 부레이 2000). 그러나 아무르강 하류의 북동 전 지역에 퍼져있는 우릴-사르골 문화의 토기가 골르이 미스-1 유적의 이 층에서 확인된다. 아무르강 하류에 퍼져 있는 우릴-사르골 문화의 토기는 다음과 같다.

2) 우릴-사르골 문화의 토기

사르골 문화의 토기는 에보르노-고린 지질고고지역에서 사르골 유적과 같은 유적의 유물이 자세하게 공간되어야 알 수 있다. 상기한 문화의 최초의 간략한 보고(오클라드니코프·데레뱐코 1968, p.139 외)를 제외하고는 메드베제프 박사의 논문(메드베제프 2003·2012)이 전부인데, 자세하게 유물에 대해서 보고되지 않아서 사르골 문화의 대표적인 토기를 선택하기에는 힘들다. 필자는 사르골 유적의 토기를 관찰한 바 있는데, 논의할 바가 많은 것으로 생각되었다.

---

10 역자 주. 상기한 바와 같이 스타라야 카코르마 유적을 카코르마 그룹으로 분류하는 작업에서 막심 고르키 유적을 빼놓은 것에 대한 비판적인 입장을 표명한 것이다.

오클라드니코프는 1962년 사르골 유적을 발굴한 후에 사르골 문화를 규정하였다. 이 문화의 토기는 저부가 둥글고, 토기의 기벽이 얇으며, 문양은 가로방향의 문양대와 횡방향의 문양대가 결합되었다고 서술되었다. 그런데 토기는 아무르강 하류의 신석기시대 토기는 아니고, 바이칼 유역의 신석기토기(오클라드니코프 1968, pp.139~140)와 비슷하다.

사르골 문화의 토기는 중간크기이고, 바닥은 둥글고, 동체부는 수직방향으로 길쭉하며, 구연부는 외반한다. 태토에는 광물이 혼입되었다. 토기에는 문양대가 두 개 있는데, 구연부와 동체부이다. 오클라드니코프가 말한 문양대는 아마도 다치구 혹은 짧은 단치구로 시문된 것이다. 구연부에는 비스듬하고 짧게 시문되었다. 동체부에는 횡방향으로 문양대가 구분되었고, 그 문양대에는 횡방향 지그재그 문, 능형문과 '괄호문'이 열을 이루어 시문되었는데 그 중에서 짧은 단치구로 찍은 문양을 비스듬하게 세워서 찍은 것이 가장 많이 사용된 것이다. 문양대가 여러개 시문될 경우도 있는데, 중간의 빈 공간을 두고 시문하였다(그림 4: 1~2). 골르이 미스-5 유적(셰프코무드 2003)의 고금속기시대 하층에서도 이런 토기가 출토되는데, 아무르강 하류 북동지역에서 확인되는 것이다. 골르이 미스-1 유적의 절대연대는 신뢰 가능한 것으로 기원전 1000년기 2/4분기~중반(셰프코무드 2008a, pp.173~175) 보다 늦지는 않을 것이다. 이것은 토기 안에 부착된 그을음을 통해서 분석되었다. 따라서 사르골 문화는 우릴 문화와 동시기라고 할 수 있다.

상기한 내용을 제외하고, 다른 유형도 사르골 유적에는 다른 유형도 포함되며, 니즈네탐보프스키 무덤유적, 골르이 미스-1 유적(6~9층), 골르이 미스-5 유적(B유형), 말라야 가반과 다른 유적 등이 포함된다. 그 특징은 다분히 잡종으로 생각되는데, 우릴 문화의 매체와 동화되어 가는 과정의 결과라고 생각된다(그림 4: 3~4). 평저 토기는 기벽이 얇고 동체부가 장란형으로, 경부가 형성되는 모양으로 구연부는 직립하는 경우도 자주 확인되며, 외반하는 경우도 있다. 외반하는 구연부는 거의 90° 까지 꺾여지는데(데류긴·로산 2009, 표 2: 1·2), 우릴 토기의 특징처럼 여겨진다(얀쉬나 2003, 그림 7: 1~3). 대형토기는 사르골 문화의 특성이 아니나. 토기 내면에 간혹 마연된 것이 확인되는데, 우릴 문화 토기의 특징으로 생각된다. 우릴 문화와 사르골 문화의 공통적인 문양은 가로방향으로 길게 연결되는 뇌문토기인데, '넓게 펴진 뇌문'이라고 할 수 있다. 몇몇 연구자들은 이 토기가 사르골 문화의 것이라고 하지만, 오클라드니코프와 데레뱐코가 서술한 토기 특징과는 전혀 다르다. 이 뇌문토기는 원저도 아니고 처음 기술된 토기문양과도 다르기 때문이다. 따라서 이 토기를 우릴-사르골 토기라고 할 수 있으며, 문양은 넓게 펴진 뇌문이 특징이다(셰프코무드 2003).

이 토기는 다층위 유적에서 출토되었기 때문에 이 토기에 대한 해석은 복잡하지만, 기형은 우릴 문화의 것과 상응한다. 넓게 펴진 뇌문토기는 다음과 같은 특징이 있다. 1) 사르골 문화에서 늦은 유형에 속하며 우릴 문화의 영향 아래에서 생성된다(만약에 이 토기만으로 이루어진 단순한 유형이 생긴다면, 원래 알려진 사르골 문화의 토기는 古式이 될 것이다). 2) 사르골 문화를 받아 들인 결과로 생긴 아무르강 하류의 우릴 문화 토기는 특징적이다. 3) 따라서 이 토기는 별도의 문화를 대표하는 것으로서, 사르골 문화를 받아들인 우릴 문화의 결과로서 생성되었다고 볼 수 있다(물론 이 문화를 좀 더 구체화 하기 위해서는 뇌문토기를 '단순유형'으로 발전시켜야 하는데, 토기 뿐만 아니라 이 토기가 출토되는 유적과 주거지를 연구해야만 할 것이다).

현재는 우릴 문화와 사르골 문화의 특징인 뇌문토기만이 이 유형 연구에 대상이 되는데, 토기제작방법 및 형식분류와 이를 넓은 지역의 병행관계를 분석하는 것이 주요하다. 이 유형의 단순유형은 뇌문토기가 출토되는 유적을 찾아야만 한다. 그 후에 우릴-사르골 문화의 토기를 규정해야 하는데, 새로운 문화 분류를 해야 할 것이다.

그런데 특이하게도 우릴 문화의 뇌문은 토기 표면이 적색마연되어 있는데, 보즈네세노프카 문화에서도 보이는 것인데 아무르강 하류의 신석기시대 전통이 오랜 동안 계속되어 온 것일 수도 있다고 이미 연구자(데레뱐코 1976, p.276; 그레벤시코프 2001)들이 언급한 바 있다.

3) 아무르강 하류의 초기 철기시대-폴체 문화

폴체 문화의 유형은 불분명한 점이 많다. 그 무엇보다도 그 하위 유형과 절대연대와 관련이 있다. 이와 관련된 질문은 이미 얀쉬나 박사가 신랄하게 비판한 바 있다. 이미 앞서 언급했지만, 그녀는 폴체 문화의 열쇠로 보이는 졸티이 야르 유적을 발굴하고 난 후에 여러 문제점을 제기하였다(얀쉬나 2010). 연해주의 불로치카 유적은 외국의 전문가와 공동연구(大貫靜雄 2009; 홍형우 외 2008)하였으며, 그 발굴 결과에서 많은 절대연대측정치(국립문화재연구소 2004 · 2005)를 얻었고, 이 문화에 대한 다른 연구(콜로미예츠 외 2002; 크라민체프 2002 외)들도 존재한다. 하지만 무엇보다도 데레뱐코 선생의 유명한 저작물에 주목하고자 한다. 그 내용에는 폴체 문화가 졸티이 야르, 폴체, 쿠케레프(кукелевский) 3단계로 나눠진다고 한다(데레뱐코 1976, p.161). 하지만 이를 구분하는 방법은 불분명하며, 그 책의 도면도 전부가 아니어서, 연구자들이 이해 하기 힘들다고 언급된 바 있다(얀쉬나 2013).

데레뱐코가 이른 유형이라고 한 졸티이 야르 유형은 이 유적을 새롭게 발굴한 후에 존재하는 것으로 판명되었다(얀쉬나 2010). 이 유형의 토기는 졸티이 야르 유적의 이른 층, 아무르스키 사나토리이 유적(오클라드니코프 1963; 홍형우 2008)에서 출토된 것이다. 여기에 곤챠르카-1 유적의 2층, 노보트로이츠코예-12 유적(셰프코무드·얀쉬나 2012; 셰프코무드 외 2006)의 유물은 졸티이 야르 유형과 같은 유형이과 층위로 생각되어 더 보충할 수 있다. 아마도 베뉴코보(Венюково) 유적(마야빈·크라민체프 2008)의 유물도 여기에 포함시킬 수 있을 것으로 보인다. 데레뱐코(데레뱐코 1976)는 코츠노바트카(Кочковатка) II유적, 리브노예 오제로(Рыбное Озеро) II유적, 폴체(Польце) II유적 등도 포함된다고 하였지만, 유물은 거의 보고된 바가 없다.

졸티이 야르 유형의 토기는 아무르강 하류과 우딜 섬의 일부까지 아주 넓게 분포하고 있다. 졸티이 야르 유형의 토기 특징은 막심 고르키 유적과 니즈네탐보프스키-2 유적에서 출토된 늦은 우릴 문화의 것과 유사하며, 연대상도 그러하다.

두 번째 단계는 폴체 문화 인데, 폴체-1 유적으로 분리되었다. 아무르스키 사나토리이 유적의 출토유물은 폴체-1 유적과는 전혀 다른데, 이미 다른 연구자들이 양 유적에 대해서 비교한 바 있다(홍형우 2008; 얀쉬나 2013). 이 유형에 포함시킬 수 있는 유적은 아무르강의 지류인 쿠르 강의 나이-1(Най-1) 유적도 포함시킬 수 있는데, 폴체-1(Польце-1) 유적과 거의 유사한 유물이 출토되었다(바실례프 2002). 아무르강으로 내려가면 폴체 단계의 다양한 유적에서 출토된 토기가 있는데, 아직 발굴되지는 않았다. 하지만 데레뱐코의 연구(1976, p.161)에서 밝힌 폴체-1 유적의 많은 유물은 폴체 유형의 실체를 제공하고 있다.

세 번째 단계는 쿠케레프 유형으로 본고에서 문제제기 하고자 하는 것이다. 데레뱐코 선생의 단행본에는 이 유형의 유적에 대해서는 소개되어 있지만 이 유형의 토기에 대해서는 아주 소략하게만 언급되어 있고, 기의 연해주에 대한 분석만이 있다(예를 들면 데레뱐코 1976, 표 LXXXI). 결과적으로 폴체 문화는 아무르강 하류에서 넓게 분포하였는데, 이에 대해서는 다른 관점의 연구자도 있다.

얀쉬나 박사가 졸티이 야르 유적을 발굴해서 이 유형을 보충설명 한 바 있다. 이 유적에서도 쿠케레프 유형이 분리되었다. 출토된 토기의 특징은 구연부가 외반하며, 장란형 동체부에, 저부는 좁고 평저이며, 동체부에 지두문이 시문되어 있는다(그림 5). 이 유형

그림 5   말미시 유적에서 출토된 폴체 문화 중 쿠케레프 단계의 토기(데류긴 2009)

은 폴체 문화의 늦은 단계이며 이것은 절대연대와 상응하고 있다. 아무르강 하류에서 늦은 단계이며, 토기의 제직 기술이나 형식학적인 면에서 유사한 유적이 말미시 유적이다. 이 유적을 발굴한 데류긴은 폴체 문화로 보았다(데류긴 2009). 필자는 쿠케레프 유형의 유적을 지표조사 한 바 있는데, 이노켄티예프카-4 유적, 수하니노-9, 10 유적 등 이 유형에 해당하는 아주 많은 아무르강 하류에서 있다는 것을 밝힌 바 있다.

  얀쉬나 박사는 졸티이 야르 유적의 늦은 유형과 연해주의 올가문화의 유적을 비교했다. 아무르강 하류에서 기원했다고 밝힌 바 있다(얀쉬나 2010·2013). 당연히 데레뱐코 선생이 쿠케레프 단계에 대해서 '… 그 특징은 … 연해주의 폴체 문화와 같다'고 논의한 바 데레뱐코(1976)와 얀쉬나 박사의 논지와 같다. 하지만 필자는 연해주 유적은 폴체 문화를 연상케는 하지만, 연해주에서 폴체 문화 쿠케레프 유형의 접촉에 의한 것이라고 생각된다. 그 해석은 연해주 유적으로 할 수 있으며, 다른 문화라고 생각한다.[11] 이에 관해서는 이미 다른 연구자들도 논증한 바 있다(브로댠스키 1987; 콜로미예츠 2001).

  그런데 앞서 연해주의 유적들에 대한 문화 소속[12]에 대해서는 논의 되지 않았는데, 얀쉬나 박사는 졸티이 야르 유적의 늦은 유형(폴체 문화의 쿠케레프 유형)에서 보이는 토기의 특징은 확실한 이 유형의 특징이라고 강조하고 아무르지역을 대상으로 분석하였다(얀쉬나 2010). 이 특징은 연해주와 아무르지역의 유적의 편년과 기원이 공통적이며, 연해주에서 폴체 문화의 기원이 아무르지역이라고 하는 것을 증명한다(오클라드니코프 1959, pp.164~166; 데레뱐코 1976, pp.274~275; 데레뱐코·메드베제프 2008). 아무르강 중류와 하류에 폴체 문화의 토기가 일찍부터 존재했기 때문에, 늦은 유형의 토기도 이 지역에 널리 퍼져 있을 수 있다. 그렇다고 제작방법과 토기 형식이 유사하다고 해서, 올가 문화가 북쪽으로 영향을 주었다고 말하는 것은 힘들다.

  두 번째는 이미 연해주의 불로치카 유적의 발굴로 시호테알린 산맥의 영동지역에 대한 절대연대가 많이 측정되었다. 몇몇 유사한 토기는 보이지만 아무르강에서 폴체 문화의 중심유물과 불로치카 유적과는 차이가 있다. 물론 절대연대는 유사하다. 그런데, 이 사

---

11 역자 주. 셰프코무드는 아무르강 하류의 폴체 문화와 그와 유사하다고 보이는 연해주의 유적이 별개의 문화로 올가 문화라고 하는 것을 돌려서 이야기하고 있다. 이것은 폴체 문화에 대한 오래된 쟁점 중에 하나이다. 아무르강 하류의 폴체 문화가 연해주까지 분포하고 있어 모두 폴체 문화가 분포하고 있다는 의견과 아무르강 하류의 폴체 문화와 연해주의 올가 문화가 별개의 것이라고 하는 의견도 있는데 이를 절충해서 폴체 문화의 지역적인 유형 혹은 폴체 문화의 공동체라고 의견은 팽팽하다.
12 역자 주. 올가 문화 혹은 폴체 문화.

실은 연해주와 아무르강의 유적의 유물이 직접적인 관련성을 제기하기는 힘들다. 또 달리 말하면 올가 문화의 개념에 대해서는 조심할 필요가 있는데, 최소한 폴체 문화의 영역 안에 지역적인 유형(홍형우 2008)이며, 올가 문화는 별개의 문화가 아니며, 폴체 문화 공동체(콜로미예츠 2001) 내에 속한다는 것이다.

다음은 폴체 문화의 늦은 유물에 대한 다른 분류를 살펴보도록 하자. 데류긴과 로산은 예브론스크 유형이라고 하고 얀쉬나 박사도 이를 지지하였다(데류긴·로산 2009; 얀쉬나 2013). 이 유형에 대한 1963년 콘돈-포취타 유적의 발굴로 거슬러 올라간다. 이 유적에서 청동유물과 토기를 따로 분리하였는데,[13] 분석된 바는 쿠케레프 유형으로 판단된다(오클라드니코프 1983). 하지만 오클라드니코프는 이 유형을 아무르강 하류의 청동기시대로 추정한 바(오클라드니코프·데레뱐코 1973, pp.200~202) 있는데, 그 후에 메드베제프(2003)가 이를 지지하였다.

1960년대에 폴체 문화는 이 지역의 청동기시대 유형으로서 여겨져서, 위와 같은 생각은 당시로서는 합당한 것이었다. 하지만 청동기시대의 예브론스크 문화는 더 이상 새로운 자료가 없었고, 그 뒤에 토기의 연대가 훨씬 늦은 것임이 밝혀졌고, 여러 논문에서 새롭게 분리되었다(브로댠스키 1987, p.160; 셰프코무드 2008a, pp.175~176). 그러나 데류긴과 얀쉬나는 예브론스크 유형에 대해서 다시 문제제기를 하였다. 이 유형과 유사한 유물이 출토되는 여러 유적들이 훨씬 더 늦었기 때문이다. 폴체 문화가 처음 연구될 당시에 불분명한 점이 많았기 때문에 이러한 문제점 들이 야기되었다는 것이 현재는 분명해 졌고 이는 청동기시대도 마찬가지이다. 따라서 데레뱐코가 처음에 제시한 분류(쿠케레프 유형)를 이용하는 것을 추천하고 싶다.

4) 우릴 문화를 포함하는 폴체 문화의 유형

앞서 필자는 아무르강 하류에서 고금속기시대에 고민족문화의 모자이크처럼 점점이 나타나는 것에 대해서 밝힌 바 있다. 이와 관련해서 우릴 문화와 관련된 유형을 분리해야 한다. 예를 들면 공항 유적의 하층에서 확인되는데, 이것은 우릴 문화와 폴체 문화와 완전히 일치하는 것은 아닌, 즈메이킨 유형(데류긴·로산 2009)의 토기로 생각된다. 이 토

---

13 역자 주. 콘돈-포취타 유적은 신석기시대 문화층이 잘 알려진 유적이고 이 유적의 발굴 이후 콘돈 문화가 분리되었다.

기는 아무르지역의 토기가 아닌데, 원저이며 진주알 문양의 토기로 유명한 볼세부흐틴 문화의 것으로 생각된다. 볼세부신힌스크 문화는 아무르강 하류, 타타르스키 해협과 사할린 북쪽에 분포하는데(셰프코무드 2008b), 이 문화는 야쿠티야의 우스티-밀 문화(혹은 우라한-세겔렌냐흐 문화)로부터 기원한 것이다. 그런데 이 공항 유적에서 출토된 토기는 사르골 문화 중에서 원저토기로 생각된다.

아무르강 하류의 북동쪽 유형 중에서는 폴체 문화를 수반하는 콜촘 유형의 토기가 있는데, 콜촘-3 유적의 상층 주거지, 골르이 미스-5 유적(A유형) 우릴 문화와 아주 유사하지만, 절대연대상(기원전후)으로 보아 폴체 문화의 절대연대와 상응해서, 폴체 문화의 영역 안에서 존재했을 것이다. 아마도 폴체 문화 세계에도 우릴 문화 전통이 그대로 이어져 왔던 것으로 생각된다(셰프코무드 2003). 아마도 이 유형은 데류긴이 분리한 바 있는 튜민 유형과 관련이 있을 것인데, 폴체 문화의 가장 마지막 기간에 인접한 지역에 분포했을 것으로 생각된다(데류긴 1998).

맺음말

고대 아무르강의 역사는 특히 아무르강 하류에서 아주 복잡하며, 끊어지고 이어진다. 제일 처음의 단절은 신석기시대부터 나타나는데, 이 지역의 신석기시대는 북쪽이지만 다른 지역보다 훨씬 오래 전부터 시작되었다. 신석기시대는 문화발달이라는 측면에서 아주 찬란했으며, 고고학자들이 판단하기에도 그다지 어려움 없이 비교적 성공적으로 연구된 기간이다.

신석기시대 마지막의 상황은 아마도 붕괴상태이며, 더 이상 신석기시대의 발달선을 연상시키지 못했다. 아무르강 하류 지역의 청동기시대는 아주 작은 지역에서 사람이 거주했으며, 유적도 적은 수 밖에 확인되지 못했고, 신석기시대와 비교해서 그 문화의 발달 수준도 비교할 바가 못된다.

새로운 단절은 우릴 문화의 이주와 관련되어 있다. 이 문화는 처음에 아주 넓은 지역에 분포하다가 나중에 폴체 문화가 된다.

아무르강 하류의 청동기시대와 관련해서는 문화의 모자이크성이 보이는데, 청동기시대 유적의 수나 양은 그다지 많지 않다. 강력한 문화는 많은 유적으로 나타나게 마련인데, 그렇지 않은 것이다. 고대 아무르 역사의 모순 가운데 한 가지는 강력하고 광범위한 문화가 각기 다른 이유 때문에 사라지는 것이다. 필자가 이야기 하는 모자이크성은 현재 까지도 나타나는데, 아무르강 하류의 북방원주민의 분포가 그러하다.

또 다른 파라독스는 오클라드니코프가 이미 이야기 했지만, 현재까지도 신석기시대 문화의 특징이 아무르강 하류의 원주민에게 확실하게 보인다는 것이다.

필자는 이 글을 마치며 바실리예프스키, 메드베제프, 네스테로프, 얀쉬나, 데류긴, 후쿠다, 알킨에게 감사드린다. 여름시즌 발굴장에서 토론과 공동연구를 통한 정보교환을 통해서 생각을 정리하게 되었다.

참고 문헌

알렉세프 외, 2006, Алексеев А.Н., Жирков Э.К., Степанов А.Д., Шараборин А.К., Алексеева Л.Л. Погребение ымыяхтахского воина в местности Кёрдюген // Археология, этнография и антропология Евразии. 2006. № 2. С. 45-52.

브로댠스키, 1987, Бродянский Д.Л. Введение в дальневосточную археологию. Владивосток: Изд-во Дальневост. ун-та, 1987. 276 с.

바실리예프스키, 2008, Василевский А.А. Каменный век острова Сахалин. Южно-Сахалинск: Сахалинское кн. изд-во, 2008. 412 с.

바실리예프, 2002, Васильев Ю.М. Памятники польцевской культура на р. Кур // Археология и культурная антропология Дальнего Востока. Владивосток, 2002. С. 156-174.

고류노바 외, 2004, Горюнова О.И., Новиков А.Г., Зяблин Л.П., Смотрова В.И. Древние погребения могильника Улярба на Байкале (неолит-палеометалл). Новосибирск: Изд-во Ин-та археологии и этнографии СО РАН, 2004. 88 с.

그레벤시코프 외, 2001, Гребенщиков А.В., Деревянко Е.И. Гончарство древних племен Приамурья (начало эпохи раннего железа). Новосибирск: Изд-во Ин-та археологии и этнографии СО РАН, 2001. 120 с.

데레뱐코, 1972, Деревянко А.П. Историография каменного века Приамурья // Материалы по археологии Сибири и Дальнего Востока. Новосибирск, 1972. Ч.1. С. 38-66.

데레뱐코, 1973, Деревянко А.П. Ранний железный век Приамурья. Новосибирск: Наука, 1973. 356 с.

데레뱐코, 1976, Деревянко А.П. Приамурье (I тысячелетие до н. э.). Новосибирск: Наука, 1976. 384 с.

데레뱐코, 1993 Деревянко А.П., Медведев В.Е. Исследования поселения Гася (предварите льные результаты, 1980 г.). Новосибирск: Изд-во Ин-та археологии и этнограф ии СО РАН, 1993. 109 с.

데레뱐코 외, 2000, Деревянко А.П., Чо Ю-Джон, Медведев В.Е., Ким Сон-Тэ, Юн Кын-Ил, Хон Хен-У, Чжун Сук-Бэ, Краминцев В.А., Кан Ин-Ук, Ласкин А.Р. Отчет о раско пках на острове Сучу в Ульчском районе Хабаровского края в 2000 г. Сеул: Гос ударственный исследовательский ин-т культурного наследия Республики Корея; Ин-т археологии и этнографии СО РАН, 2000. 564 с. Рус. яз., кор. яз.

데레뱐코 외, 2002, Деревянко А.П., Чо Ю-Джон, Медведев В.Е., Юн Кын-Ил, Хон Хен-У, Ч жун Сук-Бэ, Краминцев В.А., Медведева О.С., Филатова И.В. Исследования на о строве Сучу в Нижнем Приамурье в 2001 г. Сеул: Государственный исследовате льский ин-т культурного наследия Республики Корея; Ин-т археологии и этногр афии СО РАН, 2002. Т. I. 420 с.; Т. II. 222 с; Т. III. 440 с. Рус. яз., кор. яз.

데레뱐코 외, 2003, Деревянко А.П., Чо Ю-Джон, Медведев В.Е., Шин Чан-Су, Хон Хен-У, К раминцев В.А., Медведева О.С., Филатова И.В. Неолитические поселения в низо вьях Амура (Отчет о полевых исследованиях на острове Сучу в 1999 и 2002 гг.). Сеул: Государственный исследовательский институт культурного наследия Ре спублики Корея; Ин-т археологии и этнографии СО РАН, 2003. Т. I. 446 с.; Т. II. 208 с.; Т. III. 466 с. Рус. яз., кор. яз.

데레뱐코 외, 2004, Деревянко А.П., Ким Бон Гон, Медведев В.Е., Шин Чан Су, Ю Ын Сик, К раминцев В.А., Медведева О.С., Филатова И.В., Хон Хён У. Древние памятники Ю жного Приморья. Отчет об исследовании поселения Булочка в Партизанском ра йоне Приморского края в 2003 году: В 3 т. Сеул: Ин-т археологии и этнографии СО РАН; Государственный исследовательский ин-т культурного наследия Респу блики Корея, 2004. Т. 1 341 с.; Т. 2. 312 с. Кор. яз.; Т. 3. 158 с. Рус. яз., кор. яз.

데레뱐코 외, 2005, Деревянко А.П., Ким Бон Гон, Медведев В.Е., Шин Чан Су, Хон Хён У, Ю Ын Сик, Краминцев В.А., Медведева О.С., Филатова И.В. Древние памятники Юж ного Приморья. Отчет об исследовании поселения Булочка в Партизанском райо не Приморского края в 2004 году: В 3 т. Сеул: Ин-т археологии и этнографии С О РАН; Государственный исследовательский ин-т культурного наследия Респуб лики Корея, 2005. Т. 1 367 с.; Т. 2. 324 с. Кор. яз.; Т. 3. 131 с. Рус. яз., кор. яз.

데레뱐코 외, 2008, Деревянко А.П., Медведев В.Е. К проблеме преобразования культур по зднейшей фазы древности на юге Приморья (по материалам исследования поселе ния Булочка) // Археология, этнография и антропология Евразии. 2008. № 3. С.

14-35.

데류긴, 1998, Дерюгин В.А. Керамика 《тэбахского типа》: предварительная классификац
  ия и периодизация // Россия и АТР. 1998. № 2. С. 71-80.

데류긴, 2003, Дерюгин В.А., Денеко А.Б., Роганов Г.В., Косицына С.Ф. Раскопки на посел
  ении Аэропорт в устье Амура // Амуро-Охотоморский регион в эпоху палеомета
  лла и средневековья. Хабаровск, 2003. Вып. 1. С. 111-144.

데류긴, 2009, Дерюгин В.А., Лосан Е.М. Проблемы классификации, периодизации керам
  ики эпохи палеометалла северо-восточного Приамурья // Культурная хроноло
  гия и другие проблемы в исследованиях древностей востока Азии. Хабаровск,
  2009. С. 47-73.

데류긴, 2009, Дерюгин В.А. Результаты раскопок на поселении Малмыж 1 в 1992-93 гг.
  // Культурная хронология и другие проблемы в исследованиях древностей вост
  ока Азии. Хабаровск, 2009. С. 165-171.

네스테로프 외, 2000, Древности Буреи / С.П. Нестеров, А.В. Гребенщиков, С.В. Алкин, Д.П.
  Болотин, П.В. Волков, Н.А. Кононенко, Я.В. Кузьмин, Л.Н. Мыльникова, А.В. Таба
  рев, А.В. Чернюк. Новосибирск: Изд-во Ин-та археологии и этнографии СО РАН,
  2000. 352 с.

댜코노프, 2012, Дьяконов В.М. Керамика улахан-сегеленняхской культуры бронзового в
  ека Якутии // Археология, этнография и антропология Евразии. 2012. № 4. С.
  106-115.

후쿠다·셰프코무드 외, 2005(러시아어), Фукуда М., Шевкомуд И.Я., Такахаси К., Косицына
  С.Ф., Горшков М.В., Кияма К. Исследование древних культур позднего неолита-п
  алеометалла в Нижнем Приамурье: отчет об археологических раскопках многос
  лойного памятника Голый Мыс-1. Токоро: Исследовательская лаборатория Токо
  ро Токийского ун-та, 2005. 114 с. Рус. яз., яп. яз.

카토·셰프코무드, 1999(러시아어), Като Х., Шевкомуд И.Я. Отчет о совместных исследования
  х поселения Кольчём-3 на озере Удыль (Нижний Амур) в 1998 г. // Project Amur.
  Tsukuba, 1999. P. 3-35. Рус. яз., яп. яз.

클레인, 1991, Клейн Л.С. Археологическая типология. Л.: Академия наук СССР. Ленингр
  адский филиал научно-технической деятельности, исследований и социальных и
  нициатив; Ленинградское научно-исследовательское археологическое объедин
  ение, 1991. 448 с.

클류예프, 2003, Клюев Н.А. Археология юга Дальнего Востока России в XIX-XX вв.: Библи
  бл. указ. Владивосток: Дальнаука, 2003. 459 с.

콜로미예츠, 2001, Коломиец С.А. Период развитого железа в Приморье (в контексте поль
  цевской культурной общности): Автореф. дис. … канд. ист. наук. Новосибирск,

2001. 18 с.

콜로미예츠 외, 2002, Коломиец С.А., Афремов П.Я., Дорофеева Н.А. Итоги полевых иссле дований памятника Глазовка-городище // Археология и культурная антропологи я Дальнего Востока. Владивосток, 2002. С. 142-155.

코피티코, 2006, Копытько В.Н. Рыбный Порт-святилище раннего железного века // Пятые Гродековские чтения: Материалы межрегион. науч.-практ. конф. "Амур-дорога тысячелетий". Хабаровск, 2006. Ч. I. С. 170-175.

코시치나 외, 2006, Косицына С.Ф., Шевкомуд И.Я., Мацумото Т., Гошков М.В., Бочкарева Е.А., Учида К. Поселение Нижнетамбовское-2-новый памятник урильской культ уры // Пятые Гродековские чтения: Материалы межрегион. науч.-практ. конф. "Амур-дорога тысячелетий". Хабаровск, 2006. Ч. I. С. 178-184.

크라민체프, 2002, Краминцев В.А. Поселение и городище Васильевка-3-новые памятники польцевского времени в Бикинском районе Хабаровского края // Россия и Кита й на дальневосточных рубежах. Благовещенск, 2002. Т. 3. С. 82-89.

쿠즈민, 2005, Кузьмин Я.В. Геохронология и палеосреда позднего палеолита и неолита у меренного пояса Восточной Азии. Владивосток: ТИГ ДВО РАН, 2005. 282 с.

쿠즈민 외, 2005, Кузьмин Я.В., Шевкомуд И.Я., Дементьев В.Н. Освоение Среднеамурской равнины в древности и антропогенное воздействие на ее ландшафты в неолите-средневековье // География и природные ресурсы. 2005. № 3. С. 85-89.

라리체프, 1961, Ларичев В.Е. Неолитические поселения в низовьях р. Уссури // Вопросы истории Сибири и Дальнего Востока. Новосибирск, 1961. С. 255-268.

로산, 1991, Лосан Е.М. Исследования на поселении Старая Какорма в Николаевском рай оне Хабаровского края // Краеведческий бюллетень. Южно-Сахалинск, 1991. В ып.2. С. 73-83.

마랴빈, 2008, Малявин А.В., Краминцев В.А. Укрепленное поселение раннего железного века Венюково-1 (Забайкальское-1) // Окно в неведомый мир: Сб. статей к 100-летию со дня рожд. акад. Алексея Павловича Окладникова. Новосибирск, 2008. С. 211-215.

메드베제프, 2003, Медведев В.Е. Академик А.П. Окладников и неолит Нижнего Приамурья: развитие идей // Проблемы археологии и палеоэкологии Северной, Восточной и Центральной Азии. Новосибирск, 2003. С. 164-171.

메드베제프, 2005a, Медведев В.Е. Неолитические культовые центры в долине Амура // Ар хеология, этнография и антропология Евразии. 2005a. № 4. С. 40-69.

메드베제프, 2005b, Медведев В.Е. Неолитические культуры Нижнего Приамурья // Россий ский Дальний Восток в древности и средневековье: открытия, проблемы, гипоте зы. Владивосток, 2005б. С. 234-267.

메드베제프, 2012, Медведев В.Е. Находки у с. Гырман (к вопросу о бронзовом веке в Приа мурье) // Юбилей лидера. Владивосток, 2012. С. 185-193.

메드베제프, 2013, Медведев В.Е. Об исследовании польцевской культуры в Приамурье // Фундаментальные проблемы археологии, антропологии и этнографии Евразии: К 70-летию академика А.П. Деревянко. Новосибирск, 2013. С. 298-308.

네스테로프, 2008, Нестеров С.П., Дураков И.А., Шеломихин О.А. Ранний комплекс урильс кой культуры с Букинского ключа на реке Бурее // Археология, этнография и а нтропология Евразии. 2008. № 4. С. 32-42.

오클르다니코프, 1941, Окладников А.П. Неолитические памятники как источники по этного нии Сибири и Дальнего Востока // КСИИМК. 1941. Вып. 9. С. 5-14.

오클라드니코프, 1959, Окладников А.П. Далекое прошлое Приморья. Владивосток: Прим. кн. изд-во, 1959. 292 с.

오클라드니코프, 1963, Окладников А.П. Археологические раскопки в районе Хабаровска // Вопросы географии Дальнего Востока. Хабаровск, 1963. Т. 6. С. 255-282.

오클라드니코프, 1964, Окладников А.П. Неолит Нижнего Амура // Древняя Сибирь: (Макет I тома "Истории Сибири"). Улан-Удэ, 1964. Вып. I. С. 195-214.

오클라드니코프, 1967, Окладников А.П. Поселение у с. Вознесеновка в устье р. Хунгари // Археологические открытия 1966 года. М., 1967. С. 175-178.

오클라드니코프, 1968, Окладников А.П., Деревянко А.П. Неолит Дальнего Востока // Исто рия Сибири с древнейших времён до наших дней. Л., 1968. Т. 1. С. 127-150.

오클라드니코프, 1971, Окладников А.П. Петроглифы Нижнего Амура. Л.: Наука, 1971. 336 с.

오클라드니코프, 1980, Окладников А.П. О работах археологического отряда Амурской ком плексной экспедиции в низовьях Амура летом 1935 г. // Источники по археологи и Северной Азии (1935-1976 гг.). Новосибирск, 1980. С. 3-52.

오클라드니코프, 1963, Окладников А.П. Древнее поселение Кондон (Приамурье). Новосиби рск: Наука, 1983. 160 с.

시니예스칼르이, 2002, Синие Скалы-археологический комплекс: опыт описания многослой ного памятника / Ж.В. Андреева, Ю.Е. Вострецов, Н.А. Клюев, А.М. Короткий. Вл адивосток: Дальнаука, 2002. 328 с.

홍형우, 2008(러시아어), Хон Хён У. Керамика польцевской культуры на востоке Азии (V в. до н.э.-IV в. н.э.): Дис. … канд. ист. наук. Новосибирск: Ин-т археологии и этно графии СО РАН, 2008. 266 с.

셰프코무드, 2003, Шевкомуд И.Я. Палеометалл северо-востока Нижнего Приамурья (посе ление Голый Мыс-5) // Амуро-Охотоморский регион в эпоху палеометалла и сре дневековья. Хабаровск, 2003. Вып. 1. С. 7-22.

셰프코무드, 2004, Шевкомуд И.Я. Поздний неолит Нижнего Амура. Владивосток: ДВО РАН,

2004. 156 c.

셰프코무드, 2006, Шевкомуд И.Я., Горшков М.В., Ямада М., Учида К., Матсумото Т., Косиц ына С.Ф. Предварительные результаты исследования поселения Новотроицкое -12-мастерской сердоликовых наконечников (Нижний Амур) // Пятые Гродековс кие чтения: Материалы межрегион. науч.-практ. конф. "Амур-дорога тысячелет ий". Хабаровск, 2006. Ч. I. С. 133-138.

셰프코무드 외, 2007, Шевкомуд И.Я., Бочкарева Е.А., Косицына С.Ф., Мацумото Т., Учида К. Исследования Нижнетамбовского могильника (о погребении воина с мечом) // С еверная Евразия в антропогене: человек, палеотехнологии, геоэкология, этнол огия и антропология: Материалы Всеросс. конф. с междунар. участием, посвящ. 100-летию со дня рожд. М.М. Герасимова. Иркутск, 2007. Т.2. С. 301-306.

셰프코무드·후쿠다, 2007, Шевкомуд И.Я., Фукуда М. Стратиграфия и хронология культур II-I тыс. до н.э. на северо-востоке Нижнего Приамурья по материалам памятник а Голый Мыс-1 // Северная Евразия в антропогене: человек, палеотехнологии, геоэкология, этнология и антропология: Материалы Всерос. конф. с междунар. участием, посвящ. 100-летию со дня рожд. М.М. Герасимова. Иркутск, 2007. Т. 2. С. 293-301.

셰프코무드, 2008a, Шевкомуд И.Я. Коппинская культура и проблема перехода от неолита к палеометаллу в Нижнем Приамурье // Столетие великого АПЭ (К юбилею акад емика Алексея Павловича Окладникова). Владивосток, 2008a. С. 157-181.

셰프코무드, 2008b, Шевкомуд И.Я. Большебухтинская культура в Нижнем Приамурье // Тр адиционная культура востока Азии. Благовещенск, 2008б. Вып. V. С. 158-170.

셰프코무드 외, 2008, Шевкомуд И.Я., Фукуда М., Онуки С., Кумаки Т., Куникита Д., Конопа цкий А.К., Горшков М.В., Косицына С.Ф., Бочкарёва Е.А., Такахаси К., Морисаки К., Учида К. Исследования поселения Малая Гавань в 2007 г. в свете проблем хр онологии эпох камня и палеометалла в Нижнем Приамурье // Неолит и неолитиза ция бассейна Японского моря: человек и исторический ландшафт: Материалы м еждунар. археол. конф., посвящ. 100-летию со дня рожд. А.П. Окладникова. Вла дивосток, 2008. С. 247-253.

셰프코무드·쿠스민, 2009, Шевкомуд И.Я., Кузьмин Я.В. Хронология каменного века Нижнег о Приамурья (Дальний Восток России) // Культурная хронология и другие пробл емы в исследованиях древностей востока Азии. Хабаровск, 2009. С. 7-46.

셰프코무드·얀쉬나, 2010, Шевкомуд И.Я., Яншина О.В. Начало неолита в Приамурье: осипо вская культура // Международный симпозиум «Первоначальное освоение челове ком континентальной и островной части Северо-Восточной Азии» (Южно-Сахал инск, 18-25 сентября 2010 г.): Сб. науч. ст. Южно-Сахалинск, 2010. С. 118-134.

셰프코무드, 2012, Шевкомуд И.Я. Ихтиоморфные ретушированные изображения осиповско
й культуры начального неолита Приамурья // Дальневосточно-сибирские древн
ости: Сб. науч. трудов, посвящ. 70-летию со дня рожд. В.Е. Медведева. Новосиб
ирск, 2012. С. 116-121.

셰프코무드·얀쉬나, 2012, Шевкомуд И.Я., Яншина О.В. Начало неолита в Приамурье: посел
ение Гончарка-1. СПб.: МАЭ РАН, 2012. 270 с.

예르튜코프, 1990, Эртюков В.И. Усть-мильская культура эпохи бронзы Якутии. М.: Наука,
1990. 150 с.

얀쉬나, 2009, Яншина О.В. Керамический комплекс раннего железного века поселения в
пади Большой Дурал // Культурная хронология и другие проблемы в исследован
иях древностей востока Азии. Хабаровск, 2009. С. 193-198.

얀쉬나, 2010, Яншина О.В. Поселение Желтый Яр: к проблеме соотношения польцевских
и ольгинских памятников // Приоткрывая завесу тысячелетий: К 80-летию Ж.В.
Андреевой. Владивосток, 2010. С. 259-272.

얀쉬나, 2012, Яншина О.В. Эпоха палеометалла в Приамурье: проблемы и перспективы ис
следований // Российский археологический ежегодник. СПб., 2013. № 3. С. 289-
337.

Imamura K. Prehistoric Japan. New perspectives on Insular East Asia. London: UCL Press,
1996. 238 p.

Okladnikov A.P. Ancient Art of the Amur Region. Leningrad: "Avrora" Publishers, 1981. 160
p.

The Treasures of a Nation. China's Cultural Heritage, 1949-1999. Descovery, Preservation
and Protection. Beijing: Morning Glory Publishers, 1999. 328 p.

일본어
大貫靜雄, 2009, 挹婁の考古學, 國立歷史民俗博物館研究報告 151集.

Памятники Осёродоба и Осёро-5: В 5 т. Саппоро: Хоккайдо майсо бункадзай сэнта,
1989. Яп. яз.

長沼正樹·Shevkomud, I. Ya.·Gorshkov, M. V.·Kositsyna, S.F.·村上 昇·松本 拓 2005「ノヴォト
ロイツコエ 10遺跡發掘調査槪報」,『北海道旧石器文化研究』10:117-124.

內田和典, I. Shevkomud, 國木田大, M. Gorshukov, S. Koshitsyna, E. Bochkaryova, 松本拓, 山田
昌久, 今井千穂, 2009, 2008年度バガロツコエ24遺跡の考古學調査, 第10回北アジア調査研究報
告會.

연해주의 신석기시대와
고금속기시대 인간형상물

가르코빅(Гарковик А.В.)

서론

연해주의 고고자료 가운데는 후기구석기시대부터 신석기시대, 청동기시대까지 고대사
회의 정신세계를 보여주는 유물이 있다. 바로 석제나 토제로 만들어진 소형의 표현물인
데, 동물형, 인간형 등 여러 가지 형태로 나타난다. 유기질제로 제작된 것은 확인된 예가
없는데, 연해주에서 토양의 특성상 유기질제는 특정한 환경이 아니면 보존되기 어렵다.

특히 인간형상물은 구석기시대부터 고대 인간을 주제로 예술작품의 하나이다. 연해주
에서 출토되는 인간형상물은 그렇게 많지 않은데, 머리부터 몸까지 모두 표현한 전신상
과 얼굴만 표현된 것이 있다. 후자의 유물은 '얼굴(личина)'이라고 하는데 이것은 예전
의 러시아어로 마스크라고 하면 이해하기 쉬울 것이다.

1. 연해주에서 출토된 인간형싱물

연해주에서는 신석기시대 전 기간과 이른 고금속기시대[01]에 고고학유적에서 인간형
상물이 출토되고 있다. 그 형식은 독립적인 개체인 것과 토기에 부착되거나 시문되어

---

01 청동기시대.

문양 요소인 것과 석제로서 크기가 대형인 것으로 구분할 수 있다(그림 1: 3, 그림 2: 1~3·5). 연해주의 후기구석기시대 유적(13000~8000B.P.)으로 세석인문화로 확인된 셰클라예보-6 유적에서는 2개의 석제품이 확인되었다(코노넨코 1997; 쿠즈네초프 1992). 납작한 자갈돌에 새겨진 마스크는 쪼기와 침선하기 기법으로 새겨진 것이다(그림 1: 1~2).

신석기시대 중기에 해당되는 세르게예프카-1 유적과 베트카-2 유적에서는 인간형상물이 2개 출토되었다. 세르게예프카-1 유적에서는 머리가 제거된 채로 출토되었는데, 납작한 가슴과 손과 발을 벌려서 표현된 것이다. 이 토우는 무릎을 꿇고 앉아 있는 여자를 표현했는데 간략하게 표현된 여성의 성기와 배꼽으로 보아서 여성[02]으로 판단된다고 한다(바타르쉐프 2009, pp.50·150). 베트카-2 유적에서 출토된 토기에는 토기의 문양으로서 사람형상물이 시문되었다(그림 2: 1). 문양대의 가장 아래에 단치구로 찍어서 사람을 표현하였다. 머리와 몸통은 쭉 이어진 기둥모양이고 손과 다리는 양쪽으로 벌리고 있다. 이 문양은 가까이 여러 개가 연 이어 표현되었는데 마치 어깨를 맞대고 춤추는 것을 그린 것이 아닐까?(모레바 외 2008, pp.137·158).

신석기 후기 유적에서 출토되는 인간형상물은 앞 선 시기의 것보다 수량도 적고 표현방법도 다르다. 보골류보프카-1 유적(3890±60B.P.)에서는 석제품이 출토되었다. 장방형의 사암제를 이용하였는데, 장방형 입면체의 두 면에 쪼기와 긁기 기법으로 얼굴을 표현하였다(가르코빅 2008).

토제로 제작된 것 중에는 평면형태가 둥글고 단면이 납작한 마스크형도 있다. 노보셀리쉐-4(3840±70B.P.) 유적에서 출토된 조형의 마스크형 제품이다. 단면은 한쪽 면은 둥글게 부푼형태로, 평면형태는 둥글다(그림 1: 4). 눈과 입은 구멍을 뚫어 표현하였고 코는 수직으로 그은 것이다. 마스크형 토우는 양면으로 야누스 형인데, 얼굴의 가장자리는 둥근 점토띠가 둘러져 있고, 그 상단은 침선으로 새겨져 있는데, 이것은 겨울 옷을 입은 것을 표현 한 것으로 보인다(클류예프 2000, pp.37~38). 시니가이 A유적에서도 토제의 인간형상품이 출토된 바가 있는데(브로댠스키 2002, pp.77~78), 평면형태는 타

---

02 역자 주. 역자도 토우에 대해서 분석한 바(김재윤 2008) 있는데, 동북아시아에서 출토된 여성형 토우는 대부분 가슴을 강조하고, 남성형은 남자의 성기가 강조되는데, 아무르강 하류와 연해주에서 출토되는 인물형 전신상은 대부분 가슴이 납작하게 표현되어 여성상으로 보기 힘들다. 또한 세르게예프카-1 출토품(그림 2: 5)도 '무릎' 사이의 여성 성기를 간략하게 표현했다고 하나 확실하게 보이지 않는다. 이 지역의 전신상인물형토우는 무성으로 표현되었을 가능성이 높다.

원형이며 한쪽 면에는 눈과 입이 침선으로 표현되었는데, 입은 입꼬리가 내려간 부채꼴 모양이다. 발렌틴 페레쉭 유적(4900±200B.P.; 4500±120B.P.)에서는 토기표면에 인간형상물이 부착되었다. 머리와 손은 길쭉한 삼각형이며, 몸통은 불룩하게 표현되었고, 다리는 벌어져 있다(그림 1: 3). 얼굴의 자세한 표현은 없었고, 옷도 표현되지 못했다. 토제형상물의 하단에는 토기에 부착한 뒤 찍어서 누른 치구의 흔적이 남아 있다(가르코빅 1987, p.149).

연해주의 고금속기시대 유적(리도프카 문화)에서는 작은 인간형상물이 출토된다(댜코프 1989). 전체적으로 십자가 모양인데, 양팔은 짧지만 뻗고 있고, 다리는 표현되지 않았다. 동체부는 아래로 갈수록 약간 줄어들고, 가장 끝처리는 둥글고 세울 수 있게 하였다. 머리는 타원형인데 중앙이 약간 들어갔으며 얼굴 중앙에는 구멍이 있다(그림 2: 2~3). 얼굴의 중앙부분이 들어간 특성상 얼굴과 몸통을 따로 제작해서 붙였을 것이라고 유적의 발굴자는 보았다(댜코프 외 1983; 댜코프 1989, 표 15).

연해주의 에피스타피 만에 위치한 유적에서 출토된 것으로 화강암제로 제작된 대형의 장방형 석제품도 있다. 이 유물은 바다와 가까운 곳에서 확인되었는데, 장방형의 두꺼운 석제로 3개의 홈이 파여져 있는데, 부분적으로 얼굴을 형상화 한 것으로 보인다(그림 2: 6).

상기한 인간형상물은 두 개의 그룹으로 나눌 수 있는데, 한 개는 마스크형(그림 1: 1~2·4~5, 그림 2: 4·6)으로, 석제품과 토제품이 있는데, 편평한 것과 불룩한 것으로 구분되며, 한면만 이용할 수 있는 것과 양면을 이용할 수 있는 것으로 나눠진다. 두 번째는 인간형상물 중 납작한 것, 부착된 것, 독립적인 전신형으로 제작되었다(그림 1: 3, 그림 2: 1~3·5). 그런데 흥미로운 것은 얼굴 중앙이 움푹 들어간 토제품(리도프카 문화 출토품)을 제외하고는 전형화되고 표준적인 토우가 출토되지 않는다는 점이다.

연해주 인간형상물의 특징은 성의 특징이 표현되지 않는다는 점인데, 마스크형이나 마스크형을 흉내 낸 얼굴을 단순화 한 것도 성이 표현되지 않았다고 볼 수 있다. 이것은 자연의 힘과 자연의 수호신을 형상화 한 것으로 집과 노지를 형상화 했다고 할 수 있다. 아마도 이 토제품으로부터 고대 신화의 특성을 추정할 수 있을 지도 모른다. 보호와 생산목적 혹은 생업활동의 성공이나 치료의 목적으로 제작되었을 것이다.

에프스타피 만의 해안가에서 출토된 석제 마스크형물과 노보셀리쉐-4 유적에서 출토된 메달 모양의 마스크형 유물에서 좀 더 이러한 특징이 드러난다. 에피스타피 만 출토품으로 알려진 유물은 바다와 아주 가까운 곳에서 출토되었는데, 바다와 땅과 같은 자연의 힘을 상징화 했을 것이다. 현재 에피스타피 만 부근에는 25개의 고고유적이 알려져 있는

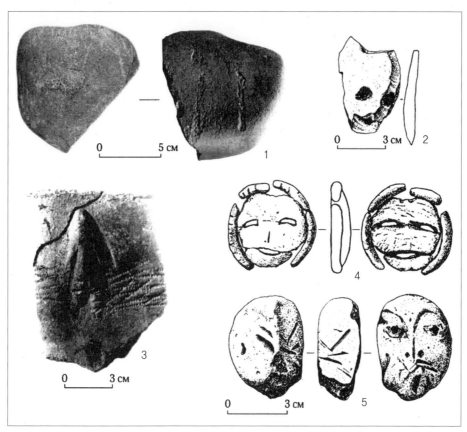

연해주의 인간형상물(1∼2-세클라예보-6, 3-발렌틴 베레쉭, 4-노보셀리쉐-4, 5-시니가이 A)
1∼2-석제품, 3∼5-토제품

데, 그 중 한 곳은 대지와 바다의 힘을 품은 제사 유적이 있을 가능성이 있고, 이 유물은 그곳과 아주 가까운 곳에서 출토되었을 것이다.

양면 마스크형 유물은 아마도 큰 제사유구의 일부분으로 시간의 흐름을 표현한 연주기율의 상징일 수도 있다. 아마도 태양과 달 숭배의 존재를 그대로 표현해서 태양과 달을 그대로 양면으로 표현했을 수도 있다.

시니가이 A유적과 보골류보프카-1 유적 마스크형 인물상과 세르게예프카-1 유적에서 출토된 토우는 집을 보호하는 수호신을 형상화 한 것이다.

토기 벽에 붙은 인물형 토우는 성공적인 해양어업을 기리며 제작된 것이다. 베트카-2 유적에서 출토된 토기의 어깨를 붙이고 춤을 추고 있는 모습을 형상화 한 것과 같은 표현

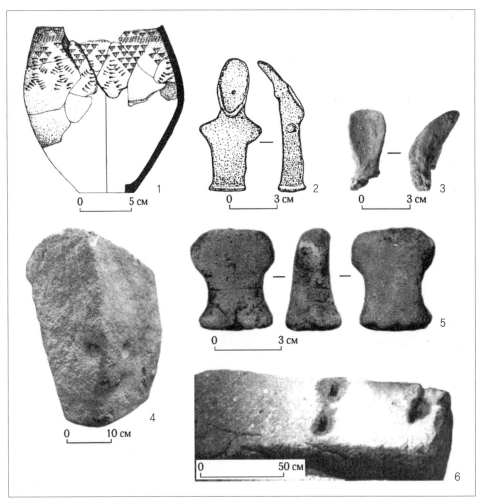

그림 2 연해주에서 출토된 사람 문양과 인간형 토우(1-베트카-2, 2-리도프카-1, 3-에프스타피-1,
4-보골류보프카-1, 5-세르게예프카-1, 6-에프스타피)
1~3·5-토제품, 4·6-석제품

은 불에 대한 여성의 종교의식일 수도 있다. 왜냐하면 사할린에는 8~10세기 사이에 우일트라고 하는 이런 종교행위가 있었다고 한다(미소노바 2011, p.120). 프로미슬로보예-2(Промысловое-2) 유적과 베르흐냐 사노사바(Верхняя Санносава) 유적에서는 춤을 추는 행위가 그려진 토기 편이 출토되었고, 19세기 말~20세기 초반의 민족지 자료로 알려졌다(미소노바 2011, pp.124~125). 베트카-2 출토 토기의 문양대 아래쪽에 표현된 인간형상물은 삼각형 도장으로 찍혀진 것으로 여성을 상징화 했을 가능성이 높다.

토제로 제작된 인간형상물 중 얼굴중앙이 푹 꺼진 타원형 제품은 치료를 위한 것일 수도 있다. 이것은 중앙이 꺼진 얼굴을 표현한 것과 관련되어 있다(크레이노비치 2001, p.164). 아마도 니히브의 샤먼은 병으로부터 보호하기 위해서 집의 우상물처럼 새워놓은 것과 아주 유사한 역할을 했을 것이다. 목우는 소중하게 여겨지고, 음식도 먹였지만 그러나 만약 이 목우를 상징하는 사람이 죽으면 깨버리거나 버렸다(디코프 1983, pp.51~52; 크레이노비치 2001, p.380).

2. 바이칼 유역의 신석기시대-고금속기시대의 고고자료로 확인되는 인간형상물

인간형상물은 태평양 연안 지역인 아무르강 하류, 일본 열도, 북동아시아(추코트, 캄챠트카), 한반도, 미대륙의 북부지역에 잘 알려져 있다(디코프 1971; 디코프 1989; 크리크 2000; 콘다르텐코 1990; 몰로딘·솔로뵤바 2008; 오클라드니코프 1971; 오클라드니코바 1979).

오클라드니코프 선생이 발견하고 조사한 암각화로 잘 알려진 사카치 알리안 암각화의 중요한 주제 중에 하나가 인간의 얼굴이다.

사차키 알리안의 암각화에 그려진 사람의 얼굴은 마스크형으로서 옷이 입혀진 모습을 표현하고 있다(오클라드니코프 1971). 사카치 알리안의 마스크형 암각화를 연해주의 인간형상물과 비교하면 몇 가지가 서로 유사하다는 사실을 알 수 있다. 암각화나 석제에 표현할 시 쪼기 기법을 사용했다는 것과 큰 돌 위에 표현했다는 점이다.

아무르강 하류에서 출토된 작은 석제 인간형상물이 좀 더 유사해 보인다. 수추 섬의 주거지에서는 인물형상물로 보이는 작은 크기의 석편이 출토되었다. 수추섬의 주거지에서 타원형의 석우가 출토되었는데, 시니가이의 것과 유사하다(오클라드니코프 1981, 표 16). 두 유물은 눈이 쭉 찢어지게 표현되었다는 점에서 몽골로이드의 특징이 잘 드러난다. 수추섬 유적의 주거지 출토품과 콘돈 출토품의 여성형(아마도) 토우도 몽골로이드의 특성이 잘 표현되었다(오클라드니코프 1981, 표 26~27).

콘돈 유적에서 출토된 유물은 머리가 길쭉하게 표현되었다는 점이 차이가 있다. 이점은 앞서 언급한 연해주에서 출토된 토우 중 얼굴이 타원형이고 중앙이 들어간 유물과 유사하다고 할 수 있다. 그런데 이러한 유물은 극동의 남부지역과 한반도에서 좀 더 특징적이라는 분석이 있다. 서포항 유적의 청동기시대 층에서 출토되었다고 한다(라리체프 2012, pp.172~173, 그림 36: 9~10).

　동북아시아에는 암각화가 널리 퍼져 있는 것으로 알려졌다(디코프 1971). 주로 주제가 수렵과 관련된 사람들을 표현했다고 한다(디코프 1971, pp.15~17). 특히 머리 위에 버섯 모양의 사람이 표현되어 있다(디코프 1971, pp.22~23). 이 지역의 고고학 유적에는 토우나 석우와 같이 휴대할 수 있는 예술품이 출토되곤 한다. 그 중에 가장 오래된 것은 베르흐나야 코리마에서 출토된 시베르디크 유적의 마스크형 석제품이다(크릭 2000, p.56). 캄챠트카 반도의 후기구석기문화(타린스카야 문화)에서 출토된 유물은 간접떼기 기법으로 제작된 것이다. 인간을 형상화 한 것으로 얼굴은 둥글고, 목과 어깨가 표현되어 있고, 손도 작게 표현되어 있으며, 두 다리는 뻗어 있는데 약간 작거나 크게 표현되어 있다(크릭 2000, p.54). 연해주와 아무르강 하류에서는 이런 유물은 확인된 예가 없다.

　일본의 죠몽문화에서도 작은 토우가 많이 출토되는데, 주로 여성형이 많다(몰로딘·소로뵤바 2008). 일본에서 출토되는 토우는 연해주와는 다르다. 그런데 일본열도에서 출토된 것 중에 아무르 강 하류 출토품과도 유사한 것이 있는데, 마스크형이다. 바위에 그려진 얼굴인데 독신의 남성으로 추정되며, 얼굴은 하트모양이다. 이와 유사한 유물이 보즈네세노프카 문화의 토기와 세레멘티예프카 암각화에서 확인된다(오클라드니코프 1981, pp.10·18~19, 콘다르텐코 1990, p.81). 바위에 그려진 하트모양 얼굴은 북아메리카에도 잘 알려져 있다(오클라드니코바 1979, 그림 IV: 4).

　연해주는 자연 지리적으로도 아무르강 하류, 한반도, 동북아시아, 일본열도와 접하고 있고 고대문화가 서로 관련성이 있다는 사실을 인간형상물로 설명할 수 있다. 연해주에서 출토된 상기한 인간형상물은 인접한 지역에서 출토된 예가 없어서, 점토로 제작된 토제품과의 비교를 통한 분석이 가능하다. 하지만 각각의 마스크형 제품은 각기 다른 민족을 상징하는 것으로 보인다. 하지만 기본적인 특징은 몽골로이드의 특징을 강조하는 것이다. 얼굴이 실쭉한 타원형이며 중앙이 끼진 토우는 디코프(디코프 1989, pp.164~165)에 의하면 아무르강 하류의 출토품과 유사하다. 앞서 언급한 바와 같이 서포항에서도 출토된 것과 유사하다. 아무르강 하류의 출토품과 일본 죠몽 문화의 마스크형 제품과도 유사하며, 북아메리카의 암각화로도 나타난다. 아무르강 하류로부터 뻗어나온 문화가 마치 맥박처럼 여기저기서 나타난다(오클라드니코바 1979, 표 IV: 4).

　바이칼 유역의 청동기시대 토기에는 인간형상물이 그려진 토기가 출토된다(고류노바·

노비코프 2009, pp.79~82). 연해주의 것과 가장 유사한 것은 울란 하다(Улан Хад a) 유적의 1층에서 출토된 것이다. 가로방향 4단의 문양대가 단치구로 찍어서 표현되어 있는데, 가장 아랫단에 손을 잡고 있는 인간형상물 2개가 시문되었다. 이 그림도 문양대 와 같은 시문도구로 찍은 것이다. 동체부와 머리는 일직선이고 4개의 수직선으로 인간형 상물이 표현되어 있다. 손을 잡은 것이 그려진 다른 토기는 하다라타(Хадарата) Ⅳ 무 덤에서 출토된 것이다. 인간형상물은 토기의 중앙에 둥글게 춤을 추는 것으로 그려졌다. 토우의 머리는 능형이며, 동체부는 거꾸로 된 이등변 삼각형 모양이다. 플로트비세(Пло тбище) 유적에서도 인간이 그려진 토기가 출토되었다. 토기의 구연부 아래에 2줄의 진 주알 문양이 돌아가고 그 아래에 수직방향으로 사람의 도안이 동체부에 4개 그려져 있는 데 'Y'자 모양으로 머리가 2개의 짧은 직선으로 표현되어 있고 다리는 짧게 갈라져 있다 (고류노바·노비코프 2009, 그림 2: 5~8, 그림 3, 그림 4).

결론

연해주에서 출토된 인간형상물은 현재는 출토 수량이 적지만 아직 다 밝혀지지는 않았 다고 할 수 있다. 그러나 이것의 존재 자체는 조상 숭배에 대한 고대 사회의 제사활동 발 전을 이야기 할 수 있다고 할 수 있다. 특히 마스크형이나 전신형 토우는 집을 수호할 뿐 만 아니라 그곳에 사는 사람도 보호하는 의미일 수 있다. 몇몇 유물은 태양과 달 숭배의 증거로도 볼 수 있다. 토기에 새겨진 사람은 생업활동의 성공과 불 숭배와 조상 숭배와도 관련 있을 수 있다.

연해주의 인간형상물은 아무르강 하류, 동북아시아와 일본 출토품과도 유사한데 이것 은 연해주와 인접한 태평양 지역에서 문화의 유사성이 반영되었다고 볼 수 있다. 뿐만 아 니라 바이칼 유역과 시베리아와도 관련성이 있어 보인다.

샤먼을 돕는 사람 혹은 인간 수호자 등으로 마스크형이나 전신형 토우 등 다양한 영혼 의 형상물에 대한 전통은 현재 시베리아 동부나 태평양 북동부 지방의 원주민들에게 그대 로 보존되어 샤먼이 의식을 행할 때 그대로 사용된다. 부랴트 족의 '에호르(exop)', 야쿠 트 족의 '이시아흐(ысыах)'라는 대규모 숭배의 춤은 오늘날까지도 전해진다.

참고 문헌

바타르쉐프, 2009, Батаршев С.В. Руднинская археологическая культура в Приморье. Вла
дивосток: ООО ≪Рея≫, 2009. 200 с.

브로댠스키, 2002, Бродянский Д.Л. Искусство древнего Приморья. Владивосток: Изд-во Д
альневост. ун-та, 2002. 220 с.

안드리예바 외, 1987, Валентин-перешеек-поселок древних рудокопов / Ж.В. Андреева,
А.В. Гарковик, И.С. Жущиховская, Н.А. Кононенко. М.: Наука, 1987. 248 с.

가르코빅, 2008, Гарковик А.В. Боголюбовка 1-памятник позднего неолита Приморья // Ок
но в неведомый мир. Новосибирск, 2008. С. 131-139.

고류노바, 노비코프, 2009, Горюнова О.И., Новиков А.Г. Антропоморфная, зооморфная и со
лярная символика на сосудах бронзового века Прибайкалья //Археология, этно
графия и антропология Евразии. 2009. № 4. С. 76-82.

디코프, 1971, Диков Н.Н. Наскальные загадки древней Чукотки (Петроглифы Пегтымеля).
М.: Наука, 1971. 131 с.

디코프·브로댠스키·댜코프, 1983, Диков Н.Н.. Бродянский Д.Л., Дьяков В.И. Древние культу
ры тихоокеанского побережья СССР. Учебное пособие. Владивосток: Изд-во Да
льневост. ун-та, 1983. 114 с.

댜코프, 1989, Дьяков В.И. Приморье в эпоху бронзы. Владивосток: Изд-во Дальневост. у
н-та, 1989. 296 с.

키략, 2000, Кирьяк М.А. (Дикова). Древнее искусство Севера Дальнего Востока как ист
орический источник (каменный век). Магадан: СВКНИИ ДВО РАН, 2000. 290 с.

클류예프, 2000, Клюев Н.А. Миниатюрная маска-личина эпохи позднего неолита из Примо
рья.// Маска сквозь призму психологии и культурологи: Материалы Дальневост.
науч.-практ. конф. Владивосток, 2000. С. 37-38 .

크레이노비치, 2001, Крейнович Е.А. Нивхгу. Южно-Сахалинск: Сахалинское кн. изд-во,
2001. 520 с.

콘드라텐코, 1990, Кондратенко А.П. К вопросу об антропоморфных личинах в керамике к
ультуры дземон // Семантика древних образов. Новосибирск, 1990. С. 80-82.

쿠즈네초프, 1992, Кузнецов А.М. Поздний палеолит Приморья. Владивосток: Изд-во Дальн
евост. ун-та, 1992. 235с.

라리체프, 2012, Ларичев В.Е. Путешествие археолога в страну утренней свежести. Новос
ибирск: Изд-во Ин-та археологии и этнографии СО РАН, 2012. 233 с.

미소노바, 2011, Миссонова Л.И. Сакральное пространство и искусство его изображения в этнической культуре Северной Азии: артефакты Сахалина // Археология, этнография и антропология Евразии. 2011. № 4. С. 119-129.

몰로딘·소로비예바, 2008, Молодин В.И., Соловьева Е.А. К вопросу об обрядовой практике использования антропоморфной пластики в Японии (дземон) и Америке (Вальдивия) // Неолит и неолитизация бассейна Японского моря: человек и исторический ландшафт: Материалы междунар. археол. конф., посвящ. 100-летию со дня рожд. А.П. Окладникова. Владивосток, 2008. С.126-130.

모레바·바타르쉐프·포포프, 2008, Морева О.Л., Батаршев С.В, Попов А.Н. Керамический комплекс эпохи неолита с многослойного памятника Ветка-2 (Приморье) // Неолит и неолитизация бассейна Японского моря: человек и исторический ландшафт: Материалы междунар. археол. конф., посвящ. 100-летию со дня рожд. А.П. Окладникова. Владивосток, 2008. С.131-160.

오클라드니코프, 1971, Окладников А.П. Петроглифы Нижнего Амура. Л.: Наука, 1971. 336 с.

오클라드니코바, 1979, Окладникова Е.А. Загадочные личины Азии и Америки. Новосибирск: Наука, 1979. 168 с.

코노넨코, 1997, Kononenko N.A. Some Problems of Cultural Contacts in the Late Pleistocene – Early Holocene of Eastern Asia // The 2ndInternationalSymposium:SuyanggaeandHerNeighbours.Tanyan, Korea, 1997. P. 59-73.

오클라드니코프, 1981, Okladnikov A.P. Ancient Art of the Amur Region: Rock Drawings, Sculpture, Pottery. Leningrad: Aurora, 1981. 160 p.

연해주 동북부 영동지역 청동기시대 테튜헤 유형의 기원과 문화접촉에 대한 연구

시도렌코(Сидоренко Е.В.)

서론

연해주의 시호테알린산맥을 경계로 한 영동(嶺東)지역에는 1970년대 댜코프 박사가 처음으로 밝힌 청동기시대 리도프카 문화(лидовская культура)(댜코프 1989)의 유적들이 존재한다. 그 뒤에 여러 지역 유형으로 나눌 수 있었는데(댜코프 1999; 시도렌코 2007), 그 중 하나가 테튜헤[01] 유형이다. 1999년 테튜헤(тетюхе) 유형은 리도프카 문화에서 처음으로 구분되었는데, 루드나야 프리스턴(Рудная Пристань) 유적과 보도라즈젤나야(Водораздельная) 유적(댜코프 1999, pp.39~43)을 기본으로 하였다. 쿠루피얀코가 제르칼나야강 유역에서 수보로보-6(Суворово-6) 유적을 발굴조사하고, 이 유물을 관찰한 얀쉬나가 수보로보 유형으로 분리하였다(얀쉬나 2004). 처음에는 리도프카 문화에 속하는 것으로 보았지만(쿠루피얀코·얀쉬나 1993), 루드나야 프리스턴 유적과 보도라즈젤나야 유적과 함께 이 유적을 리도프카 문화에서 분리하였다(쿠루피

---

01 역자 주. 연해주는 1860년 베이징 조약 이후 러시아의 영토가 되었다. 그 이전까지 주로 중국지명이 대체적이고 일부는 한국지명도 남아 있었다. 그러나 1965~1972년에 러시아과학아카데미 극동분소에서 아무르강 하류부터 연해주까지 대부분의 지명을 러시아 명으로 개명하여서 현재는 거의 러시아명화 되었다(솔로비예프 1975).

솔로비예프, 1975, Соловьев ф.В. Словарь китайских тононимов на территории совет ского дал него востока

얀코·얀쉬나 2002).

　필자는 본고에서 이 유형을 '테튜헤'로 규정하고 리도프카 문화의 지역적 유형으로 보고자 한다.

1. 테튜헤 유형에 대한 연구성과

1) 분포범위

　테튜헤 유형은 연해주의 영동지역인 동부 중에서 비교적 남쪽에 위치하는데, 현재 자료로 이 유형의 남쪽경계는 제르칼나야(Зеркальная)강 주변과 북쪽 경계는 드지기토

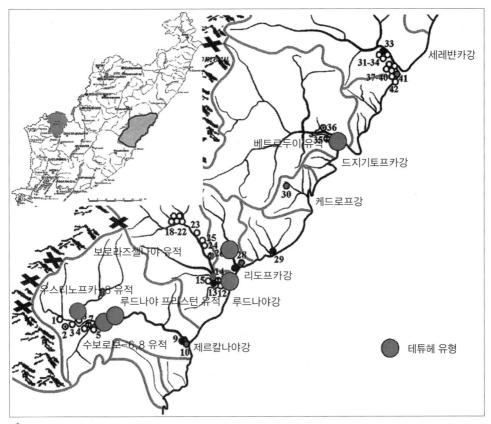

| 그림 1　　테튜헤 유형의 유적 분포도

프카(Джигитовка)강 유역이 있는데, 현재 6개의 유적이 알려져 있다. 제르칼나야강 유역에는 수보로보-6 유적, 수보로보-8 유적, 우스터노프카-8(Устиновка-8) 유적이 있으며, 루드나야강 유역에는 루드나야 프리스턴, 보도라즈젤나야 유적, 드지기토프카강에는 베트로두이(Ветродуй) 유적이 있다(그림 1). 보고서를 참고하면, 유적마다 그 내용과 분석에 차이가 있다. 루드나야 프리스턴과 베트로두이 유적은 취락유적으로 단일 유형에 속한다. 루드나야 프리스턴은 유적 전체에서 140㎡를 발굴하였는데, 큰 주거지가 확인되었다. 수보로보-6 유적에서는 지상식 주거지와 석기제작소가 발굴되었다(쿠루피얀코·얀쉬나 2002, pp.57~74). 유적에서 확인된 유물은 형식학적으로 검토되었다.

편년 및 절대연대. 루드나야 프리스턴 유적은 3개의 문화층으로 구분되는데 하층은 신석기시대로 알려졌고, 중층은 리도프카 문화층, 상층은 중세시대인 말갈문화층도 존재하며, 본 유형은 이 중간에 위치한다.

테튜헤 유형에서 절대연대가 측정된 유적은 수보로보-6 유적, 수보로보-8 유적(쿠루피얀코·타바레프 2004), 베트로두이 유적(시도렌코 2007)이 있다. 그 중 가장 이른 연대는 수보로보-6 유적에서 확인된 2개의 측정치(모두 4개가 측정되었음)인데, 대체로 기원전 11~10세기[2960±90B.P.(ГИН-7234), 2935±50B.P.(СОАН-3023)]이다. 그 외 나머지 두 개 중 한 개는 기원전 7~6세기[2540±40B.P.(AA-36623)]에 해당되며, 나머지 한 개는 기원전 5~4세기[2320±55B.P.(СОАН-3022)]에 해당된다. 하한은 베트로두이-1 유적의 화재가 있었던 1호 주거지에서 검출되었는데, 1860±40B.P.(ГИН-10217); 1780±40B.P.(ГИН-10216); 1605±30B.P.(СОАН-4413)라는 연대가 있다.

2) 유물의 특징

대튜헤 유형 토기의 특징은 구연부가 외반된 옹형기형이다. 토기 형식의 가장 큰 구분 기준은 경부이다. 경부의 구분이 거의 없는 것은 1형식, 경부가 확실한 것[02]은 2형식이

---

02 역자 주. 원문에는 암포라형 토기라고 표현되어 있다. 암포라는 고대 그리스, 로마시대의 경부와 동체부의 구분이 확실한 토기를 일컫는다. 러시아에서 자주 사용되는 용어 중에 하나이지만, 한국고고학에서 경부와 구연부가 확실히 구분되는 기형은 호형토기이다. 하지만 역자가 판단하기에는 한국고고학에서 사용되는 호형토기와는 차이가 있고(그림 3, 4), 호형토기와 옹형토기의 중간정도 기형으로 생각된다. 따라서 본

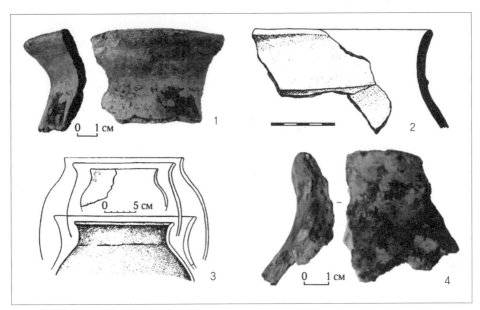

그림 2　테튜헤 유형의 토기, 옹형토기 1형식
(1~2·4-베트로두이 출토품, 3-루드나야 프리스턴 출토품)(댜코프 1989)

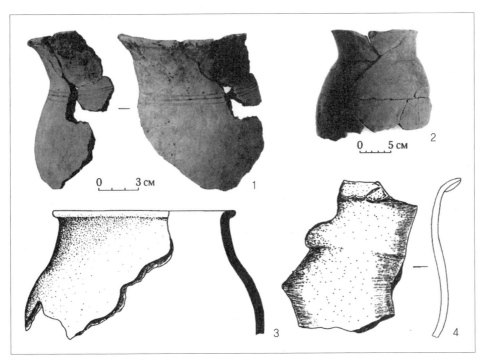

그림 3　테튜헤 유형의 토기, 옹형토기 2형식
(1~2·4-베트로두이, 3-보도라즈젤나야)(타타르니코프 1980)

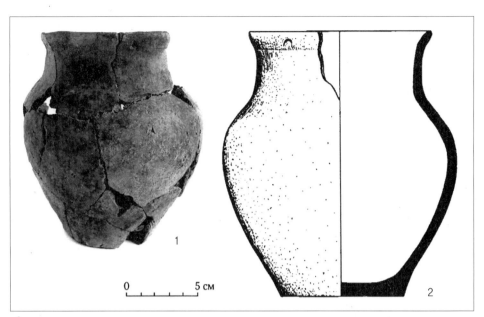

| 그림 4   테튜헤 유형의 토기. 옹형토기 2형식(1-베트로두이, 2-보도라즈젤나야)(타타르니코프 1980)

다. 구연부는 단순하게 둥글게 처리된 것과 이중구연된 것이 확인된다. 기형의 구분은 테튜헤 유형을 리도프카 문화 전체에서 구분하는 큰 기준이 된다(그림 3, 4). 토기제작에 필요한 태토에는 두 종류 크기의 혼입물이 확인된다. 최소 0.1cm와 0.2~0.3m 크기가 있고, 두꺼운 토기에는 0.4~0.6cm의 혼입물을 넣기도 한다. 토기는 권상법으로 제작되었는데, 점토 띠의 너비는 2.5~3cm이며, 점토 띠의 내면에 점토로 보강한 흔적이 남아 있다. 경부는 따로 제작해서 동체부에 부착하였는데, 부착방법에 따라서 구연부의 모양이 결정되었다. 구연부는 모두 세 가지로 구분가능한데, 단순구연, 이중구연, 외반구연이 있다(그림 5). 또한 구연부의 제작방법도 구연부의 형태마다 다른데, 구연부 외면을 가볍게 마연하는 것, 구연단 끝을 꺾어서 접어 붙인 방법, 구연단에 편평한 점토 띠를 덧 붙여서 만들 수 있다(그림 6). 점토 띠를 덧붙인 경우 점토의 너비가 넓은 것이 있고 좁은 것이 있다. 구연부에 점토를 덧붙인 그룹의 토기는 동체부가 타원형인 것이 특징이다.

토기의 저부는 외면의 가장자리에 차이가 있다(저부 단면에서 차이점이 확인된다). 토

문에서는 경부가 확실한 토기라고만 하고자 한다.

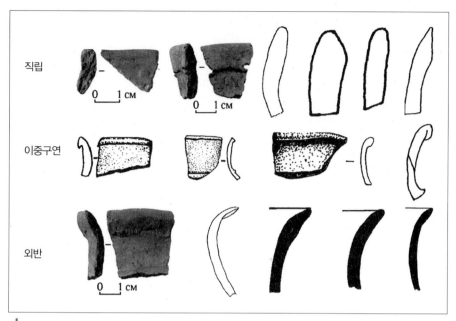

직립

이중구연

외반

| 그림 5　　테튜헤 유형의 토기 구연부편

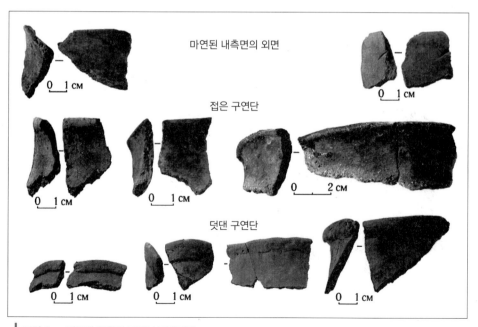

마연된 내측면의 외면

접은 구연단

덧댄 구연단

| 그림 6　　테튜헤 유형의 구연부 제작기법

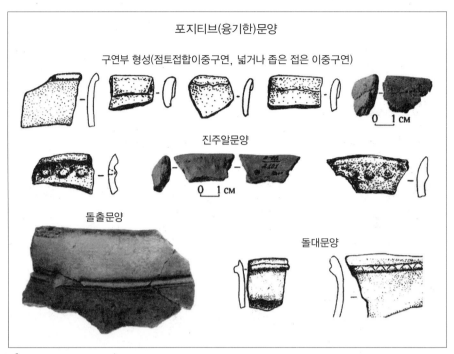

포지티브(융기한)문양

구연부 형성(점토접합이중구연, 넓거나 좁은 접은 이중구연)

진주알문양

돌출문양

돌대문양

| 그림 7   테튜헤 유형의 토기 문양(점토접합이중구연, 접은 이중구연, 진주알문양, 돌출문양, 돌대문양)

기의 동체부 하단부가 저면에 바로 붙어서 저면에서 동체부 기벽과 바로 연결되게 보이는 것이 자주 확인된다. 저면의 턱에 덧붙인 흔적이 남는 것은 토기 동체부의 기벽과 저면을 붙이고 점토를 보강하면서 생긴다. 베트로두이 유적에서 출토된 토기 가운데는 구연부에 점토띠를 덧붙이고 그 상단을 손으로 찍은(지두문)이 확인된다. 손으로 찍을 때 강약에 따라서 파상 혹은 두둑모양으로 나눌 수 있다. 토기의 정면은 액상의 점토를 덧바른 것이 있다. 토기의 표면에 덧바른 것이 많지 않기 때문에 마연이 많이 남아 있지는 않다.

문양은 돌출문양(포지티브)과 함몰문양(네가티브)으로 구분할 수 있다. 돌출문양은 구연부를 접는 이중구연이나 넓은 점토 띠를 덧붙이는 경우, 좁은 점토 띠를 덧붙이는 등 1) 구연부에 표현되는 경우가 있고, 2) 구연과 경부의 중간에 돌대를 덧붙이는 경우, 3) 구연부에 반관통된(내→외) 공열문03을 시문하는 경우, 4) 토기의 견부에 점토 띠를 덧대는 경우, 5) 돌대문양 등이 있다(그림 7). 함몰문양에는 1) 침선문, 2) 각목문, 3) 부채

---

03   역자 주. 러시아어에는 진주알문양이라고 되어 있다.

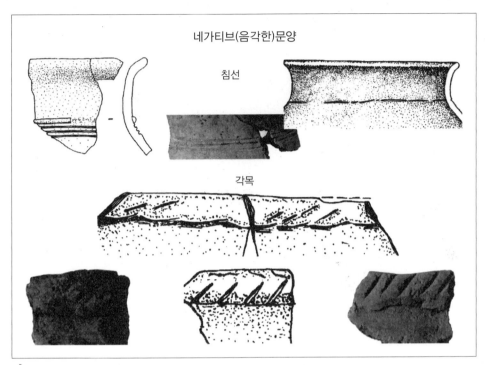

│ 그림 8   테튜헤 유형의 토기 문양(직선, 파상문)

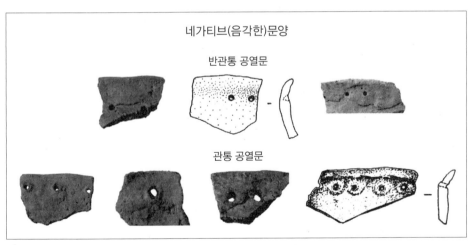

│ 그림 9   테튜헤 유형의 토기 문양(반관통문양(외→밖), 공열문양)

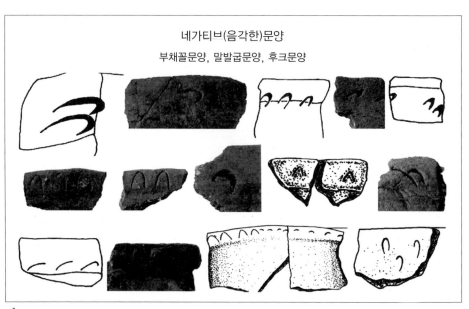

그림 10   테튜헤 유형의 토기 문양(부채꼴문양, 말발굽문양, 후크문양)

꼴문, 4) 공열문(외→내), 5) 완전관통 공열문 등이 있다. 문양은 구연부근에 시문된다. 각목, 부채꼴, 돌대문, 반관통된(내→외) 공열문과 완전 관통된 공열문, 돌대문 하단에 침선문 등이다. 또 토기의 견부와 경부, 동체부 등에 시문되기도 한다. 주로 돌대문, 평행 침선문, 유사 지두문 등이 있다. 토기의 경부와 견부에 시문되는 것이 드물다. 테튜헤 유형의 토기는 대부분 구연부 혹은 그 부근에 문양이 시문되는 경우가 많다. 또한 문양이 구연부에만 남아 있거나 무문양인 현상은 이 유형의 특징이기도 하다. 토기 가운데서 적 갈색의 토기가 자주 확인되는데, 외면 뿐만 아니라 단면도 붉은 빛이다. 이점은 산화염 소성으로 구워진 것을 증명한다.

3) 토제품

토기 이외에 토제로 제작된 것은 방추차, 인간형상물, 대롱모양 토제품, 부메랑형 토제품 등이 있다. 테튜헤 유형의 방추차는 7가지 형식으로 구분할 수 있다. 1형식-원추형, 2형식-사다리꼴, 3형식-반구형, 4형식-모자형식, 5형식-(유사)관옥형 토제품, 6형식-원구형식, 7형식-고리형식으로 구분된다(그림 11). 모자형과 반구형, 사다리형

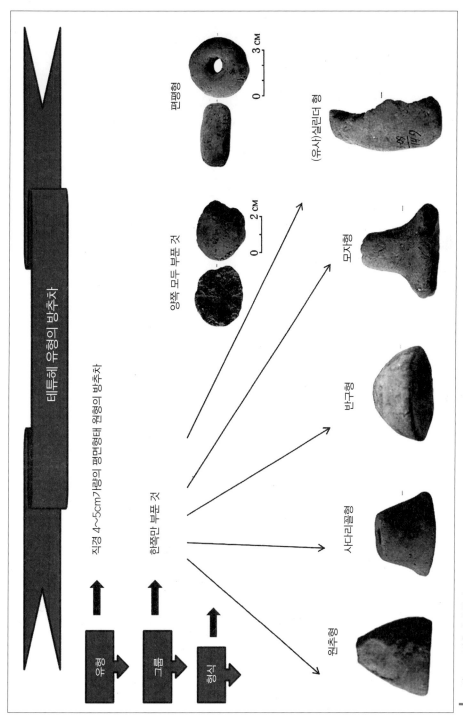

그림 11 방추차의 형식분류

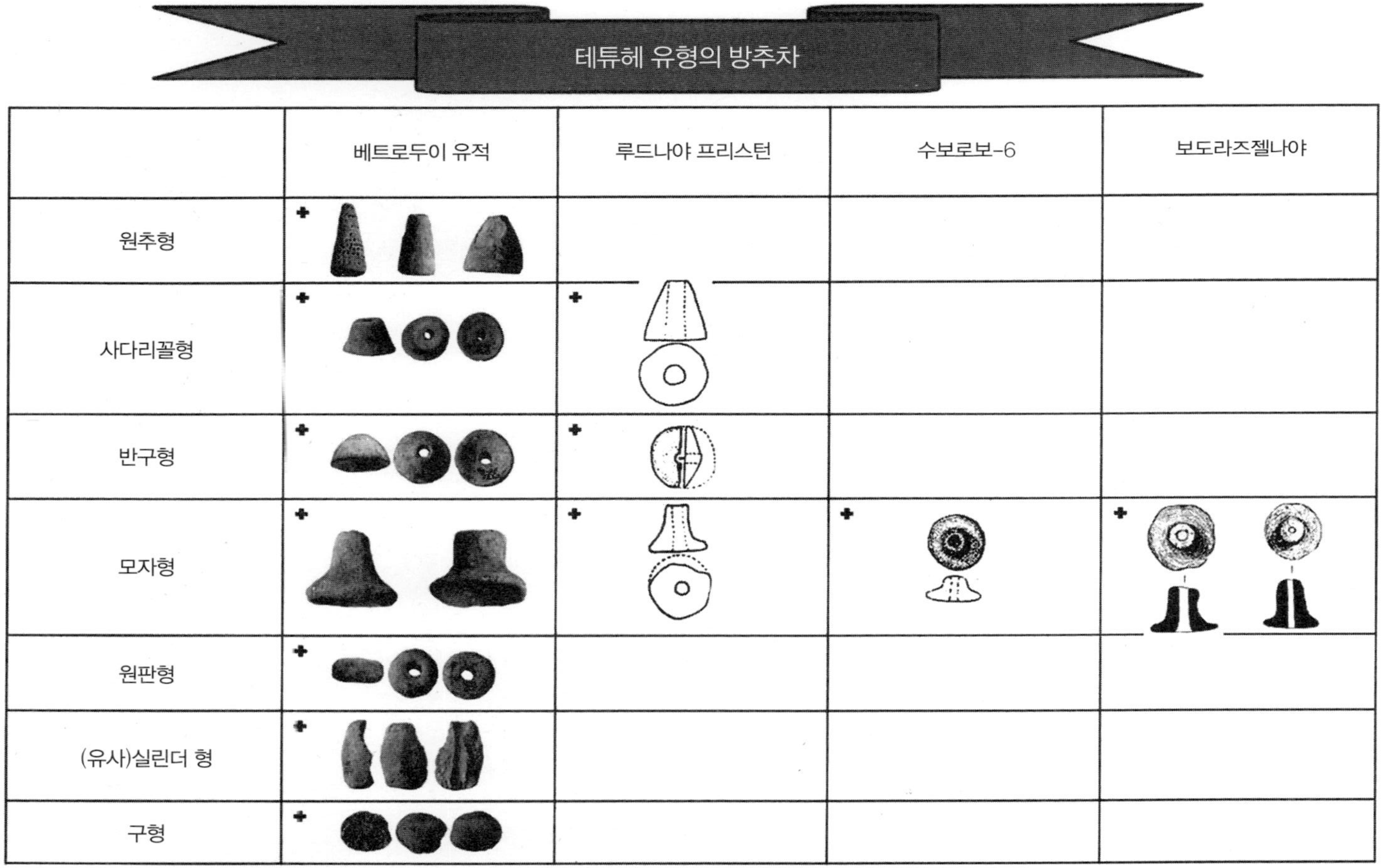

그림 12 테튜헤 유형의 방추차

방추차는 단면이 상당히 불룩 튀어 나와서 마치 '다리'처럼 되었다. 관옥형 토제품과 원추형 토제품은 외면에 문양이 남아 있다. 문양은 5개의 치가 있는 시문구로 찍은 문양 혹은 원통모양으로 찍은 둥근 문양도 있다. 베트로두이 유적에서 모든 형식의 방추차가 확인되고, 루드나야 프리스턴 유물은 3가지 형식(1~3형식)의 방추차가 확인된다. 수보로보-6 유적에서는 모자모양의 방추차(3형식) 만이 확인된다(그림 12). 방추차 외 인물형 토제품은 목부터 머리 부분이 뒤로 넘어 가게 제작된 것으로, 측면에는 움푹 들어간 눈으로 표현되었다(그림 13: 1). 베트로두이의 1호 주거지에서는 부메랑 모양의 토제품이 2점(그림 13: 2~3) 출토되었다. 납작하고 얇은 점토 띠를 구부려서 제작하였는데, 두 제품 모두 완형품이다. 대롱모양 토제품(1형식)은 베트로두이 유적에서 출토되었다.

청동제품(그림 14). 베트로두이 유적에서 출토되었는데, 펜턴트로 생각된다. 구부러진(곡옥) 모양인데, 아주 얇은 청동판으로 제작되었고, 부식이 심하다. 테튜헤 유형에서 청동제품은 잘 출토되지 않고 주로 청동검을 모방한 석검이나 석모가 출토된다.

석기는 주로 마제품 혹은 타제품 가운데서 잔손질한 것 등이 있다. 타제품으로는 석촉도 포함된다. 4가지 형식으로 나눌 수 있는데, 1형식은 평면 삼각형인 것으로 경

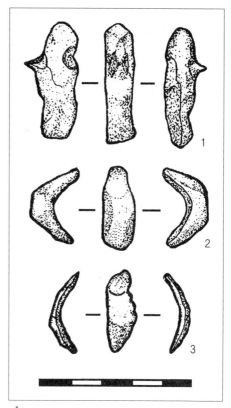

| 그림 13   테튜헤 유형의 토제품(토우, 부채꼴)

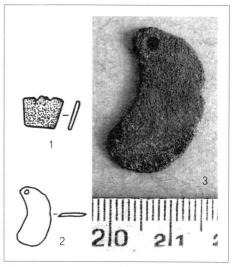

| 그림 14   테튜헤 유형의 청동제품
1-수보로보-6 유적(쿠루피얀코·얀쉬나 2002), 2~3-베트로두이 유적

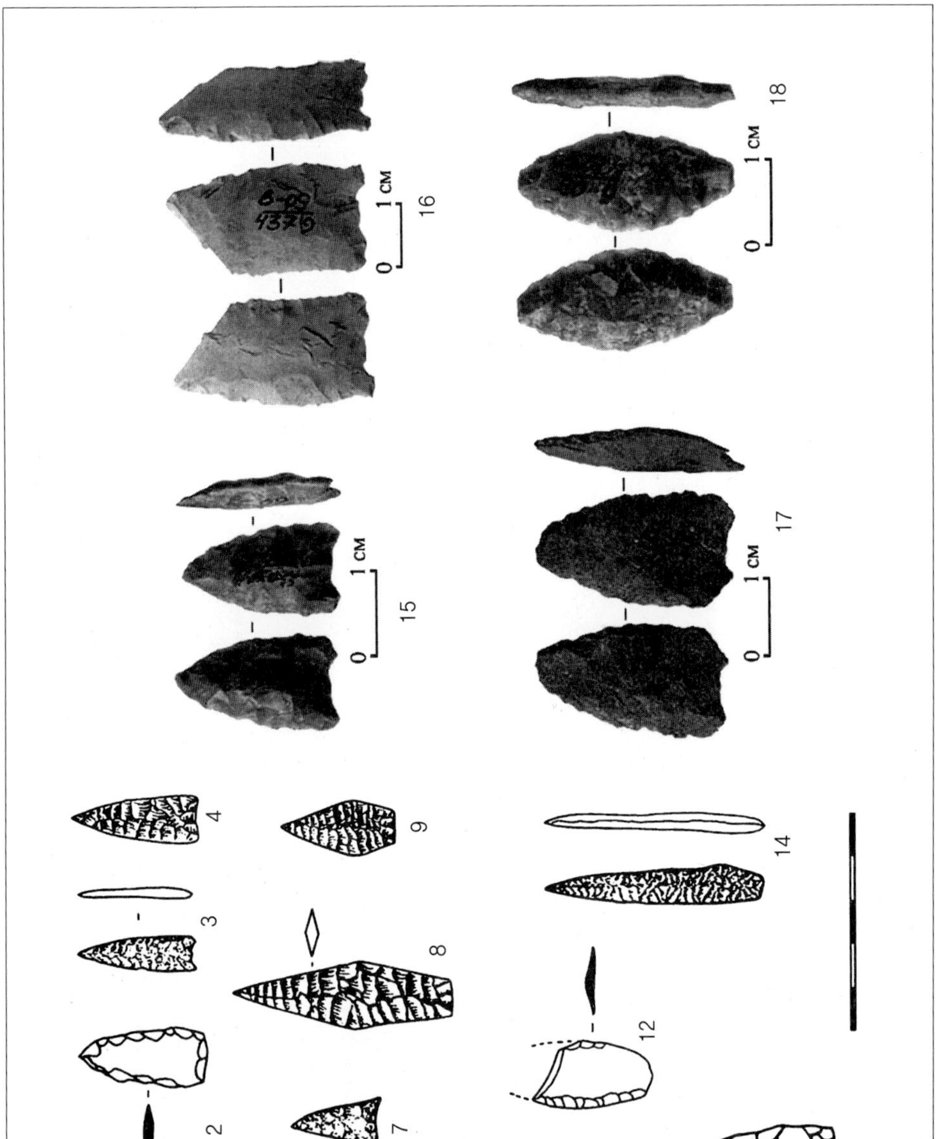

그림 15 테튜헤 유형의 타제 석촉
1~3 · 13 · 15~18-베트로두이 유적, 3 · 5~7 · 14-수보보부-6(루루피안코 · 얀쉬나 2002), 4 · 8 · 11-루드나야 프리스턴(다코프 1989)

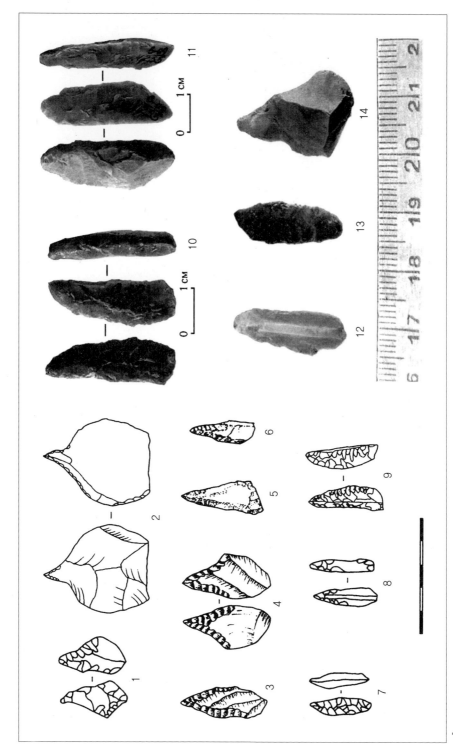

그림 16 테튜헤 유형의 뚜르개[1~2·7~14-베트로두이, 3~4-루드니야 프리스턴(다크프 1989), 5~6-수보로브-6(루루루피언코·얀쉬나 2002)]

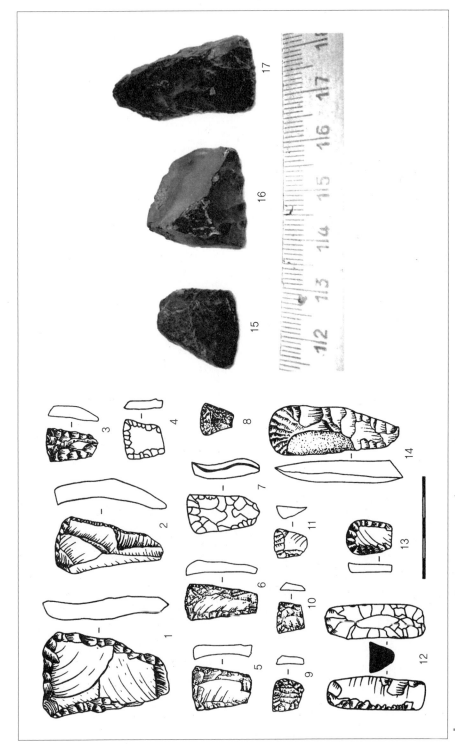

그림 17 태튜헤 유형의 긁개[1~2 · 13~14-루드나야 프리스턴[다큐프 1989]. 3 · 5~6 · 8~10-수보로보-6 유적(쿠루피언코 · 얀쉬나 2002). 4 · 7 · 11~12 · 15 · 17-베트로두이]

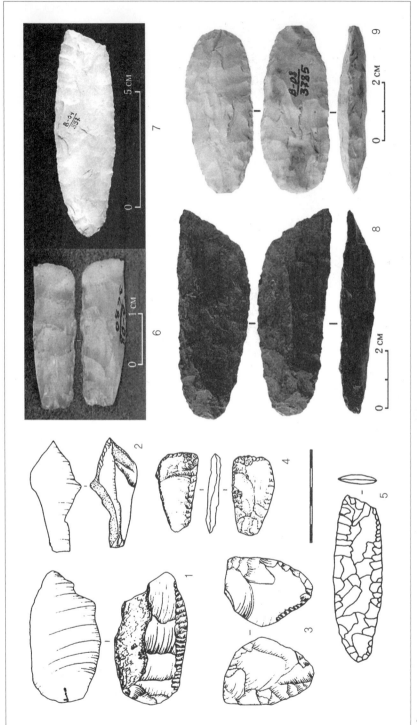

그림 18 테튜헤 유형의 자르개[1~3-루드나야 프리스턴 유적(다콥프 1989), 4-수보로보-6 유적(쿠루피얀코 · 얀시나 2002), 5~9-베트로두이 유적]

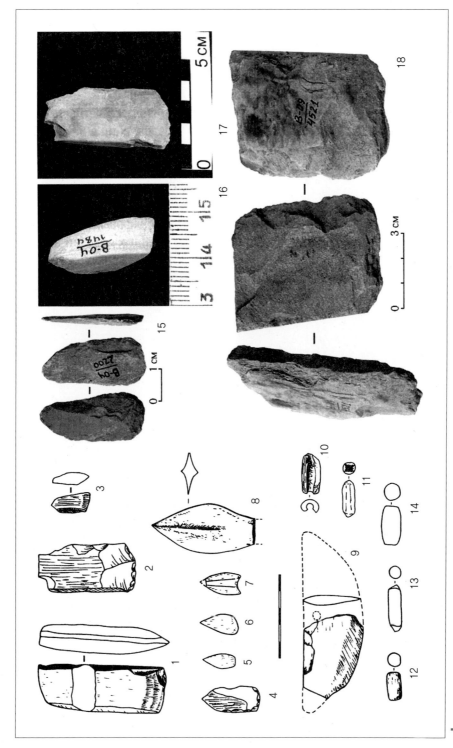

그림 19 태를해 유형의 마연석기[1·5~9-루드니아 프리스턴 유적(다코프 1989), 10-수보로브-6(쿠르피언코·안서나 2002), 2~4·11~18-베트로두이 유적]

부가 삼각형만입석촉, 2형식은 무경식석촉으로 경부가 없이 편평한 것, 3형식은 아몬드형, 4형식은 경부가 있는 월계수 잎 형이 확인되었다(그림 16). 타제로 잔손질되어 제작된 석기 중에서 뚜르개(그림 17)는 긴 박편으로 제작된 것(1형식), 두껍고 길쭉한 박편으로 제작된 것(2형식)도 있다. 긁개는 인부가 편평한 것과 둥근 것으로 크게 나눌 수 있다. 인부가 편평한 것은 평면형태가 사다리꼴이며(1형식), 인부가 둥근 것은 평면형태가 장방형 혹은 길쭉한 것으로 구분된다. 자르개는 양면석기로서 타원형의 길쭉한 평면형태에 한쪽의 작업면은 좀 더 세밀하게 가공된다(그림 18). 마연된 석기는 석촉과 석모가 있다. 석촉(그림 19: 4~7·15)은 두 가지 형식이 있는데, 무경식이며 평면이 납작한 삼각형 인 것과, 평면형태가 나뭇잎모양이며 기저부가 움푹 들어간 것이 있다. 석모는 중앙에 능이 있는 것으로 청동제품을 모방한 것으로 생각된다(그림 19: 8). 가공도구는 평면형태와 단면이 모두 방형인데, 편평석부와 석착 등이 있다(그림 19: 1~3·16~18). 석도는 인부가 대칭되게 아주 정밀하게 마연된 것이다(그림 19: 9). 관옥은 세 가지 형식(그림 19: 10~12)이 있는데 실린더모양(1형식), 원통모양(2형식), 둥근모양(3형식)으로 나눌 수 있다. 자갈돌로 만든 것은 자갈을 그대로 이용하는 것과 반으로 나누어 사용한 것이 있다. 장방형의 굴지구가 있고, 지석은 다양한 형태의 자갈모양으로 작업면을 마연할 때 사용하는 것이다. 둥글거나 타원형의 자갈로 가장 끝부분이 눌러 떼어 낸 석창, 둥글거나 납작한 자갈돌의 양 가장자리를 떼어 낸 어망추, 작업면은 편평하고, 손을 잡는 부분은 둥글게 처리된 갈돌, 편암으로 제작된 한쪽 작업면이 편평한 지석 등이 있다.

4) 테튜헤 유형 특징

테튜헤 유형의 토기는 경부가 외반된 옹형식의 토기인데, 경부가 있는 것과 경부가 없는 것으로 나누어진다. 구연부는 홑구연으로 단순히 외반하는 것과 구연단의 끝이 약간 뾰족해 지며 외반 하는 것이 있다. 홑구연 외에도 점토띠를 덧대어 이중구연화 된 것도 있다. 잔발형의 토기도 이 유형의 특징이며 대부분 무문토기이다. 그 외 토제품에는 모자모양의 방추차가 있다. 이 유형에는 청동제품도 확인된다. 석기가운데 타제방법으로 제작된 것은 긁개와 자르개가 대표적인데, 긁개는 인부와 기부면이 직선모양으로 전체 사다리꼴 모양이다. 잔손질된 자르개도 존재한다. 마제품으로는 청동제를 모방한 석모, 잔손질 된 후에 마연된 마연석기 등이 있다.

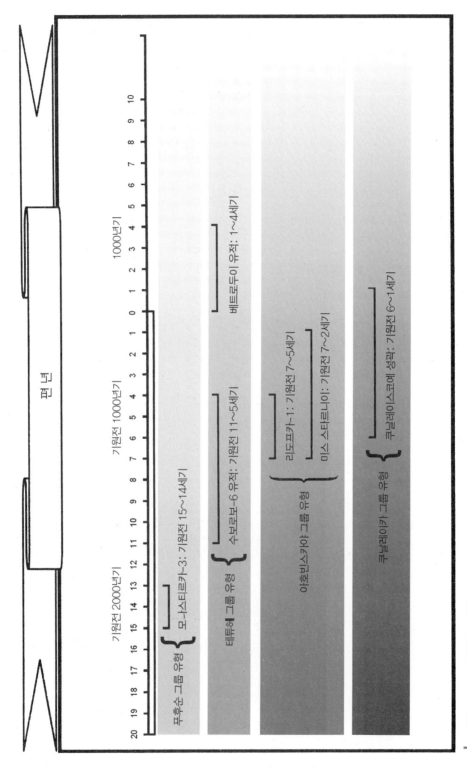

편년

기원전 2000년기 | 기원전 1000년기 | 1000년기

무후순 그룹 유형 무스티르카-3: 기원전 15~14세기

테튜헤 그룹 유형 수보로보-6 유적: 기원전 11~5세기

베트로두이 유적: 1~4세기

야후빈스카야 그룹 유형

리도프카-1: 기원전 7~5세기

미스 스티르니이: 기원전 7~2세기

쿠날레이카 그룹 유형

쿠날레이스코예 성곽: 기원전 6~1세기

그림 20 리도프카 문화의 편년

2. 테튜헤 유형의 기원

자연지리적인 분포범위는 제르칼나야강과 디지기토프카강은 테튜헤 유형의 남부와 북부경계이다. 리도프카 문화는 하바로프스크 주의 소베트스카야 가반 마을까지 연해주의 해안가를 따라서 분포하고 있다. 남쪽에서부터 북쪽으로 연구해 나가고 있지만 이 지역의 연구가 험준한 자연지리로 인해서 힘들고, 조사된 유적도 많지 않다. 이 문화의 북쪽에는 댜코프와 댜코바 부부박사가 처음으로 연구한 코핀 문화의 유물이 확인된다(댜코프·댜코바 1983). 그 곳에는 리도프카 문화의 토기가 확인된다고 하는데, 구연부가 외반하며 끝이 뾰족하게 처리되는 토기와 이중구연으로서 부채꼴 모양이 이중구연단에 시문되는 토기가 확인된다고 하는데, 테튜헤 유형의 토기이다.

테튜헤 유형의 토기를 탄소연대측정 한 결과 청동기시대로 기원전 1000년기부터 시작하는 유적이다. 이 유형의 토기는 험준한 자연환경 아래서 문화가 변하지 않고 길게 존속했을 가능성이 있다. 베트로두이-1 유적의 주거지 절대연대는 기원후 1~4세기인데, 이를 참고로 이 문화의 하한선은 대략 1000년기 전반기이다. 아주 긴 기간인데 비해서, 이 유형 내부의 편년과 기원과 관련된 상한선에 대해서는 연구된 바가 적은데 앞으로 연구할 필요성이 있다.

1) 기원

테튜헤 유형의 유적에서 관찰되는 기원과 관련된 몇 가지 문제점에 대해서 지적하고자 한다. 우선 이 유형의 기원문제는 시호테 알린 산맥 주변에서 신석기시대부터 청동기시대로 넘어가는 전환기에 대한 것과 관련되었는데, 그 연구가 너무 빈약하다. 따라서 신석기시대부터 기원하는 물질문화의 특징을 찾는데서부터 이 문제에 접근하고자 한다.

테튜헤 유형의 기원은 연해주 동부 해안가의 루드나야 프리스턴 신석기시대 문화의 유적에서 확인된다. 무엇보다도 토기의 기형의 유사성인데, 구연부가 외반하는 특징의 토기 전통은 루드나야 프리스턴 유적의 상층[04]에서부터 확인된다(그림 21). 루드나야 프리스턴에서는 원통형, 컵형, 물병형 등 다양한 토기 기형이 확인되는데, 그 중에 외반한 옹형토기도 있다(댜코프 1992, p.80 그림 10, p.83 그림 12). 동체부와 저면을 연결하면

---

04 역자 주. 루드나야 프리스턴의 신석기시대 문화층은 하층인 루드나야 문화층과 그 상층에 자이사노프카 문화층도 존재한다.

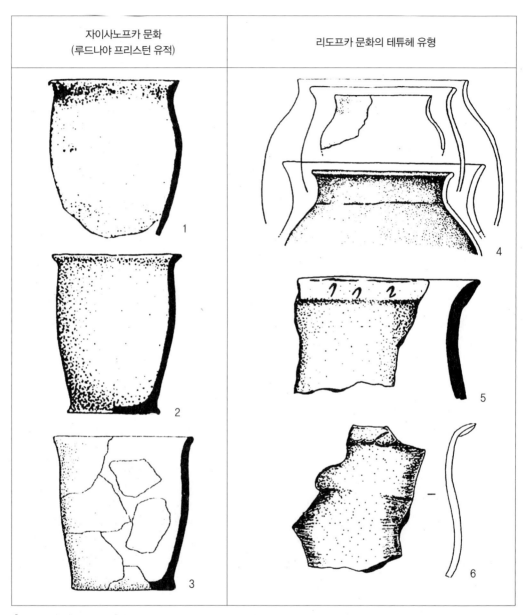

자이사노프카 문화 (루드나야 프리스턴 유적)	리도프카 문화의 테튜헤 유형

그림 21 루드나야 프리스턴 유적의 신석기 후기 유형 관련성–기형
1~3-루드나야 프리스턴 유적의 자이사노프카 유형(댜코프 1992), 4-루드나야 프리스턴 유적의 테튜헤 유형
(댜코프 1989), 5-보도라즈넬나야 유적의 테튜헤 유형(타타르니코프 1980), 6-베트로두이 유적의 테튜헤
유형

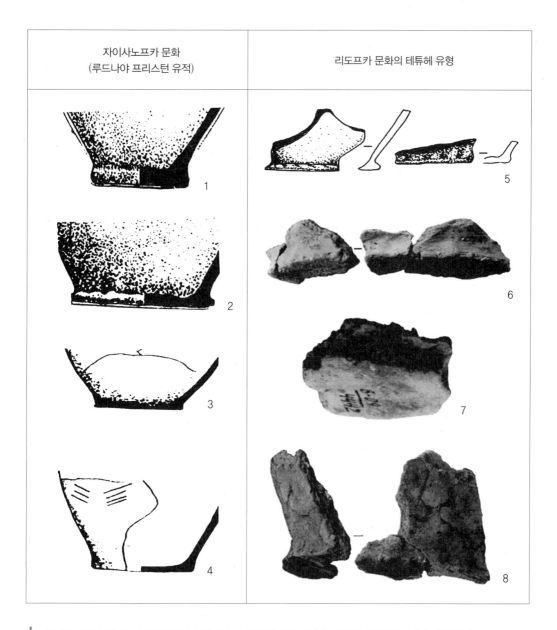

자이사노프카 문화 (루드나야 프리스턴 유적)	리도프카 문화의 테튜헤 유형

그림 22 루드나야 프리스턴 유적의 신석기 후기 유형 관련성–저면과 기벽의 접합부의 가장자리(혹은 굽).
손가락으로 누른 흔적
1~4-루드나야 프리스턴 유적의 자이사노프카 문화(댜코프 1992), 5~8-베트로두이 유적의 테튜헤 유형

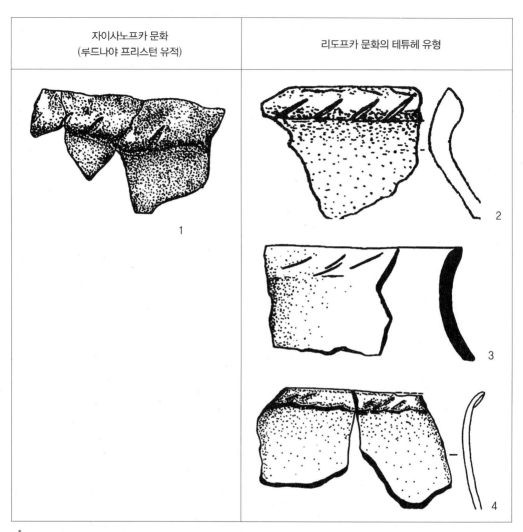

자이사노프카 문화 (루드나야 프리스턴 유적)	리도프카 문화의 테튜헤 유형

그림 23　루드나야 프리스턴 유적의 신석기 후기 유형 관련성-접합된 구연부
　　　　1-루드나야 유형의 자이사노프카 유형(댜코프 1992), 2-루드나야 문화의 테튜헤 유형(댜코프 1989),
　　　　3-보도라즈넬나야 테튜헤 유형(타타르니코프 1980), 4-베트로두이 유적의 테튜헤 유형

서 점토를 보강한 것도 유사하다(그림 22). 루드나야 프리스턴 유적의 자이사노프카 문화층에서 확인되는 토기는 반드시 저부에 굽이 형성된다(댜코프 1992, p.83 그림 12). 그리고 테튜헤 유형의 토기에서도 많이 확인되는데, 특히 베트로두이 유적에서 많이 출토된다. 루드나야 프리스턴 토기는 저부의 굽에 손가락으로 누른 흔적이 많이 확인되는데, 점토띠를 보강한 후에 이를 제거하지 않은 것으로 보고 있다(댜코프 1992, p.80 그

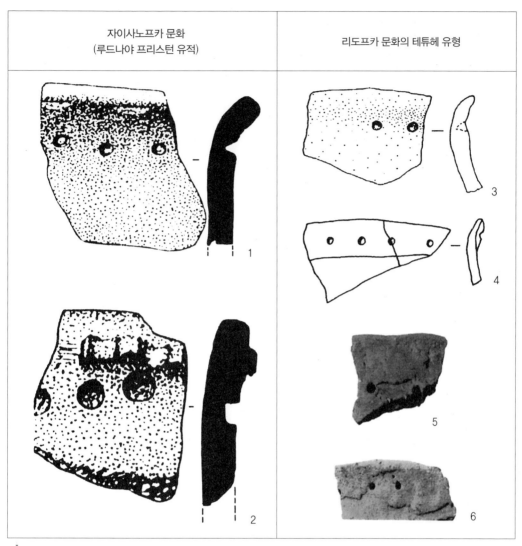

| 자이사노프카 문화 (루드나야 프리스턴 유적) | 리도프카 문화의 테튜혜 유형 |

그림 24　루드나야 프리스턴 유적의 신석기 후기 유형 관련성-공열문
　　　　1~2-루드나야 프리스턴 유적의 자이사노프카 유형(댜코프 1992), 3~6-베트로두이 유적의 테튜혜 유형

림 10, p.83 그림 12). 이러한 전통이 청동기시대까지 계속되며 베트로두이 유적의 토기에서 확인된다. 저부의 굽에 손가락으로 누른 흔적이 남은 것은 테튜혜 유형의 기본적인 저부 만드는 방법으로 여겨진다. 또한 루드나야 프리스턴 유적의 토기에서 문양이 소멸하거나 문양이 없는 토기의 양이 증가하며, 구연부에만 침선문이 약간 시문되는 특징이 보인다(댜코프 1992, p.81 그림 11). 즉 루드나야 프리스턴의 신석기 후기 유형에서

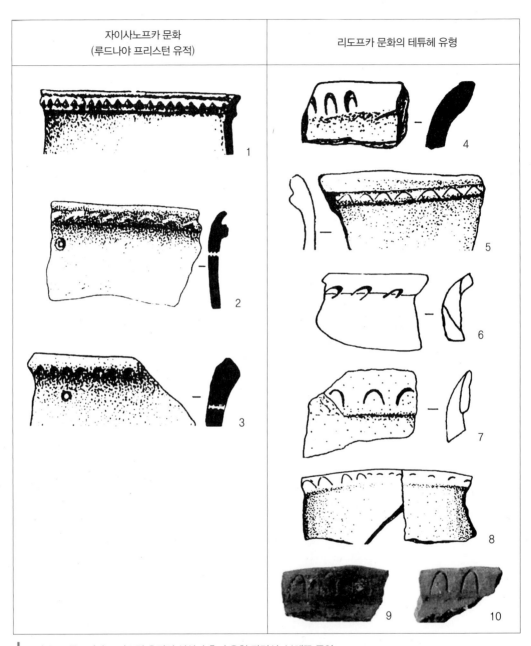

자이사노프카 문화 (루드나야 프리스턴 유적)	리도프카 문화의 테튜헤 유형

그림 25 루드나야 프리스턴 유적의 신석기 후기 유형 관련성-부채꼴 문양
1~3-루드나야 프리스턴 유적의 자이사노프카 유형(다코프 1992), 5-루드나야 프리스턴 유적의 테튜헤 유형
(다코프 1989), 6~7·9~10-베트로두이 유적의 테튜헤 유형, 4·8-보도라즈젤나야 유적의 테튜헤 유형(타
타르니코프 1980)

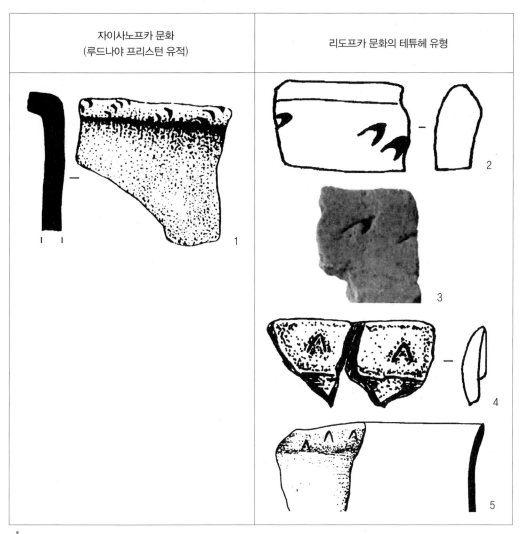

자이사노프카 문화 (루드나야 프리스턴 유적)	리도프카 문화의 테튜헤 유형

그림 26 루드나야 프리스턴 유적의 신석기 후기 유형 관련성-porto-부채꼴 문양
　　　　1-루드나야 프리스턴 유형의 자이사노프카 유형(댜코프 1992), 2~4-베트로두이 테튜헤 유형, 5-보도라즈
　　　　넬나야 유적의 테튜헤 유형(타타르니코프 1980)

부터 구연부가 끝이 뾰족해지며 그 부분을 점토띠를 덧댄 이중구연토기가 등장하고, 그 상단에 밖에서 안으로 누른 공열문이 시문된다(댜코프 1992, p.69 그림 8: 9). 앞서 설명한 테튜헤 유형토기의 구연부 중에 한 형식에 해당 된다(그림 24). 테튜헤 유형의 토기 구연부에 시문되는 문양 가운데서 특징적인 문양 중에 부채꼴 문양이 있다. 물론 부채꼴 뿐만 아니라 각목문, 공열문(외→내), 완전관통 공열문 등 여러 가지이다. 구연부의 문양

은 한 카테고리에 넣을 수 있지만 크게는 수직적인 문양과 비스듬하게 누운 문양으로 구분된다. 가장 유행한 것은 구연단을 따라서 부채모양으로 연속해서 찍은 문양이다(그림 25: 4~10). 기원은 루드나야 문화의 신석기시대 후기 유형의 토기 구연부에서 온 것일 가능성이 많다. 신석기 토기의 외반하는 구연부에 돌대 혹은 이중구연을 붙이고 손으로 누르거나, 그 상면을 단치구로 찍은 각목된 토기를 일컫는다(댜코프 1992, p.83 그림 12: 11, p.81 그림 11: 1·17)(그림 25: 1~3). 문양은 결과적으로 구연부의 돌대가 파상으로 보이거나 부채꼴의 연속처럼 보인다(그림 25). 이것과 관련된 것으로 보이는 구연부가 루드나야 프리스턴 유적의 테튜헤 유형 주거지에서 확인되었다. 구연부의 아래에 돌대가 부착되고 부채꼴문양을 연속해서 시문한 것이다(댜코프 1989, 표 26)(그림 25: 5). 루드나야 프리스턴 신석기 후기 유형에서 확인되는 것은 연속적인 부채꼴문양이 거꾸로 된 듯한 문양이다. 테튜헤 유형에서는 신석기시대 치구와 유사한 도구로 비스듬하게 구연단에 찍은 것이 자주 확인된다. 루드나야 프리스턴 유적에서도 다치구로 찍은 것이 확인된다(댜코프 1992, p.81 그림 11: 8)(그림 26).

루드나야 프리스턴의 신석기 후기 유형은 토기 특징으로 보아서 테튜헤 유형의 기원이 확실하다. 이와 관련해서는 리도프카 문화를 처음으로 연구한 댜코프 박사가 이미 언급한 바 있다. 연해주의 동부지역은 자이사노프카 문화가 늦게 형성되었지만 많은 리도프카 문화의 사람들은 시호테알린 산맥을 따라서 원주민(신석기사람들)과 접촉해서 문화가 재지화 되었을 것이다(댜코프 1989, p.221). 최근에 이러한 과정을 설명할 수 있는 자료가 증가하였다. 신석기시대의 영향으로 테튜헤 유형이 생겼는데, 기형은 그대로 변하지 않았으며, 문양은 유사하지만 약간 변화하였다. 신석기시대 사람을 대신해서 테튜헤 문화가 들어오게 되었고 이것은 연해주에서 신석기시대 문화가 점차 발전해 갔음을 입증하는 것이다.

3. 테튜헤 문화의 접촉현상

연해주의 동북지역에서는 기원전 1세기 전후로 리도프카 문화, 얀콥스키 문화, 사마르긴 문화(самаргинская культура)가 서로 접촉되는 현상이 고고유적의 탄소연대나 분포범위 상에서 나타난다. 다양한 종족과의 접촉은 서로 동화되거나 군사적 갈등이나 충돌했을 수도 있다. 혹은 다른 문화 요소를 수용해서 평화롭게 공존할 수도 있고, 새로운 민족과의 복잡한 문제 등 한 지역 내에서 많은 현상이 있을 것이다. 따라서 한 지역 내에서 여러 문화가 복합될 때 설명되어야 할 것은 문화가 서로 접촉했다는 것을 1) 고고자료로서 증명할 수 있어야 하며 2) 양 문화와의 관계에 대한 특징을 설명해야 할 것이다. 이와 관련해서 필자는 시호테 알린 산맥 지역에 대한 리도프카 문화, 얀콥스키 문화, 크로우노프카 문화, 사마르긴 문화 간의 접촉에 대한 내용을 자세하게 설명한 바 있다(시도렌코 2007, pp.147~157). 본고에서는 테튜헤 유형의 문화적 접촉에 대한 부분을 설명하고자 한다.

테튜헤 유형의 방추차에 대한 연구(시도렌코 2011, pp.27~36)에서 필자는 크로우노프카 문화와의 문화접촉에 대한 결과를 도출한 바 있다. 하지만 이 문화는 연해주 동해안에서는 거리상 떨어져 있어서 이를 입증하기는 힘들었다. 베트로두이 유적에서는 단면이 삼각뿔모양의 방추차가 출토되는데, 이와 유사한 유물이 올레니 A유적[05](브로댠스키 1984, p.39 그림 11: 5)에서 크로우노프카 문화층에서 확인되었다. 판느이 클류치 유적은 얀콥스키-크로우노프카 문화에 해당한다(댜코프 1984). 시호테 알린 산맥 지역에서는 테튜헤 유형과 크로우노프카 문화는 절대연대 상으로 거의 공존한다. 올레니 A유적에서 측정된 크로우노프카 문화의 연대는 2180±260B.P.(ДВГУ-ТИГ-82), 1800±120B.P.(ДВГУ-ТИГ-81)(쿠즈민·콜로미예츠·오를로바·수레르쥐츠키이·볼딘·니키틴 2003, p.160); 베트로두이 유적에서는 1860±40B.P.(ГИН-10217), 1780±40B.P.(ГИН-10216), 1605±30B.P.(СОАН-4413)라는 연대가 있다.

디지기토프카강 유역을 중심으로 리도프카-얀콥스키 문화와 테튜헤 문화가 접촉된 현상이 쿠날레이카 유적과 베트로두이 유적에서 확인된다(시도렌코 2013, pp.87~95)(그림 27). 리도프카 문화 영역에 남쪽부터 기원한 얀콥스키 문화의 영향이 보이는데, 쿠날레이카(Куналейка) 유적에서 얀콥스키 문화에서 확인되는 토기의 파수가 출토되었다. 베트로두이 유적에서도 더 확연하게 얀콥스키 문화와 리도프카 문화가 접촉되는 현상이 보인다. 원래 문화가 보존되는 가운데 외부문화의 영향이 있었다고 하는 것이 좀 더 정확한 표현이다. 베트로두이 유적에서는 그간 확인되지 못한 새로운 문양요소가 출현하는데, 얀콥스키 토기에 부착된 파수를 모방한 것으로 크기가 아주 작아서 장식성이 강하다. 리도프카 문화의 기형인 외반구연 옹형토기에 부착되었다(그림 28). 베트로두이 유

---

05 역자 주. 올레니 A유적 혹은 올레니-1 유적으로 알려졌는데, 하층은 신석기시대문화층 상층은 크로우노프카 문화층이다.

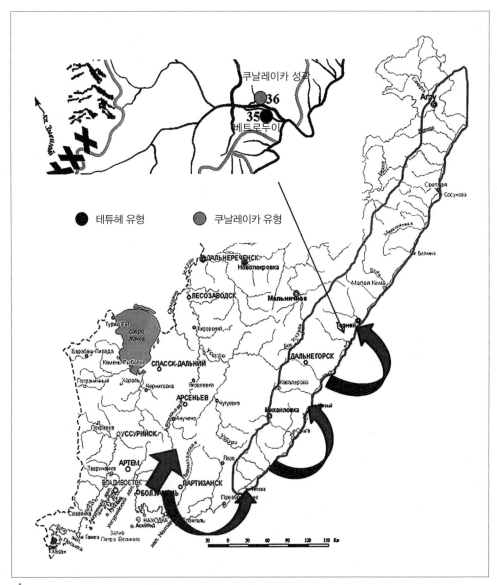

그림 27　디지기토프카 강 유역의 테튜헤 유형(베트로두이 유적)과
리도프카-얀콥스키 유형(쿠날레이카 성곽)의 분포도

적에서 출토되는 토기는 외반구연 옹형이지만, 동최대경이 견부 주변에 있으며 기고 보
다 동최대경이 크며, 경부가 높고 구연부는 둥글게 처리되었다. 이것은 전통적인 리도프
카 문화의 토기와는 차이가 있다. 쿠날레이카 성곽 유적에서 리도프카-얀콥스키 유형의
토기가 출토된다고 할 수 있다. 문화의 침투에 관해서는 다음과 같이 몇 가지 논지를 제

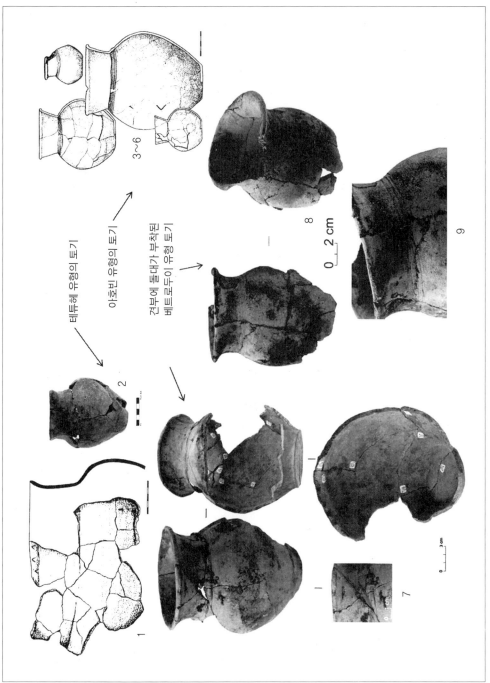

그림 28 베트로두이 유적에서 테튜헤 유형과 쿠날레이카 유형의 문화접촉이 반영된 예: 토기
1-보도라즈젤나야 유적(타타르니꼬프 1980), 3~6-모나스티르카 2(다코프 1989), 2·7~9-베트로두이 유적

기 할 수 있다. 1) 쿠날레이카 유적에서 제작된 토기가 베트로두이 유적에서 완성된 형태로 확인되는데, 테튜헤 유형의 토기와는 차이가 있다. 2) 베트로두이 유적의 토기에는 새로운 문양(파수)과 원래 문양이 함께 기형을 그대로 복사한 듯 한 것이 테튜헤 유형과 아호빈스키 유형의 중간 기형에 부착되는데, 저부는 손가락으로 누른 흔적이 그대로 남아 있다. 베트로두이 유적에서는 이러한 정황이 모두 확인되며, 새로운 문화요소를 평화롭게 받아들였다고 할 수 있다.

베트로두이 유적에서 출토된 토기는 구연부에 공열문이 시문된 토기가 확인된다. 이 문양은 토기의 구연부 밖에서 안으로 구멍을 뚫은 것인데, 베트로두이 유적보다 북부에 위치한 사마르긴 문화의 토기 특징의 하나라고 한다(댜코프 1984).

공열문토기 '진주알 문양토기'를 설명하기 위해서는 베트로두이 유적보다 북쪽이며 타타르 해협을 따라서 분포한 아무르강 하류의 고금속기문화를 설명해야 한다(시도렌코 2012, pp.194~208). 이 문양은 기본적으로 융기된 문양(포지티브)이며 토기의 내부에서 외곽으로 눌러서 표현한 것이다. 공열문 토기는 연해주의 청동기시대 및 철기시대 고고문화(리도프카 문화, 시니가이 문화, 얀콥스키 문화, 크로우노프카 문화)에서 흔히 확인되지 않는다. 그리고 신석기시대문화에서도 확인되지 않는다.[06] 그러나 테튜헤 유형의 유적(수보로보-6, 수보로보-8, 루드나야 프리스턴, 보도라즈델나야 유적)인 베트로두이 유적에서 확인되는 특징이다. 아무르강 하류와 사할린섬의 고금속기문화인 우릴 문화(그레벤시코프 · 데레뱐코 2001)와 볼쇼예부흐틴 문화(большебухтинская культура)(데류긴 · 로산 2009; 셰프코무드 2002 · 2003 · 2008; 셰프코무드 · 후쿠다 · 마사히로 2007)에서 확인된다. 우릴 문화에서 공열문 문양의 존재는 다음과 같은 논지를 이끌어 낼 수 있다. 우릴 문화의 공열문이 시문되는 토기의 기형은 리도프카 문화 및 테튜헤 유형에서 전혀 확인되지 않는다. 그런데 공열문양의 위치는 우릴 문화에서는 토기의 견부와 경부에 시문되며 베트로두이 유적에서는 구연단에 시문된다. 하지만 정작 우릴 문화에서 이 문양이 주요하지는 않는데, 그레베시코프와 데레뱐코에 의하면 '진주알 문양이 아무르강 문화에서 확인되는 건 확실하지만 2급이며 수량이 적다'고 한다(그레빈시코프 · 데레뱐코 2001, p.52). 하지만 문양의 시문방법은 베트로두이 유적에서와 마찬가지로 내면에서 찔러서 시문된 것과 같다. 연해주의 북서지역 유물 중에서 공열문이 확

---

06   역자 주. 연해주의 신석기시대 후기 유적인 그보즈제보-4 유적에서 신석기시대 문양과 함께 구연부에 공열문(내→외)이 시문된 예가 있다.

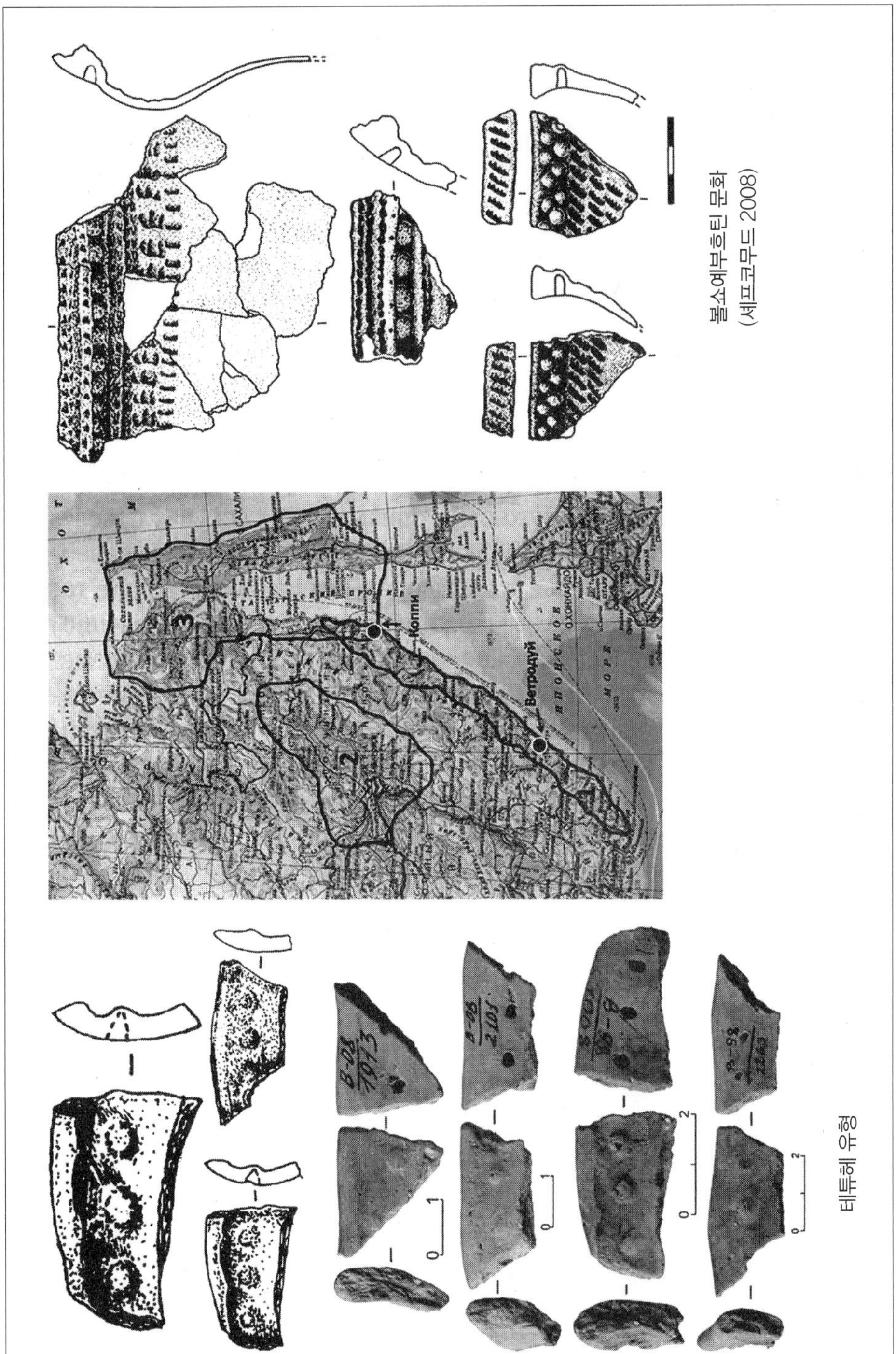

불소예브등티 문화
(세프크모드 2008)

테튜헤 유형

그림 29 고금속기시대 아무르강 하류의 문화와 테튜헤 유형의 접촉현상

인되지 않는 것은 유물확산방향을 설명할 수 있는데, 전반적으로 상기한 내용은 우릴 문화와의 관련성은 크지 않다.[07]

반면에 볼쇼예부흐틴 문화에서는 다음과 같은 충분한 가능성이 보이는 것 같다. 우선 이 문화에서는 가장 유행하며 문화를 대표하는 요소이다. 토기의 내면에서 외면으로 찍는 토기 시문하는 방법도 유사하다. 토기의 구연부에 문양이 시문되는 요소도 유사하다. 문화의 분포범위는 테튜헤 유형과 일정 부분 겹치는 것이 있다. 양 문화가 접촉되는 지역은 코피강 주변의 댜코프와 댜코바 박사가 조사한 코피(Коппи)-Ⅱ 유적와 코피-Ⅲ 유적에서 일정부분 나타나는 것 같다(댜코프·댜코바 1983). 베트로두이 유적의 토기에서 확인되는 공열문은 아무르강 하류와 사할린섬의 고금속기시대 문화인 볼쇼예부흐틴 문화의 토기에서 영향을 받았다고 할 수 있다. 그러나 볼쇼예부흐틴 문화의 문양이 테튜헤 유형의 토기에서 나타날 때는 다치구나 단치구로 찍은 문양은 사라지며 오직 공열문만 남아있다. 가장 특징적이며 확실한 문양 요소인 공열문 만이 남아 있다고 볼 수 있다. 그것은 베트로두이 토기 제작에서는 이 문양을 시문하는데서 약간 조잡해 졌다고 볼 수 있는데, 토기에 마연이 되어 있을 경우 공열문의 상면이 납작해 진 것도 관찰되기 때문이다. 하지만 이러한 정황도 연해주의 청동기시대문화와 아무르강 하류의 문화가 서로 접촉했다는 것을 증명한다고도 볼 수 있다(그림 29).

결론

기원전 일 천 년기 후반(기원전 6~5세기)부터 기원전 1세기까지 제르칼나야강~루드나야강~디지기토프카강 주변까지 분포하고 있는 연해주 북동지역의 고금속기시대 문화는 신석기시대 문화적인 요소가 확인되며 오랫동안 문화가 연속되어 오고 있다. 시호테알린 산맥의 북부 경계 지역에서는 복잡한 양상이 전개되는데 새로운 문화의 영향으로 인한 이주와 확산이 확인된다.

---

07 역자 주. 우릴 문화는 아무르강 하류에 위치한 초기철기시대 문화로 이 문화가 테튜헤 유형에 영향을 미치기 위해서는 동쪽 해안가로 따라서 내려오거나 연해주 내륙인 북서쪽으로 내려와야 하는데, 연해주내륙의 북서쪽에서는 공열문이 확인되지 않기 때문에 결국 해안가를 따라서 내려왔을 것이라고 보는 것이다. 그런데 우릴 문화에서 공열문양은 주된 문양이 아님으로 오히려 공열문양이 주된 사할린의 볼소예부흐틴 문화가 동해안을 따라서 테튜헤 문화로 영향을 주었을 것으로 본다는 의미를 함축적으로 쓴다.

참고 문헌

브로댠스키, 1984, Бродянский Д.Л. Кроуновская культура // Бродянский Д.Л., Дьяков В.И. Приморье у рубежа эр. Владивосток, 1984. С. 5-48.

그레벤시코프·데레뱐코, 2001, Гребенщиков А.В., Деревянко Е.И. Гончарство древних племен Приамурья (начало эпохи раннего железа). Новосибирск: Из-во Института археологии и этнографии СО РАН, 2001. 120 с.

데류긴, 2009, Дерюгин В.А., Лосан Е.М. Проблемы классификации, периодизации эпохи палеометалла северо-восточного Приамурья // Культурная хронология и другие проблемы в исследованиях древностей востока Азии. Хабаровск, 2009. С. 47-73.

댜코프·댜코바, 1983, Дьяков В.И., Дьякова О.В. Археологические работы на западном побережье Татарского пролива // Позднеплейстоценовые и раннеголоценовые культурные связи Азии и Америки. Новосибирск, 1983. С. 127-141.

댜코프, 1984, Дьяков В.И. Железный век на западном побережье Японского моря // Бродянский Д.Л., Дьяков В.И.. Приморье у рубежа эр. Владивосток, 1984. С.50-72.

댜코프, 1989, Дьяков В.И. Приморье в эпоху бронзы. Владивосток: Изд-во Дальневост. ун-та, 1989. 296 с.

댜코프, 1992, Дьяков В.И. Многослойное поселение Рудная Пристань и периодизация неолитических культур Приморья. Владивосток: Дальнаука, 1992. 140 с.

댜코프, 1999, Дьяков В.И. Периодизация древних культур Приморья (палеолит-эпоха бронзы): Дисс. в виде научного доклада ... докт. ист. наук. М., 1999. 47 с.

쿠루퍄얀코·얀쉬나, 1993, Крупянко А.А., Яншина О.В. Керамический комплекс памятника Суворово 6 и проблемы его интерпретации //Археологические исследования на Дальнем Востоке России. Владивосток, 1993. С. 68-73.

쿠루퍄얀코·얀쉬나, 2002, Крупянко А.А., Яншина О.В. Поселение Суворово 6 и его место в археологии Приморья // Археология и культурная антропология Дальнего Востока. Владивосток, 2002. С. 57-74.

쿠루퍄얀코·타바레프, 2004, Крупянко А.А., Табарев А.В. Древности Сихотэ-Алиня. Археология Кавалеровского района. Владивосток: Изд-во Дальневост. ун-та, 2004. 76 с.

쿠즈민·콜로미예츠·오르로바, 2003, Кузьмин Я.В., Коломиец С.А., Орлова Л.А., Сулержицкий Л.Д., Болдин В.И., Никитин Ю.Г. Хронология культур палеометалла и средневековья Приморья (Дальний Восток России) // Археология и социокультурная антропология Дальнего Востока и сопредельных территорий. Третья межд. конф. ≪Россия и Китай на дальневосточных рубежах≫. Благовещенск, 2003. С. 156-164.

시도렌코, 2007, Сидоренко Е.В. Северо-Восточное Приморье в эпоху палеометалла. Владивосток: Дальнаука, 2007. 271 с.

시도렌코, 2011a, Сидоренко Е.В. Поселение Ветродуй: последовательность застройки памятника // Горизонты тихоокеанской археологии. Владивосток, 2011. С. 234-241.

시도렌코, 2011bСидоренко Е.В. Пряслица тетюхинской группы памятников эпохи палеометалла горно-таежной зоны Приморья // Россия и АТР. 2011. № 3. С. 27-36.

시도렌코, 2012a, Сидоренко Е.В. О ≪жемчужном≫ орнаменте в палеометалле Приморья // Юбилей лидера (70-летнему юбилею академика А.П. Деревянко посвящается). Владивосток, 2012. С. 194-208.

시도렌코, 2012bСидоренко Е.В. Тетюхинская группа памятников эпохи палеометалла северо-восточного Приморья // Средневековые древности Приморья. Владивосток, 2012. Вып. 2. С. 202-222.

시도렌코, 2013, Сидоренко Е. В. Контакты населения долины р. Джигитовка в эпоху палеометалла // Вестн. ДВО РАН. 2013. № 4. С. 87-95.

셰프코무드, 2002, Шевкомуд И.Я. Поселение Большая Бухта 1 и некоторые проблемы культур Нижнего Амура и Сахалина // Зап. Гродековского музея. 2002. Вып. 3. С. 37-52.

셰프코무드, 2003, Шевкомуд И.Я. Палеометалл северо-востока Нижнего Приамурья (поселение Голый Мыс 5) // Амуро-Охотоморский регион в эпоху палеометалла и средневековья. Хабаровск, 2003. Вып. 1. С. 7-36.

셰프코무드·푸쿠다, 2007, Шевкомуд И.Я., Фукуда Масахиро. Стратиграфия и хронология культур II-I тыс. до н.э. на северо-востоке Нижнего Приамурья по материалам памятника Голый Мыс-1 // Северная Азия в антропогене: человек, палеотехнологии, геоэкология, этнология и антропология: Материалы Всеросс. конф. с междунар. участием, посвящ. 100-летию со дня рожд. М.М. Герасимова. Иркутск, 2007. Т. 2. С. 293-301.

셰프코무드, 2008, Шевкомуд И.Я. Большебухтинская культура в Нижнем Приамурье // Традиционная культура Востока Азии. Благовещенск 2008. Вып. 5. С. 158-170.

안쉬니, 2004, .Яншина О.В. Проблема выделения бронзового века в Приморье. СПб., 2004. 212 с.

10

연해주의 마르가리토프카 고고문화
: 논쟁의 연속

바타르셰프(Батаршев С.В), 세르구세바(Сергушева Е.А), 모레바(Морева О.Л.),
도로페예바(Дорофеева Н.А.), 쿠르티흐(Крутых Е.Б.)

서론

연해주에서 금속기시대는 동남해안가에서 부터 마르가리토프카 문화가 등장과 함께, 이 문화의 확장과 관련되어 있다(안드리예바 1970, pp.126~128; 안드리예바·스투지츠카야 1987, pp.351~363). 그런데 마르가리토프카 문화는 오랫동안 논란이 있어왔는데, 이 문화의 유형에 대한 정확한 연구도 없었고, 이 문화가 청동기시대에 속한다는 특징을 정확하게 규정할 수도 없었다. 마르가리토프카 문화의 많은 숙제 중에서도 제일 중요하지만 연구되지 않은 부분은 문화의 편년, 층위, 석기, 주거지, 생업과 청동기를 들여온 주체와 청동기 제작문제 부터 연구되어야 할 것이다.

이와 같은 문제를 해결하기 위해서는 층위가 분명한 단독 문화 혹은 시기의 유적 중 이 시기의 특징으로 꼽히는 말각방형의 수혈 주거지로 저장구덩이 시설이 있고, 공반세트 유물이 있는 유적을 발굴해야만 한다. 약 20년 동안 마르가리토프카 문화의 몇몇 유적을 발굴 조사하였다. 글라조프카-2(Глазковка-2) 유적(클류예프·얀쉬나 1997), 모나스트리카-3(Монастырка-3) 유적(댜코프 2003), 프레오브라줘니예-1(Преображение-1) 유적(슬렙쵸프 2005), 올가-10(Ольга-10) 유적(바타르셰프 외 2011·2014) 등이다. 상기한 유적에서는 주거와 생계와 관련된 유구에서 한 계통으로 보이는 석기와 탄소연대를 측정할 수 있는 숯이 존재하는 노지와 목재시설물 등이 확인되었다. 본고에서 본격적으로 다룰 올가-10 유적에서도 이러한 기본적인 고고학적 정황이 확인된다. 마르가리토프카 문화의 독립적인 유형으로서 장기 거주한 주거지 2기가 발굴되었다. 말각방형의 수혈주거지로, 노지와 저장구덩이도 확인되었고, 토제와 석제도구도 많이 출토되었다. 그 외에도 부유물 채집방법으로 식물 자료도 확보되었다. 따라서 올가-10 유적에서는 토기와 석기 뿐 만 아니라 고식물 유존체도 확보로 좀 더 구체적으로 마르가리토프카 문화의 문제점에 접근할 수 있게 되었다.

1. 올가-10 유적의 고고문화 특징

올가-10 유적은 2006년 쿠르티흐 박사의 행정보고서에 처음 보고되었다. 그 전 해 여름에 지표조사를 하던 과정에 처음으로 밝혀졌고 2010년에 본 논문의 공동필자가 모두 발굴에 참여하였다(발굴된 면적은 113m²).

연해주의 동해로 흘러가는 압바쿠모프카(Аввакумовка)강의 입구 어귀에 위치한다. 동해의 올가 만에서 북서서쪽으로 1.7km 떨어진 곳에 해발고도 위에 위치한다. 강의 좌안에 남쪽 방향으로 형성된 단구대 위의 가장 끝부분에 위치한다(그림 1). 단구대의 높이는 대략 40m인데, U자형으로 곡부가 만입되어 있는데, 왼쪽 부는 60m가 튀어나오고, 너비가 10~18m 정도 된다. 그 쪽에 1~4호 주거지가 확인되었는데, 동쪽부분에는 1호 주거지에서 50m 정도 떨어진 곳에 5호 주거지가 확인되었다. 주거지는 모두 평면 장방형으로 직경이 6~6.5m, 깊이는 0.4~0.6m이다(그림 2).

2010년 가장 남쪽에 위치한 3호와 4호 주거지를 발굴하였다. 유적의 서쪽은 대부분 파괴되었는데, 4호 주거지 경계부에는 30~40년대에 팠던 참호의 흔적이 남아있다. 2006년 3호를 발굴하던 당시에는 유구의 보존상태가 아주 좋았으나, 그 뒤 2010년에는 도굴된 흔적이 많았다. 수혈 중앙에는 장방형(3×4m)으로 생토까지 발굴을 하였고, 수혈의 절반에는 피트를 넣었다. 1×1m로 남북방향으로 모두 7곳을 넣었는데, 피트 간격을 10~20cm로 두어서 토층을 볼 수 있게 둑을 남긴 효과를 두었다. 3호 수혈에서도 2개의 피트를 팠는데, 유구가 잘 보존되었을 것이라고 생각했지만(그림 2) 석제 파편과 무문양토기 편 이외에는 유물을 확인할 수 없었다. 아마도 도굴이 있었던 것으로 생각된다.

2010년에는 미처 발굴하지 못하고 남아 있는 1호와 2호 주거지의 일부를 살펴보았는데, 이곳에서 출토된 유물은 3호와 4호의 주거지에서 나온 유물과 거의 같다. 이 점은 4기의 주거지가 모두 같은 문화에 속해 있을 가능성이 크다는 것을 보여준다. 특히 주거지

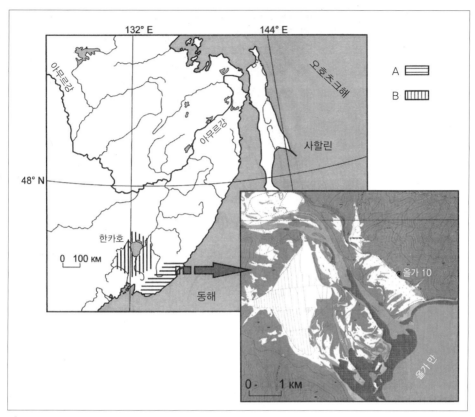

그림 1　연해주의 마르가리토프카 문화의 분포범위(A) 및 연해주의 자이사노프카 문화의 한카호 유형의
범위(B): 올가-10 유적의 위치

가 일 열로 3~5m 간격으로 배치된 것은 한 번에 모든 주거지를 조망 할 수 있는 최상의
조건일 수도 있다.

　동쪽편의 주거지 4기는 크지 않은 마을의 규모로 대략 700~900㎡가량이다(그림 2).
그런데 1~4호 주거지와 반대되는 곳에 위치한 5호 주거지는 약간 다른데 다음과 같이 생
각해 볼 수 있다. 이 주거지는 1~4호 주거지 보다 늦게 축조되었을 가능성이 있는데, 아
마도 이 곳의 주인이 먼저 지어졌던 반대편에 집을 짓고 싶지 않았을 가능성도 있다. 또 5
호 주거지가 나머지와 동시기라면 어떤 이유에서 떨어진 곳에 집을 짓고 싶었을 가능성도
있다.

　발굴된 주거지는 땅을 하고 수혈을 팠으며, 노지 등이 설치된 것으로 보아서 장기간 거
주한 동절기용 주거지일 가능성이 있다.

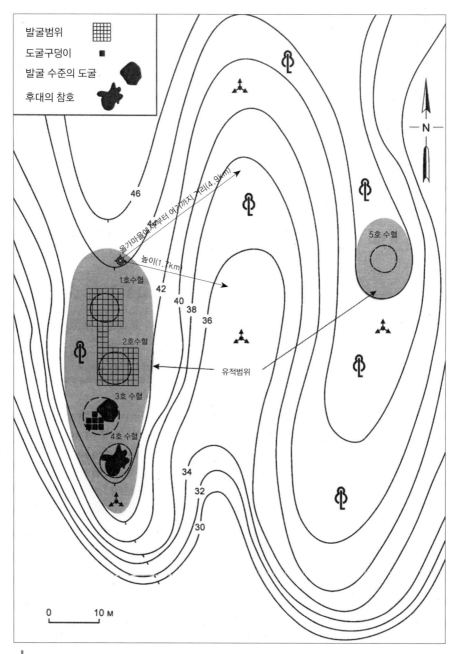

발굴범위
도굴구덩이
발굴 수준의 도굴
후대의 참호

46
42
40
38
36
34
32
30

올가마을에서부터 여기까지 거리(4.9km)
높이(1.7km)

1호수혈
2호수혈
3호 수혈
4호 수혈
5호 수혈

유적범위

0   10 M

그림 2   올가-10 유적의 범위

1) 1호 주거지

평면형태 방형으로 크기는 5.3×5.4m, 깊이는 0.3~0.4m이고 전체 너비는 29㎡이다. 수혈의 중앙에는 장방형 노지가 설치되어 있다(100×150cm). 이 노지의 동쪽에는 무시설식 노지가 1기 더 확인되었다(1호 노지: 80×90cm). 그 외 주거지 시설물로는 주거지의 북동쪽 외벽에 타원형 저장구덩이(크기 104×200cm, 깊이 74cm)가 확인되었는데, 토기가 7점 확인되었다. 이 구덩이를 채운 상층에서 검은 나무덩어리들이 확인되는데 목제시설물로 덮여 있었던 것으로 추정된다. 주거지 바닥에서는 최소 27기 이상의 구멍이 확인되는데, 주혈로 생각된다(그림 3).

2) 2호 주거지

상기한 주거지와 비슷하다. 평면형태는 말각장방형으로 크기는 6×7m, 깊이 0.4~0.6m, 전체너비는 42㎡이다. 주거지에서 노지는 확인되지 않았지만, 주거지 바닥에서 지붕이 타서 남긴 두터운 재층이 확인되어 노지를 덮어 버렸을 가능성이 있다. 따라서 이 주거지에도 무시설식 노지가 있었다고 보는 것이 합당할 것이다. 흥미로운 것은 1호 주거지의 북동쪽 모서리에 저장구덩이가 있었던 것과 마찬가지로 2호 주거지에도 북동쪽 모서리에 저장 구덩이가 토기 3개체가 들어 있는 채로 확인되었다(크기는 130×190cm, 깊이는 30cm가량이다). 주거지 바닥에서는 주혈이 61개, 저장구덩이 2개가 확인되었으며 용도가 불명확한 구덩이도 4개 있다(그림 4).

주거지의 노지에서 출토된 목탄으로 탄소연대측정을 할 수 있었다. 1호 주거지는 2호 노지에서 출토된 것으로 측정하였는데, 3300±45B.P.(COAH-8365), 2호 주거지에서는 지붕 구조물이 타고 남은 목탄을 시료로 했는데 3515±65B.P.(COAH-8366), 3370±55B.P.(COAH-8367)이라는 측정치를 얻었다.

주거지에서 출토된 유물은 토기와 석기인데, 1호와 2호 주거지간의 문화적 차이나 편년적 차이는 없었다(바타르쉐프 외 2011).

석기는 길게 떨어진 1차 박편을 이용해서 기본으로 해서 제작한 것이 많은 편이다. 특히 박편의 가장자리나 간접떼기를 이용한 방법으로 제작되었는데, 마연은 장신구를 제작할 때만 사용하였다. 간접떼기를 한 석기 가운데서는 무경식의 이등변삼각형모양 석촉(그림 5: 4), 유경식이며 경부가 삼각형모양이며 신부도 삼각형으로 평면형태가 능형모양인 석촉(그림 5: 5), 유경식으로 신부가 이등변삼각형인 석촉(그림 5: 6)도 있다.

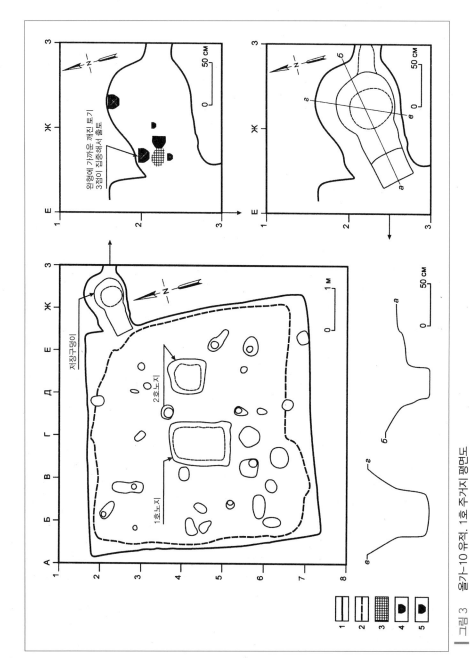

그림 3　올가-10 유적, 1호 주거지 평면도
1-주거지 외곽선, 2-주거지 내부의 시설물 외곽선, 3-검은 숯이 많이 섞인 시점토, 4-깨어진 채로 출토된 원형토기, 5-원형토기

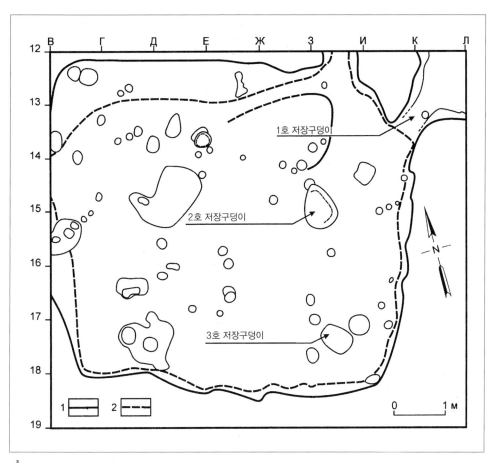

그림 4   올가-10 유적. 2호 주거지 평면도(1-주거지 외곽선, 2-주거지 내부 시설물의 외곽선)

신부가 이등변삼각형으로 길쭉한 석추(錐)(그림 5: 11), 삼각형 대칭 새기개(그림 5: 7~8), 대칭 새기개(그림 5: 9), 평면 사다리꼴 모양의 긁개(그림 5: 10)도 확인되었다.

올가-10 유적에서 출토된 토기는 다음과 같은 특징이 있다. 태토에는 '드레스바'라는 광물이 분쇄되어 포함되었다. 표면은 적색 안료로 덧발라서 마연되어 있다. 권상법으로 제작된 토기는 점토띠를 구연단까지 세트처럼 돌렸는데, 구연단의 가장자리에 붙여서 이중구연으로 표현되어 있다. 돌대는 구연부가 약하게 외반하며, 경부가 형성된 옹형토기에 주로 부착되고 그 외 다른 기형에도 부착된다. 문양은 시문도구로 찍는 기법으로 시문되었는데, 주로 돌대의 상단에 찍은 것도 있고(그림 6), 동체부에 찍은 것도 확인된다(그림 7: 1~2).

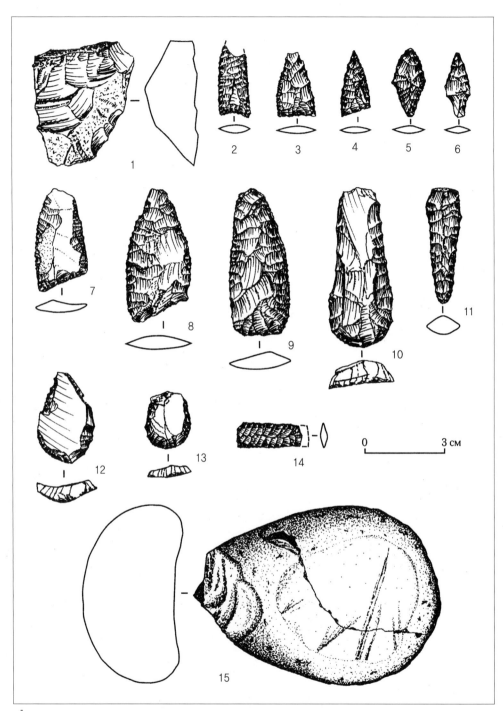

그림 5　올가-10 유적. 마르가리토프카 문화의 석기
1-석핵, 2~6-석촉, 7~9·14-새기개, 10·12~13-긁개, 11-석추(錐), 15-지석,
1~3·7~8-1호 주거지 출토품, 4~6·9~15-2호 주거지 출토품

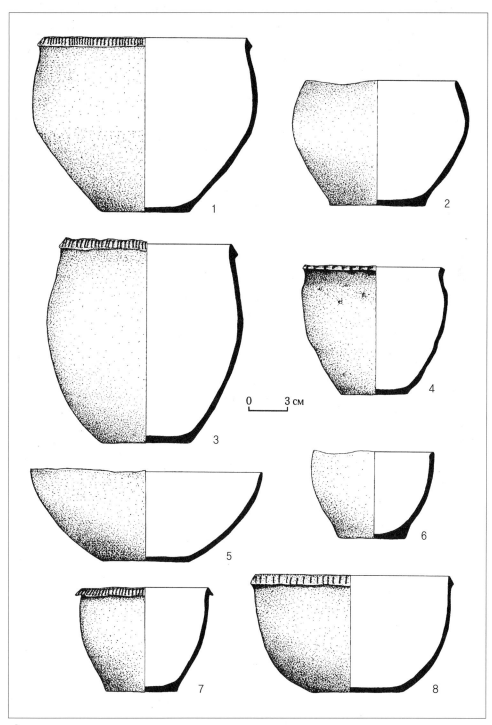

그림 6   올가-10 유적. 마르가리토프카 문화의 토제품
            1~3·8-1호 주거지 출토품, 4~7-2호 주거지 출토품

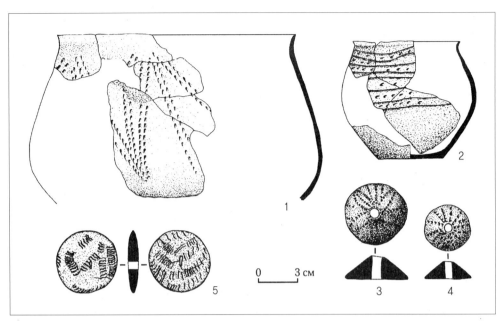

그림 7 　올가-10 유적, 마르가리토프카 문화의 토기
　　　　1~2-토기, 3~4-방추차, 5-펜던트2
　　　　2·4-1호 주거지 출토품, 1·3·5-2호 주거지 출토품

2호 주거지에서도 토기가 출토되고 있는데, 전체 유적에서 좀 더 이른 형식의 것으로 보인다. 토기는 외반구연의 경부에 돌대가 부착되었다. 유사한 유물은 루드나야 프리스턴 유적(댜코프 1992)과 발렌틴 페레쉭 유적(안드리예바 1987)의 신석기 후기 유물에서 확인된다. 토기는 2호 주거지의 경계에서 출토된다. 한 토기의 경부가 2호 주거지의 남서쪽 어깨선인 생토에서 확인된다. 뿐만 아니라 신석기시대 후기의 유물이 적게 확인되는 점은 유적의 존속 시간이 그리 길지 않았을 가능성이 있다는 점도 시사한다. 아마도 마르가리토프카 문화의 주거지가 축조되면서 신석기시대 유적이 파괴되었을 가능성이 있다.

이미 필자는 앞서 본 유적이 마르가리토프카 하나의 문화에 해당한다고 이미 언급하여서 이 문제로 다시 돌아가고자 한다. 마르가리토프카 문화의 몇 몇 유적(키예프카, 그로티 유적)에서는 이 문화와 그 이전 시대인 자이사노프카 문화의 흔적이 남아 있는 유적들이 있다. 반면에 어떤 유적에서는 전혀 그 문화가 남아 있지 않는 모나스티르카-3 유적, 프레오브라줴니예-1 유적 등이 있다. 또한 유적의 층위나 배치 상에서 두 문화가 확연하게 구분되는 글라스코프카-3 유적, 자랴-3 유적, 올가-10 유적 등이 있다. 이것은 마르가리토프카 문화로 인해서 자이사노프카 문화가 점차 사라져 가는 모습이 유적에 반영되었을 가능성이 있다.

2. 올가-10 유적의 유기물유존체

올가-10 유적의 주거지 내부토에서 식물유존체를 확인하기 위해서 부유물 채취법으로 분석을 하였다. 모두 487리터의 흙을 채취해서 물에 넣어서, 모두 35개의 샘플을 획

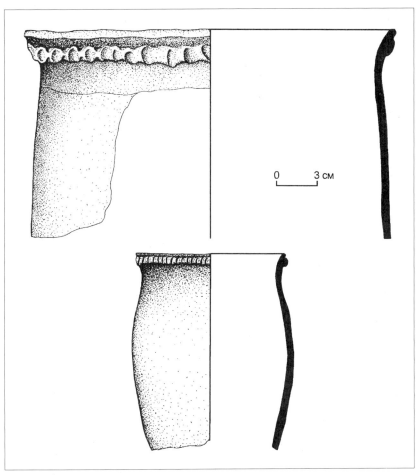

그림 8   올가-10 유적. 신석기 후기의 토제품
           1-2호 주거지 내 B/17격자 출토, 2-2호 주거지 내 N/16격자 출토

표 1	올가-1 유적의 분석된 흙의 질량정보						
	채질한 흙의 양(L)	전체 샘플의 수	분석된 샘플 수	분석된 샘플의 흙 양(L)	식물유존체 수량	가공된 흔적이 있는 나무조각 수	문화층에서 확인된 종자밀집도: 종자의 수 (1리터 당)
1호 주거지	61	5	4	43	22	0	0.36
2호 주거지	426	30	27	없음	84	37	0.19
전체수량	487	35	31	없음	106	27	0.21

득했는데, 그 중 결과가 유효한 것은 31개이다. 모두 106개의 곡물을 추출했는데, 그 중에는 재배된 것과 야생이며 먹을 수 있는 것과 야생이며 잡초인 것이 있다(표 1). 2호 주거지에서는 불에 탄 나무 조각이 아주 많이 확인되었다. 그 중에서 가장 큰 조각 27개를 입체현미경으로 분석하였다. 그 결과 목제로 만들어진 구조물의 일부라는 것을 알 수 있었다. 하지만 안타깝게도 나무조각의 크기가 1.5cm가량이어서 복원은 불가능하였다. 연해주 다양한 시대의 많은 시료를 분석했던 경험으로 보아서 올가-10 유적의 2호 주거지에서는 도구로 다듬은 목제가 아주 많이 확인된다고 할 수 있다. 이것은 주거지 거주자가 목재를 아주 많은 영역에서 사용해서 이 유물에 대한 보존도가 유적의 조건으로 인해서 아주 높았다고 할 수 있다.

주거지에서 출토된 목재조각 가운데 '꼭대기'로 생각된 조각제품은 매우 흥미롭다. 이것은 2호 주거지(N-14 격자[01])에서 흑갈색 사양토층(sandy loam)에

그림 9　올가-10 유적. 마르가리토프카 문화의 목제품
2호 주거지 내 N/14격자 출토

01　역자주. 러시아에서는 발굴시 유구에 1m 간격으로 격자를 치고, 유구의 도면에도 표시하며, 출토유물의 위치도 격자위치를 밝힌다.

서 출토되었다. 꼭대기의 교차점에 해당하는 이 봉우리 모양은 타원형에 가깝다. 단면은 한쪽이 뾰족한데, 단면의 모양대로 홈을 새겨서 모두 10개의 턱이 나 있다. 지붕의 꼭대기 크기는 1.6×1.8cm이고, 가장 작은 턱의 크기가 0.5×0.7cm이고, 높이는 2.5mm 가량이며, 높이는 1.8cm가량이다(그림 9).

연해주의 선사시대 유적에서 목재가 확인되는 아주 드문 일이다. 아마도 어떤 부분의 꼭대기 일부일 것으로 생각된다. 하지만 유물이 완전한 것이 아니어서 전체 모양과 용도는 알 수 없다.

재배된 식용 식물유존체는 두 가지 형태의 기장속이 확인되는데, 조(*Setaria italica*)와 기장(*Panicum milliaceum*)이 확인되었는데, 2호 주거지에서만 출토되었고, 1호 주거지에서는 확인되지 않았다. 1호 주거지에서는 문화층이 적게 분포되어서, 부유물 채취법으로 선택할 수 있는 흙의 양도 상대적으로 매우 적었다.

5개의 샘플 가운데서 15개의 곡물을 채취했는데, 13개는 불명확한 곡물이고, 8개는 조로 확인되었다(표 2). 조의 형태는 약간 타원형과 구형이 있다. 곡물의 배면은 편평한

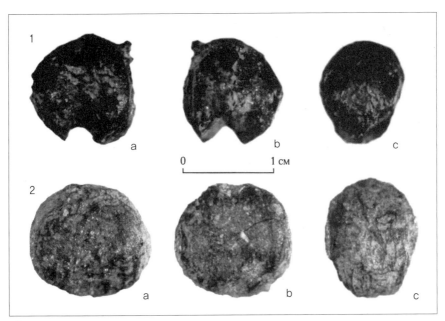

그림 10 올가-10 유적. 2호 주거지에서 출토된 재배된 기장류
1-기장(Panicum miliaceum), 샘플34번-ズ, 3/12, 13, 주거지 바닥, 흑갈색 사질토,
2-조(Setaria italica), 샘플 10번. ズ,3/14/15, 주거지바닥, 흑갈색, 숯이 포함된 사질
토, 2호 저장구덩이, a-등면, b-배면, c-측면

| 표 2 | 올가-10 유적의 2호 주거지에서 출토된 조의 크기 |

	길이 (mm)	너비 (mm)	두께 (mm)	길이: 너비 비율	두께: 너비 비율	위치정보 및 목록번호	비고
1	1.40	1.10	1.00	127%	91%	주거지바닥, 흑갈색 사양토, 격자번호 Ж/15·16, 9번	측면 변형
2	1.05	1.10	0.9	95.5%	82%	주거지 바닥, 숯이 섞인 흑갈색 사양토, 2호 저장구덩이, 격자번호Ж,3/14·15,10번	측면변형
3	1.2	1.4	1.1	86%	79%	상동	보존상태양호
4	1.6	>1.2	–	–	–	상동	겉껍질 조각
5	1.35	1.15	–	117%	–	주거지 바닥, 흑갈색 사양토, (З,И/15-18), 16번	측면변형
6	1.15	1.20	1.10	96%	92%	주거지바닥, 흑갈색 사양토, (И/16), 26번	측면변형
7	–	1.0	0.8		80%	주거지바닥, 회갈색 사양토, 40호 수혈, (Г/Д16), 33번	변형
8	–	0.90	–	–	100%	상동	변형, 추정되는 곡물지수
9	1.15	1.00	0.8	115%	80%	주거지바닥, 흑갈색사양토, 격자번호 Ж/15·16, 29번	불가, 추정되는 곡물지수
평균	1.26	1.12	0.95	112.5%	85%		4개의 평균값 (1~4번 곡물)

데, 이 부분으로서 곡물의 변형이 가장 적어서 동정 할 수 있다. 배(胚) 부분이 넓지 않고, V자 모양으로 움푹 파였는데, 종자의 3/4을 차지한다. 대부분의 곡물은 탄화로 인해서 크기가 커지고 측면의 형태 변화가 있었다. 곡물은 방형에 가까운 모습인데, 등면과 배면의 합류점 보다는 측면으로 했을 때 잘 보이는 다양한 홈은 탄화로 인한 것이라는 것을 보여준다. 어떤 곡물에는 내피 조각이 남아 있었다. 외관상으로 횡방향에서 꼭지처럼 튀어나와 있어 잘 보였다. 이와 같은 특징은 곡물의 종류를 결정하는데 중요한 역할을 한다.

그 외에도 한 곡물은 하나로 규정하기 힘든 것(29번 샘플)도 있는데, 조처럼 보이지만 확실하지 않은 형태이다. 이것도 탄화로 인해서 형태변형이 심하게 일어났기 때문이다.

올가-10 유적에서 출토된 조의 크기는 표 3에서 확인할 수 있는데, 연해주 신석기시대 가장 마지막에 존재한 것으로 여겨지는 레티호프카 유적에서 출토된 조(세르구쉐바 2006)의 크기(1.2×1.14×0.85mm)와 비교가능하다.

표 3   올가-10 유적의 2호 주거지에서 출토된 기장의 크기

	길이 (mm)	너비 (mm)	두께 (mm)	길이: 너비 비율	두께: 너비 비율	샘플위치정보 및 샘플목록번호	비고
1	1.5	1.2	1.0	125%	83%	주거지 바닥, 흑갈색 사양토, (З, И/15-18), 샘플19번	
2	1.55	1.30	1.3	119%	100%	주거지 바닥, 흑갈색 사양토, (З, И/15-18), 샘플22번	측면변형
3	1.65	1.10	1.2	150%	109%	주거지 바닥, 흑갈색 사양토, (З, И/15-18), 샘플28번	추정지수
4	1.65	1.30	0.9	127%	69%	주거지 바닥, 흑갈색 사양토, (З, И/15-18), 샘플31번	보존양호
5	>1.40	1.40	>0.9	–	–	주거지 바닥, 흑갈색 사양토, (Д, Е/15-18), 32번	외면에 난 흔적으로 보아서 조각남
6	1.20	1.18	1.0	102%	85%	주거지바닥, 흑갈색사양토, 격자번호 Ж3 /12·13), 34번	익지않음, 보존양호
평균	1.59	1.23	1.1	129%	89%		4개의 평균 (1~4번)

기장은 6개의 샘플에서 모두 6개가 확인되었다. 조와 비교해서 평면형태가 좀 더 타원형에 가까운 것이 차이점이며, 배 부분이 좀 더 넓고, 짧은 특징이 있다. 몇몇 곡물에서는 배면과 등면에서 겉겨가 확인되었는데, 조에서는 확인되지 않았다. 겉겨는 다른 곡물에서 확인되지 않았다. 이러한 모양으로 보아 곡물은 이미 선사시대에 껍질이 벗겨진 것으로 생각된다. 곡물이 모두 조각났기 때문에 그 크기는 확신하기 힘들지만 그 중에서 겉겨가 없는 가장 큰 곡물조각으로 추정해 보면 길이는 1.5mm 이상, 너비는 1.2m 이상 두께는 1.06mm 이상으로 볼 수 있다(표 3).

이상에서 확인된 곡물과 유사한 곡물이 확인된 유적은 연해주에서 신석기시대 후기 혹은 청동기시대이다(표 4). 각 유적에서 출토된 곡물의 길이와 너비 비율, 두께와 너비에 대한 비율을 표 4에 표시하였다. 올가-10 유적에서 출토된 기장과 레티호프카 유적에서 출토된 1형식의 기장과 길이와 너비 비율, 두께와 너비 비율과 일정 정도 유사함이 확인된다. 두 유적에서 출토된 길이와 너비 비율은 120% 이상인데, 이것은 곡물의 형태가 타원형에 가깝다는 것을 말해준다. 표 4에서와 같이 다른 유적에서 출토된 곡물의 길이와 너비 비율은 거의 100%에 가까워서 거의 둥근 형태이다.

표 4   연해주의 신석기 후기와 청동기시대 유적에서 출토된 기장의 평균크기

유적	시기	곡물의 평균크기: 길이-너비-두께	길이: 너비 지수	두께: 너비 지수	비고
올가-10	청동기시대 이른 시기	1.59-1.23-1.10	129%	89%	-
그보즈제보-4	신석기 후기	1.63-1.65-1.43	99%	87%	-
노보셀리쉐-4	신석기 후기	1.55-1.51-1.19	103%	88%	-
레티호프카- 게올로기체스카야	신석기 후기	1.66-1.35-1.10 1.54-1.48-1.11	123% 104%	77% 75%	곡물 1형식 곡물 2형식
노보셀리쉐-4	청동기시대 이른 시기	1.59-1.55-1.19 1.43-1.44-1.03	103% 99%	77% 72%	5분층 3분층
아누치노-14	청동기시대 이른 시기	1.66-1.67-1.32	99%	79%	-

1) 야생식용식물체

야생의 식물체 가운데서 식용 가능한 것은 참나무, 잣나무, 가래나무와 개암나무 등이 있다. 모두 57개의 편이 확인되었는데, 다 작은 조각이다. 가장 많은 비율은 가래나무 열매(*Juglans mandchurica*)인데, 13개 샘플에서 31조각이 확인되었다. 참나무속의 신갈나무(*Quercus mongolica*) 열매도 8개의 샘플에서 15조각, 헤이즐 속의 개암나무(*Colyus sp.*) 열매 껍질 조각도 7개의 샘플에서 10점, 잣(*Pinus koraiensis*)도 확인되었는데, 유일하게 1점이 확인되었다. 그 외에도 아주 작은 편이 한 조각 있는데, 형태로 보아서 잣(*Pinus koraiensis*)일 가능성이 있다.

2) 그 외 식물체

잡초과 혹은 주변에서 흔히 자라는 식물체의 종자가 확인된다. 그 중에서 마디풀과(*Polygonum sp.*)의 종자도 4점, 살갈퀴나물 속(*Vicia sp.*), 콩과(*Fabaceae*) 1점, 버들잎명아주(*Chenopodium*) 종자 8점, 산갈퀴덩굴 속(*Galium sp*) 1점이 확인되었다. 그 중에서 육안으로 동정이 가능한 것은 3가지 종자인데, 며느리배꼽(*P.persicaris*), 가는여뀌(*P. hydropiper*), 등갈퀴나물(*Vicia cracca*) 등이다. 다른 종자는 같은 속이거나 종이다. 동정된 식물은 취락의 주거지 옆이나 혹은 취락 주변에서 자라던 식물로 생

각된다.

유적에서 채취된 종자가운데서 동정이 불가한 것은 모두 21가지 종자이다.

올가-10 유적에서 채취된 식물유존체는 샘플에 비해서 낮은 밀도로 부유물 혹은 종자가 확인된다고 할 수 있다. 예를 들면 주거지의 하층을 채운 내부토 11에서 1개 이하(평균 0.22개)의 종자가 확인되었다(표 1). 이것은 매우 낮은 지수로서, 주거지나 유적의 존속시간이 매우 짧다는 것을 알 수 있다. 이러한 정황은 고고자료의 층위 상에서 확인되는 상황이나 고고학적인 연대와도 모순되지 않는다는 사실을 알 수 있다. 주거지 바닥에서는 저장공에서 확인된 토기를 포함해서 최소한 25개체의 토기와 석기는 325점(도구와 장신구를 포함)이 확인되었다. 2호 주거지 바닥에서는 두터운 재층이 확인되었는데, 주거지의 지붕이 화재로 인해 내려 앉아서 생긴 것이다. 이러한 여러 정황은 주거지의 우연한 화재로 인해서 유적이 폐기되었다는 것을 알 수 있다.

올가-10 유적에서 가장 중요한 식물유존체는 재배된 종자일 것이다. 모두 15개의 곡물로 크기가 작은 조각으로 확인되었는데, 두 가지 종류의 기장속이 확인되는데, 기장과 조이다. 처음에 유적에서 이 종류의 기장과 조를 발견했을 때, 올가-10 유적에서 거주한 사람들이 농경생활을 했다는 것을 의심스럽게 여겼다. 왜냐하면 그 수가 매우 적었기 때문이다. 그러나 여러 종류(재배된 식물, 야생식물, 잡초과 식물) 중에서 재배된 식물의 역할 자체가 그 식물의 양보다도 중요하다는 점을 역설 할 수 있다고 생각하게 되었다. 2호 주거지 내부토에서 채취된 식물 종자들 전체 비율 중 두 가지 재배된 식물류가 18%이고, 야생의 식용가능 한 식물류는 50%이다(표 5).

연해주에서 최초로 농경이 시작된 자이사노프카 문화의 농경 존재는 식물유존체에 기반 한 것인데, 크로우노프카-1 유적의 재배된 기장속 식물 유존체가 전체 채취된 종자 가

표 5   올가-10 유적에서 출토된 곡물개수와 전체비율

식물유존체분류	1호 주거지	2호 주거지		총	
	개수	개수	%	개수	%
재배류	–	15	18	15	14
식용가능한 야생류	15	42	50	57	54
환경 혹은 배경식물	1	6	7	7	6.5
동정불가	6	21	25	27	25.5
전체 식물유존체	22	84	100	106	100

운데서 2~4%에 달한다(세르구세바 2008b).

마르가리토프카 문화에 농경이 들어온 것에 대한 자료는 자랴-3 유적의 1호 주거지 내부토에서 획득된 식물유존체로 덧붙일 수 있다. 출토된 식물유존체 가운데서 기장속이 4개 확인되었는데, 주거지의 노지에서 출토된 것으로 알려졌다(Cassidy 2004, pp.401~404). 그 중에서 한 종류가 동정되었는데, 재배된 것으로 강아지풀속(*Setaria sp.*)으로 발표되었는데, 아마도 강아지풀속의 조(*S. italica*)로 생각된다. 이 조는 배 눈이 편평하고 크며 움푹 들어간 부분이 남아 있는데, 길이는 1.4mm, 너비는 1.0mm, 두께는 현재까지 남아 있는 상태가 좋지 않아서 정확하지 않다. 다른 3점은 상태가 좋은 편이다. 그 중 두 점은 강아지풀 속(*Setaria sp.*) 혹은 피 종류(*Echinochloa sp.*)이다. 그 중 한 개는 크기가 1.3×1.2×0.7mm이다. 나머지 한 점은 기장(*Panicum milliaceum*)과 아주 유사한데, 크기와 모양의 변형이 심하다. 다른 재배식물에 비해서 큰 편이다(길이는 대략 1.8mm, 너비 1.7mm, 두께 1.6mm).[02]

Cassidy에 의하면 자랴-3 유적에서 출토된 식물 유존체는 재배된 것으로 농경의 기원과 존재에 대해서 2가지로 추정하였다. 첫 번째, 자랴-3 유적에서 확인되는 곡물은 연해주의 내륙에 거주한 사람들과의 접촉에 의한 것이라고 판단하였는데 필자는 이에 대해서는 동의한다. 그리고 이 점을 방증하기 위해서 그는 쉬코트 고원[03]에서 채취한 흑요석으로 만든 도구로 유적에서 출토된 도구와의 비교를 하였다(Cassidy 2004, pp.385·434).

두 번째는 마르가리토프카 문화의 유적에서 농경도구가 존재하지 않는다는 점에서 마르가리토프카 문화의 농경이 직접 이루어지지 않았다고 하였다.

그러나 이 점에 대해서는 동의할 수 없는 것이 연해주의 신석기시대 후기 자이사노프카 문화에서 재배된 곡물이 확인된 모든 유적에서 농경활동을 증명할 수 있는 도구가 출토된 것은 아니다. 올가-10 유적의 1호 주거지에서는 굴지구류가 확인되었다(1점은 미완성품, 2점은 완성품). 그런데 농경의 도구는 농경의 증명이 되지는 못할 수도 있다. 왜냐하면 단순히 땅을 파는 일과 관련될 수 있기 때문이다(예를 들면 주거지나 저장구덩이를 파는 일). 따라서 농경 도구의 존재나 부재로서 농경을 증명하는 것은 극동의 선사시대 다른 유적에서도 관찰해서 다시 생각해 봐야 할 것이다. 필자들의 의견으로는 현재 농경의

---

02 자랴-3 유적에서 출토된 식물유존체는 현재 소재지가 불명확해서, 필자는 이들을 실견할 수 없었다.
03 연해주의 내륙에 위치한다.

존재에 대한 확실한 증명은 재배된 곡물 이외에는 없다고 생각한다. 한 문화의 유적에 대한 고고식물유존체에 대한 정보가 다른 유적으로 확대되어야 만 농경의 여부를 해석할 수 있을 것이다.

마르가리토프카 문화의 농경 기원과 존재에 관한 논쟁은 마르가리토프카 문화 자체의 기원에 대한 문제와 같이 끝이 없을 것이다. 올가-10 유적에서 출토된 식물유존체가 설명할 수 있는 부분은 연해주의 비슷한 시기의 유적 혹은 병행 시기의 유적에서 출토된 유물과의 비교를 통한 유사점 혹은 차이점 정도일 것이다. 마르가리토프카 문화의 절대연대(3600~3300B.P., 표6)는 연해주의 남서지역인 한카호 주변의 자이사노프카 문화의 연대(3900~3300B.P.)와 일정 부분 병행하고 있다. 자이사노프카 문화의 한카호 유형 유적에서 출토된 고고식물유존체는 기장과 조(세르구세바 2008b)이며, 앞서 언급한 바와 같이 올가-10 유적의 출토품과 형태면에서 유사하다.

자이사노프카 문화의 다른 유적에서 출토되는 고고 식물유존체와 이 문화의 한카호 유형 유적과의 차이점은 재배된 식물의 세트가 동일하지 않다. 예를 들면 그보즈제보-4 유적[4130±40B.P.(AA-60612)]에서 출토된 식물 유존체는 기장(*Panicum milliaceum*)만 확인되었다(쿠르티흐 외 2010, pp.185~186·189). 자이사노프카-1 유적[4010±44B.P.(NUTA2-5282), 3973±31B.P.(NUTA2-5483)]에서는 주거지 내부토에서 조와 함께 확실하지는 않지만 기장속이 확인되었는데, 형태만으로는 돌피(*Echinochloa Beauv.*) 종류일 가능성이 많다(세르구세바 2006, p.188). 이 종자는 야생 피(*Echinochloa crusgalli*)에서 재배종(*E, utilis*)으로 형태 변화되는 것일 수도 있다(세르구세바 2008b, p.188).

이 보다 늦은 시기인 청동기시대의 연해주에서 출토된 재배 곡물은 아직까지는 적은 편인데, 모두 2개의 유적에서 출토되었다. 다층위 유적인 노보셀리쉐-4 유적(2980±50B.P., ГИН-6951)(세르구세바·클류예프 2006, p.119)과 아누치노-14 유적(2640±55B.P., COAH-4491)(얀쉬나·클류예프 2005b·2007)이다. 출토된 고고식물체는 예외적으로 기장이 출토되었다(세르구세바 2008a, p.20; 세르구세바·클류예프 2006).

따라서 마르가리토프카 문화에서 확인되는 재배된 식물체의 종류는 자이사노프카 문화의 한카호 유형의 유적에서 출토되는 식물유존체 종류와 유사하지만, 마르가리토프카 문화와 이에 후속하는 청동기시대의 다른 문화의 유적에서 출토되는 재배된 곡물과는 차이점이 있다. 이러한 점을 이해하기 위해서는 마르가리토프카 문화의 기원과 연해주의

| 표 6   마르가리토프카 유적의 절대연대

유적	절대연대(B.P.)	실험번호	대상유물	위치	참고문헌
글라조프카-2	3605±35	AA-37114	숯	주거지	얀쉬나·클류예프, 2005a
	3580±40	UCR-3773			
자랴-3	3570±60	Beta-133846	숯	주거지 1호, A구역	Cassidy et al., 2003, c. 301
	3520±40	Beta-172570			
	3540±70	Beta-172573		주거지 5호, B구역	
프레오브라줴니예-1	3510±70	Beta-172568	숯	11호 주거지	슬렙초프, 2005, c. 157
모나스티르카-3	3420±40	ГИН-10218	숯	주거지	댜코프 외, 2003, c. 147
	3340±40	ГИН-10219			
	3400±40	ГИН-10220			
올가-10	3300±45	СОАН-8365	숯	1호 주거지	바타르쉐프 외, 2014, c. 140
	3515±65	СОАН-8366		2호 주거지	
	3370±55	СОАН-8367			

내륙 청동기시대 문화의 기원과의 차이점에 대한 직접적 혹은 간접적 고고학적 접근이 필요할 것으로 생각된다.

올가-10 유적 거주자는 주거지에서 출토된 야생식물체로 보아 야생 식물도 채집했던 것으로 생각된다. 그런데 생계유형을 복원하는 차원에서 채집생활은 주요한 생계로서 의미가 약해 보인다. 왜냐하면 출토된 야생식물종류는 그 수나 종류가 아주 적기 때문이다. 필자가 살펴본 결과 전체 식물 유존체 가운데서 반 정도 만이 해당된다. 이 점은 야생종이 상대적으로 아주 넓게 이용되었을 수도 있다. 또 다른 점은 유적에서 출토되는 고고식물유존체의 형성과정에 대한 문제에 대해서도 생각해야 할 것이다. 예를 들면 단단한 견과류 껍질은 다른 채집식물에 비해서 유적에서 잘 남아 있을 가능성이 크기 때문에, 실제 고대 생활과 현재 나타나는 점의 차이점이 있을 가능성이 있다. 실제로 올가-10 유적에서 출토된 식물유존체 가운데서 참나무의 도토리가 15점 확인되었다. 그런데 도토리류는 연해주의 고고유적에서 아주 잘 남아 있어서 상대적으로 주거지에서 채집된 식물유존체 가운데서 높은 포화도를 보이는데, 이를 보고 아주 널리 이용한 야생 식물처럼 치부

해 버리기도 한다. 마르가리토프카 문화의 자랴-3 유적에서도 이와 같은 논지 때문에 곡물이 출토되었음에도 불구하고 농경의 부재로 결론(Cassidy 2004) 내렸을 가능성도 없지 않다.

3. 논쟁의 연장

올가-10 유적에서 출토된 고고자료를 토대로 연해주의 다른 유적과 비교해서 논쟁코자 한다. 필자들이 가장 관심을 가지는 부분은 마르가리토프카 문화의 발전 단계 문제이다. 그간 이 문화의 유적인 글라조프카-2, 자랴-3, 프레오브라줴니예-1 유적은 토기제작과 석기상으로 보아서 청동기시대가 아닌 신석기시대[04]로 판단되었다. 뿐만 아니라 마르가리토프카 문화의 절대연대와 청동제 유물과 석검이 부재한다는 사실도 이를 방증하는 것으로 여겼다(클류예프 외 2010; 얀쉬나·클류예프 2005a; Cassidy J.·Kononenko N.·Sleptsov I.·Ponkratova I. 2003). 하지만 마르가리토프카 문화에서 금속기나 금속제작 기술이 부재한 것은 이 문화의 사람들이 제작기술을 가진 사람들과 아직 직접접촉이 없었을 가능성도 생각해 볼 수 있다. 그렇기 때문에 마르가리토프카 문화의 시대구분과 관련해서는 금속기 문제는 제외하고, 석기와 토기와 관련해서 살펴보는 것이 좀 더 유리한 결론을 이끌어 낼 수 있다.

마르가리토프카 문화의 석기상의 특징은 마연 기술로 제작된 석기가 거의 없고 타제로 잔손질 제작기법이 주로 사용된다는 점이다. 예외적으로 '장기알 모양의 석기'만이 전면 마연된 유물이다. 이 사실은 마르가리토프카 문화가 신석기시대 석기 제작과 가깝다고 지적되었고(안드리예바·스투지츠카야 1987; 브로댠스키 1987), 이것은 신석기시대 마지막 단계에 해당된다는 논지(클류예프 외 2010)에 힘을 실어 주었다. 그러나 청동기시대 유적인 리도프카-1 유적, 블라고다트노예-3 유적에서 출토되는 석기양상은 마르가리토프카 문화와 유사하다(댜코프 1989; 시도렌코 2007). 언급된 바와 같이 기본적으로 마르가리토프카 문화의 석기유물은 타제로 잔손질된 유물이 많다. 그런데 마제석기는 전통적인 청동기시대 유적에서 확인되는데, 타제기법을 대체하는 기술이 아니라 마연기술이 보충적으로 사용된다고 할 수 있다. 석검, 석모 혹은 목제가공용 석부, 석도 등이

---

04 역자 주. 자이사노프카 문화.

생활 활동에서 필요한 환경으로 바뀌었으며 기술적으로 더해지는 것이다. 이와 동시기의 한카호 주변 자이사노프카 문화의 유적05 등에서는 석인기법으로 제작된 석촉이 남아있는데, 동시에 마제석기도 확인된다(쿠르티흐·콜로미예츠 2010, pp.86~87)고 할 수 있다. 따라서 석기제작 기술 특히 간접떼기기법으로 제작된 도구와 같은 석기 제작 방법으로 신석기시대 최후라고는 할 수 없으며, 신석기시대와 청동기시대의 석기제작 기술이 유사하다고 할 수 있다. 필자는 신석기시대 석기 제작기술이 연해주의 남동부에서 청동기시대에도 사용되는 것은 잔솔질하는 것이 훨씬 제작에 유리한 석재료와 관련이 있다고 생각한다. 마제석검 혹은 석모는 동검을 모방한 것으로 생각되는데, 좀 더 늦은 청동기시대 유적에서 확인된다. 그러나 석검은 비실용적인 도구로 사회적 계급과도 관련되어 있다. 석검은 금속제의 위상이나 금속기의 가치는 알았으나, 금속기 제작방법은 몰랐던 사람이 쉽게 접근 할 수 있는 한 방편으로 만들었다고 할 수 있다.

마르가리토프카 문화의 금속기 제작문제와 관련된 논의에 대해서는 올가-10 유적의 주거지에서 출토된 3개의 지석에 주목하고자 한다. 휴대가 가능한 아주 작은 크기로 입자가 작은 돌로 만들어진 것이다. 대체적으로 약간 둥근모양으로 석회암으로 제작된 것인데, 직경은 4.5cm이다. 그 상면에는 마연된 흔적이 길이 방향으로 뚜렷하게 남아 있다(그림 5: 15). 지석은 매우 작은 입자이며 무른 경도의 석재인데, 이는 금속기 제작에만 사용된다고 한다06(데레뱐코 2013, p.291). 연해주의 고금속기시대의 늦은 시기에는 석재의 입자가 작은 휴대가 용이한 크기의 지석이 흔히 확인된다.

따라서 마르가리토프카 문화의 석기양상은 신석기시대보다는 청동기시대 양상과 가깝다. 마르가리토프카 문화의 특징은 수 년 전에 이미 연해주 남동해안가의 청동기시대 유적 특히 리도프카 문화의 유적에서 이미 이야기된 바와도 같다고 할 수 있다.

마르가리토프카 문화의 토기양상도 신석기시대적인 것으로 논의된 바 있다(얀쉬나 2004; 얀쉬나·클류예프 2005b, p.184). 그러나 얀쉬나의 연구는 마르가리토프카 문화의 토기제작방법에서 신석기시대와 청동기시대의 토기 공통점과 차이점을 추출해서 두 시대의 시기성과 병행관계만을 강조한 것이다. 토기제작방법, 기형과 문양 특징으로 신석기시대 후기와 청동기시대를 토기발달정도로 구분하였다.

신석기시대 후기 특징은 토기제작기법으로 충분히 높은 온도에서 소성된 것이며, 경부

05　역자 주. 대표적으로 레티호프카 유적의 출토품이 있다.
06　지석의 용도와 관련된 것은 특별한 화학적 분석을 통한 결과를 토대로 한 것이다.

가 거의 없는 단순한 발형토기이며, 구연이 약간 외반된 기형으로 토기 문양은 동체부에만 약간 시문된 것이다. 그 외에도 '우아한' 토기(그림 7: 1~2)도 존재하는데, 마연토기로 기형과 문양 등은 생활용 토기와는 차이가 있는 것이다.

마르가리토프카 문화의 토기 가운데서 신석기시대 후기부터 나타나서 청동기시대에 확실히 특징으로 자리잡는 특징이 있다. 그것은 적색마연토기로 토기를 마연한 후에 그 위에 아주 얇은 안료를 덧입히는 것으로 적색 빛 혹은 적갈색 빛깔을 띤다. 구연부는 단면이 삼각형인 이중구연인데, 그 위에 각목으로 시문하였다. 기형은 잔발형과 컵형토기도 있다.[07]

청동기시대 토기 특징은 태토에 패각을 분쇄해서 넣은 것이다. 토기 구연부를 강화하기 위해서 덧붙인 토기 장식이 강화되는데, 이것은 토기 동체부는 무문화되고 구연부만 장식화된 것으로 볼 수도 있다.

상기한 특징 가운데 마르가리토프카 문화의 '우아한 토기'는 짧게 외반하는 구연부와 토기 견부에서 점선모양의 문양이 시문되어 있다. 문양은 단치구로 찍은 것인데, 하린 계곡에서 확인된 청동기시대 유적에서 출토된 토기 문양 형태는 다르지만 시문방법과 유사하다(댜코프 1989, 표 47). 마르가리토프카 문화의 토기 양상은 신석기시대 토기 제작과 차이가 있다. 압날된 횡자어골문 계통의 문양 토기 구연부 혹은 구연단에 점토띠가 덧붙여 지는 것과 토기세트가 생긴다고 할 수 있다. 토기 기형에서는 저장용 용기의 기능인 경부가 외반하는 것은 없어진다.

마르가리토프카 문화의 토기 특징은 신석기시대 후기 전통도 포함되지만 그 보다 더 발전된 것도 포함하고 있다고 생각되며, 신석기시대 후기의 전통에서 벗어나려고 하는 단계로 청동기시대로 들어가려고 하는 이전 단계인 전환기의 것이라고 할 수 있다.

---

07 역자 주. 동북지역 뇌문토기가 적색마연되어 있으며(김재윤 2007), 이것이 마르가리토프카 문화의 적색마연토기로 발전된다고 논의한(김재윤 2011) 바 있다.
   김재윤, 2007, 「한반도 동북지역 뇌문토기의 변천과정」, 『文化財』 40.
   김재윤, 2011, 「동북한 청동기시대 형성과정 -연해주와 연변 고고자료의 비교를 통해서-」, 『동북아역사논총』 32호.

맺음말

마르가리토프카 문화의 석기제작방법과 토기양상은 청동기시대에 가깝다는 사실을 알수 있었다. 이 문화에서 확인되는 신석기후기적인 요소는 연해주의 남동쪽 청동기문화인 리도프카 문화의 청동기시대 특징과 함께 확인된다. 하지만 신석기시대 후기의 요소가 계속보이는 현상에 대해서는 설명하지 못하여서, 마르가리토프카 문화를 별도의 문화로 규정하지 않았다. 이미 규정된 문화명을 따랐다. 하지만 서문에서 언급된 선행된 문제점들에 대해서는 이를 설명하고자 노력하였다. 마르가리토프카 문화와 리도프카 문화는 연해주 해안가의 남동쪽에 위치한 자이사노프카 문화와 관련성이 있다. 예를 들면 루드나야 프리스턴, 포드 리팜이, 소프카 볼쇼야, 에프스타피-4와 같은 유적이다. 이곳에서 출토된 토기는 대부분 이중구연토기이다(댜코프 1989, p.220; 시도렌코 2007, pp.117~118; 얀쉬나·클류예프 2005b, p.204). 하지만 별도의 문화로 규정하기에는 자료가 충분치 않다.

마르가리토프카 문화에서 농경 기원에 관한 문제는 이미 지적한 바와 같이 재배된 기장속이 확인되는데, 이는 신석기시대 후기 자이사노프카 문화 단계의 한카호 유역의 유적과 병행하고 있다.

마르가리토프카 문화에서는 두 유적에서 재배된 기장이 확인되며, 마르가리토프카 문화의 사람들이 재배된 두 가지 곡물(조와 기장)이 주요한 농경으로 생업활동의 한 부분을 차지 했을 것이라고 생각한다.

그런데 마르가리토프카 문화의 생업활동에서 농경이 차지하는 위치에 대한 질문은 간단하지 않다. 아마도 마르가리토프카 문화 주민의 생업에서 가장 주요한 부분은 아니라고 생각된다. 왜냐하면 올가-10 유적에서 확인된 재배곡물은 최소한의 수량이며 식용 가능한 야생 식물체가 더 우위를 점하고 있으며, 석기상으로도 수렵이나 채집도구가 많기 때문이다. 유적의 입지도 이를 대변하는데, 해안가 혹은 해안으로 흘러가는 강의 입구에서 유적이 많이 확인되는데, 해양자원이나 강 자원을 이용하기에 용이한 장소이다. 또한 해안가에 위치한 유적에서 재배식물이 확인되는 점은 마르가리토프카 문화의 생업 중에서 농경이 차지하는 비중이 중요했다는 점을 방증하는 것으로도 볼 수 있다.

참고 문헌

안드리예바, 1970, Андреева Ж.В. Древнее Приморье (железный век). М.: Наука, 1970. 145 с.

안드리예바, 1987, Андреева Ж.В., Студзицкая С.В. Бронзовый век Дальнего Востока // Эпоха бронзы лесной полосы СССР. М., 1987. С. 351-363.

바트르셰프, 2011, Батаршев С.В., Дорофеева Н.А., Крутых Е.Б., Морева О.Л., Шаповалов Е.Ю. Пхусунский комплекс памятника Ольга-10 в Восточном Приморье: проблемы выделения и культурно-хронологической интерпретации // Актуальные проблемы археологии Сибири и Дальнего Востока. Уссурийск, 2011. С. 230-243.

바타르셰프, 2014, Батаршев С.В., Дорофеева Н.А., Крутых Е.Б., Морева О.Л., Сергушева Е.А. Маргаритовская археологическая культура в Приморье: итоги и перспективы изучения // Традиционная культура востока Азии: К 10-летию Центра по сохранению историко-культурного наследия Амурской области. Благовещенск, 2014. Вып. 7. С. 138-163.

브로댠스키, 1987, Бродянский Д.Л. Введение в дальневосточную археологию. Владивосток: Изд-во Дальневост. ун-та, 1987. 276 с.

안드리예바, 1987, Валентин-перешеек - поселок древних рудокопов / Ж.В. Андреева, А.В. Гарковик, И.С. Жущиховская, Н.А. Кононенко. М.: Наука, 1987. 248 с.

데레뱐코, 2013, Деревянко Е.И. К проблеме бронзового века на Дальнем Востоке // Фундаментальные проблемы археологии, антропологии и этнографии Евразии: К 70-летию акад. А.П. Деревянко. Новосибирск, 2013. С. 287-297.

댜코프, 1989, Дьяков В.И. Приморье в эпоху бронзы. Владивосток: Изд-во Дальневост. ун-та, 1989. 296 с.

댜코프, 1992, Дьяков В.И. Многослойное поселение Рудная Пристань и периодизация неолитических культур Приморья. Владивосток: Дальнаука, 1992. 140 с.

댜코프, 2003, Дьяков В.И., Дьякова О.В., Сидоренко Е.В. Комплекс эпохи палеометалла памятника Монастырка-3 // Археология и социокультурная антропология Дальнего Востока и сопредельных территорий (материалы XI сессии археологов и антропологов Дальнего Востока). Благовещенск, 2003. С. 141-147.

клю예프, 2010, Клюев Н.А., Гарковик А.В., Яншина О.В., Слепцов И.Ю. Финальный неолит Приморья: к итогам разработки некоторых проблем // Адаптация народов и культур к изменениям природной среды, социальныи и техногенным трансформациям. М., 2010. С. 88-97.

클류예프, 1997, Клюев Н.А., Яншина О.В. Новые материалы по эпохе палеометалла Примо рья. Поселение Глазковка-2 // Вопросы археологии, истории и этнологии Дальн его Востока. Владивосток, 1997. С. 18-30.

쿠르티흐, 2010, Крутых Е.Б., Коломиец С.А. Финальный неолит Приморья: состояние изу ченности, концепции, перспективы исследований // Россия и АТР. 2010. № 3. С. 79-93.

쿠르티흐, 2010, Крутых Е.Б., Морева О.Л., Батаршев С.В., Дорофеева Н.А., Малков С.С., Сергушева Е.А. Проблемы интерпретации неолитического комплекса памятника Гвоздево-4 (Южное Приморье) // Приоткрывая завесу тысячелетий: к 80-летию Ж.В. Андреевой. Владивосток, 2010. С. 176-190.

세르구세바, 2006, Сергушева Е.А. Семена и плоды с поздненеолитического поселения Ре ттиховка-Геологическая (предварительные результаты) // Cultivated Cereals in Prehistoric and Ancient Far East Asia 2. University of Kumamoto, 2006. P. 1-11.

세르구세바, 2008a, Сергушева Е.А. Использование растительных ресурсов населением П риморья в эпоху неолита – раннего металла (по археоботаническим данным посе лений): Автореф. дис. ⋯ канд. ист. наук. СПб, 2008a. 30 с.

세르구세바, 2008b, Сергушева Е.А. К вопросу о появлении земледелия на территории При морье в позднем неолите: археоботанические исследования // OPUS: междисци плинарные исследования в археологии. М., 2008б. Вып. 6. С. 180-195.

세르구세바, 2006, Сергушева Е.А., Клюев Н.А. К вопросу о существовании земледелия у н еолитических обитателей поселения Новоселище-4 (Приморский край) // Пяты е Гродековские чтения: Материалы Межрегион. науч.-практ. конф. Хабаровск, 2006. Ч. I. С. 119-127.

시도렌코, 2007, Сидоренко Е.В. Северо-Восточное Приморье в эпоху палеометалла. Вла дивосток: Дальнаука, 2007. 271 с.

슬렙초프, 2005, Слепцов И.Ю. Жилища маргаритовской культуры (по материалам полевых исследований поселения Преображение-1) // Социогенез в Северной Азии. Ирк утск, 2005. Ч. I. С. 154-158.

얀쉬나, 2004, Яншина О.В. Проблема выделения бронзового века в Приморье. СПб.: МАЭ РАН, 2004. 212 с.

얀쉬나, 2005a, Яншина О.В., Клюев Н.А. Маргаритовская археологическая культура Прим орья и ее место в археологической периодизации // Социогенез в Северной Азии. Иркутск, 2005a. Ч. I. С. 181-185.

얀쉬나 외, 2005b, Яншина О.В., Клюев Н.А. Поздний неолит и ранний палеометалл Примор ья: критерии выделения и характеристика археологических комплексов // Росс

ийский Дальний Восток в древности и средневековье: открытия, проблемы и гип
отезы. Владивосток, 2005б. С. 187–233.

영어

Cassidy J.D. The Margarita Culture of Coastal Primorye: An Examination of Culture Change
During the Middle Holocene on the Northern Sea of Japan: Dissertation for the
degree of PhD in Anthropology. Santa Barbara: Univ. of California, 2004. 479 p.

Cassidy J., Kononenko N., Sleptsov I., Ponkratova I. On the Margarita archaeological
culture: Bronze Age or Final Neolithic? // Проблемы археологии и палеоэкологии
Северной, Восточной и Центральной Азии. Новосибирск, 2003. С. 300–302.

Krounovka 1 Site in Primorye, Russia: Report of excavation in 2002 and 2003. Study of
Environmental Change of Early Holocene and the Prehistoric Subsistence System in
Far East Asia. Kumamoto, 2004. 58 p.

11

사할린 중부의 고금속기시대 유적,
야스노예-8

데류긴(Дерюгин В.А.)

야스노예-8(ЯCHOE-8) 유적은 2006년에 사할린국립대학과 러시아과학아카데미 시베리아분소의 역사고고민족학연구소가 <사할린-2>라고 하는 사할린 원유개발사업의 일환으로 공동 발굴하였다. 사할린 중부의 유적은 팀(Тымь)강 좌안 지류의 수계에 위치하는데, 사할린 지구의 탐모프스코예 야스노예 마을에서 북서쪽으로 5km 떨어진 곳에 위치한다. 유적은 팀강의 수위를 기준으로 대략 50m 위에 위치한다(WGS-84 UTM 54 U X=617,942 Y=5,615,458). 전체평면적의 크기는 841㎡이며, 토기에 대해서는 이미 앞서 보고한 바 있다(데류긴 2007·2010).

1. 유구 정황

발굴 전에 유구의 남동쪽 경계에는 수도관을 묻으면서 생긴 불룩한 둔덕이 있었으나, 수혈이 육안으로 관찰되는 상황이었다.

유적이 하나의 문화층임은 발굴과정에서 밝혀졌다. 층위상으로 보아서 유적은 세 개의 존속기간으로 나눌 수 있는데, 주거지 설치 전, 주거지 이용 기간, 주거지 외부에 설치된 두 기의 야외노지와 관련된 기간이다. 야외노지는 주거지에서 퍼낸 흙이 약간 덮여 있었다. 한 기의 야외노지에서는 토기가 확인되었는데, 주거지에서 출토된 토기와 형식적으로 동일하다. 야외노지에서는 석촉과 심하게 불 맞은 뼈 조각도 확인되는데, 주거지를 만

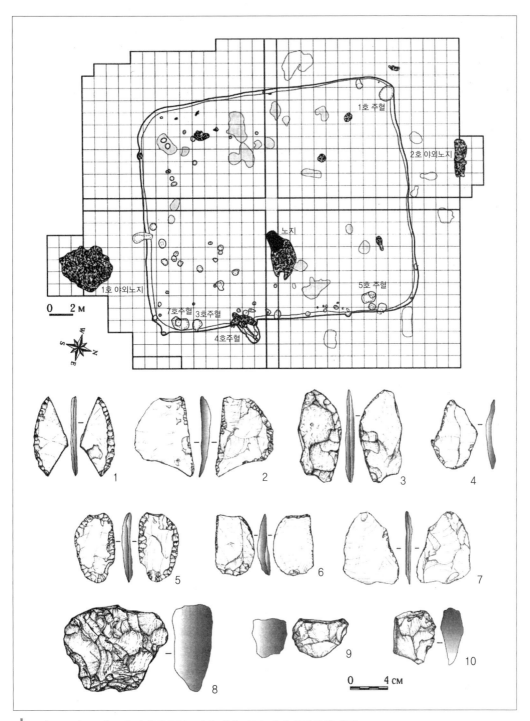

그림 1   야스노예-8 유적의 발굴유구 평면도(상) 야스노예-8 유적의 석기(하)

든 사람이 남겼을 가능성이 있다.

주거지는 평면형태가 말각장방형으로 크기는 22×19m, 깊이는 20~50cm이다(그림 1). 주거지의 장축방향은 북북서-남남동방향인데, 팀강과 평행한다. 주거지에서 퍼낸 흙은 주거지 어깨선 주변에서 높이 0.5m로 확인되고 있는데, 그 외에 주거지 위에 시설물이 확인되지는 않는다. 주거지 내부에서는 기둥구멍은 그렇게 뚜렷하게 드러나지 않는데, 집의 지붕은 주거지 전면에 없었던 것으로 생각된다. 주거지의 북동벽에는 모서리와 가까운 곳에 구덩이 5호와 7호가 확인되는데, 깊이가 대략 40cm가량이다. 그 내부에는 토기편이 출토되었으며, 아마도 주축기둥으로 생각되며, 이와같은 양상의 구멍은 2개만 확인되었다.

주거지 중앙에서 동쪽으로 약간 치우친 곳에 노지가 위치한다. 그곳에는 작은 자갈을 제외하고는 아무것도 출토되지 않았다. 자갈은 노지에서 일종의 시설물로 생각되며, 토기에 물을 끓일 때 사용되었을 것으로 추정해 본다. 노지 위에 지붕이 없었는데, 입구 뿐만 아니라 주거지 내부에 전부 숯이 심하게 튀었다.

노지와 주거지 동벽사이에는 크기가 0.5m가량의 바위가 있었는데, 상면이 편평한 모양이며, 돌아간 흔적이 있다.

생업에 이용된 도구가 주거지 내에서 확인되었다. 깨진 완형 토기와 토기편은 주거지의 남서와 북동쪽 어깨선 주변에서 많이 출토되었는데, 그 중에 일부는 깊지 않은 구덩이에서 확인되었다. 남동쪽과 북서쪽 어깨 면에는 토기 편 한 점만 출토되었다. 남동쪽 어깨면에는 석제편들이 흩어져 있는 공간이 확인되었는데, 석기를 제작하던 곳일 가능성도 있다.

주거지의 건축적인 특징은 확인되지 않았지만, 주거지 북동쪽 어깨면의 중앙부 바로 어깨면에 상부에는 둔덕의 흔적이 남아 있는데, 그 아래의 구덩이 안쪽에 작은 토기편이 모여 있었다.

그 위치로 보아서 생계활동과 관련된 장소로 생각되며, 설치된 시설은 크기로 보아서 짧은 기간의 이용을 위한 곳은 아닐 가능성이 있는 것으로 보여진다.

2. 석기

석기의 양은 상대적으로 적은 편이나, 가공구 두 종류(그림 2: 1~2), 석촉(그림 2:

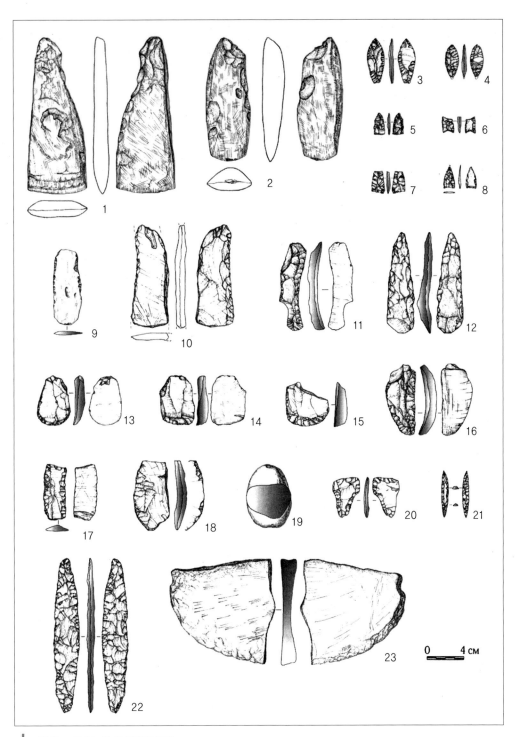

| 그림 2   야스노예-8 유적의 석기

3~8), 나뭇잎형태의 긁개와 긁개편(그림 2: 8~19), 투석(그림 2: 19), 뚜르개(그림 2: 20~21), 간접떼기 된 석도 및 석기 편(그림 1: 1~5, 그림 2: 22), 부정형 석핵(그림 1: 8~10), 무두질하는데 이용되는 납작한 석기(그림 2: 23)가 있다. 박편석기는 칼 혹은 스폴을 떼어낸 후 어떤 가공없이 긁개처럼 이용되었을 것인데, 가장 많이 출토된다.

도구를 제작하기 위한 석재는 반짝이며 색깔이 있는 재스퍼(jasper)가 대부분인데, 사할린 북부와 중부에 아주 널리 사용되는 것이다. 흑요석제가 한 점 확인되었는데, 흐릿한 회색조이며, 홋카이도 지역과의 문화적 유사성이 확인되지 않았기 때문에 질 좋은 석재를 얻기 위한 교환으로 인해서 남겨졌을 가능성이 가장 큰 것으로 생각된다. 그 외 다른 석기는 재지의 것으로 실트암, 사암, 화산암 등으로 제작된 것이다.

3. 토기

주거지의 남서쪽과 북동쪽 어깨선을 따라서 주로 확인되는데, 토기 중에는 야외노지에서 출토된 것도 있다.

토기 한 점의 구연부를 제외하고는 모든 토기가 한 유형의 것으로, 이는 사할린에서 이전에는 확인되지 않은 토기로 팀 유형의 토기로 명명되었다(데류긴 2007). 몇 개의 토기 그룹으로 나눌 수 있다.

1그룹. 구연부가 거의 직립하며, 경부가 없어서 동체부와 구분되지 않거나 아주 약간 구연부가 외반하는 것이다(그림 3: 1~8).

2그룹. 구연부가 내만하며, 경부가 없으며, 동체부는 둥근형태이다(그림 4: 1~6). 동최대경은 구연부의 하단에서부터 1/3지점에 위치한다(그림 4: 1~6).

3그룹. 구연부가 내만하는 형태로, 동최대경이 거의 구연부 부근에 있는 기형이다(그림 4: 11~13). 이 그룹에서 동최대경과 높이의 상관관계에 따라서 구분될 수 있다.

4그룹. 구연부가 직립하며, 동최대경은 구연부와 일치한다(그림 4: 7~10).

야스노예-8 유적은 팀 유형으로 평저이며, 문양이 없다. 토기는 윤적법으로 제작되었다. 태토에는 얇은 모래가 혼입되었다. 토기 저면의 바닥에는 모래가 부착되어 있는데, 토기 제작 시에 모래를 뿌리고 세웠던 것으로 생각된다. 토기의 저면에는 얇은 굽이 붙어 있는 것이 많다. 어떤 토기에는 목리 흔적이 남아 있는 것도 있는데, 토기의 내면에는 지두흔적이 뚜렷하게 남아 있는 것도 있다(그림 4: 12). 이것은 점토를 접합하기 위해서 손

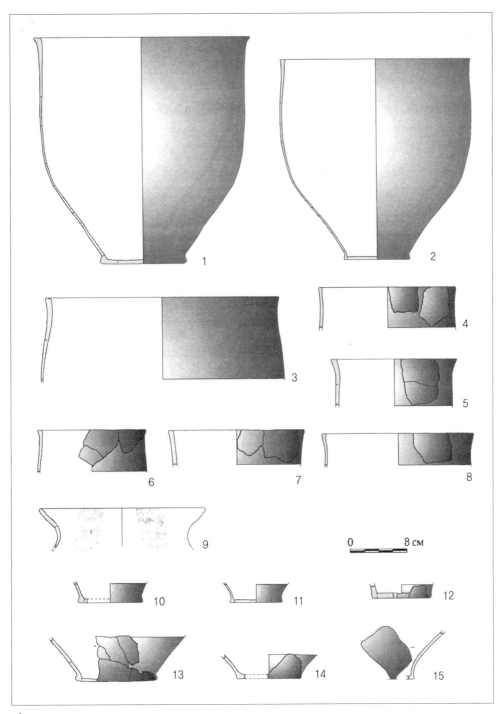

그림 3 야스노예-8 유적의 토기

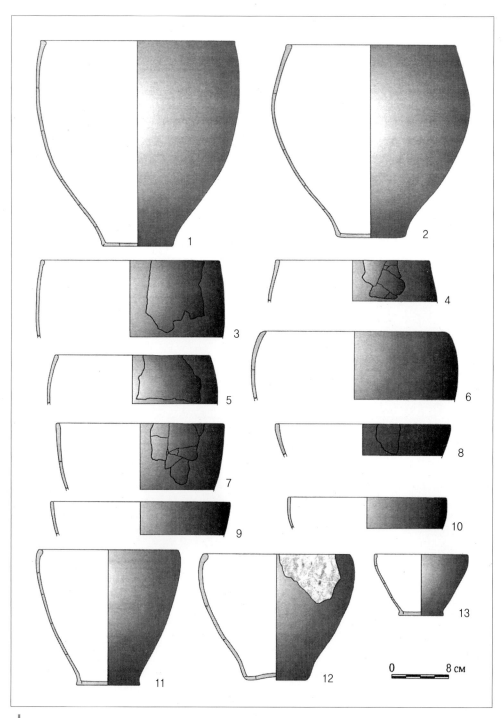

그림 4   야스노예-8 유적의 토기

으로 눌렀다. 작은 토기의 토기 내면에는 박자로 두드린 흔적이 남아 있다. 금 간 토기를 복원하면서 토기의 사용 흔적이 확인되었다. 토기 내면에는 흑색의 물질이 부착되어 있는데 자연적인 아스팔트로 생각된다. 소성전의 토기는 거꾸로 세워져 있는 것으로 생각되는데, 저면에는 이런 흔적이 남아 있기 때문이다(그림 4: 12). 소성온도는 낮은 온도에서 소성되었다.

팀 유형의 토기 중에는 구연부가 완전히 다른 토기가 한 점 있다(그림 3: 9). 구연부는 외반하고, 토기의 내 외면에 수직의 다치구로 찍은 흔적이 남아 있다. 똑같은 문양이 경부에도 있으며 구연부에도 있다.

팀 유형의 토기가 어떤 문화가 관련이 있는지는 아직 알 수 없지만 섬의 북부 혹은 아무르강 지역과의 관련성이 클 가능성이 있다.

4. 절대연대와 병행관계

유적에서 출토된 석기는 이 지역과 이 시기에 출토되는 석기와는 차이가 있다. 팀 유형의 토기는 사할린의 전체 토기 유형에서도 공통점이 작다.

사할린에서 팀 유형의 토기는 전체 지역에서 많은 유적에서 출토된다. 이와 가장 가까운 것은 야스노예-7 유적인데, 북동쪽으로 0.8km 떨어진 곳이다. 이 유적에서는 문양이 없는 팀 유형의 토기와 함께 수직방향으로 길게 표시된 토기 편과 깊지 않게 손으로 눌러서 시문한 토기가 출토되었다. 이 두 토기는 팀 유형 토기의 성격을 보여주는 것으로, 한 토기 전통 안에서 문양이 있는 토기와 없는 토기가 공존한다는 사실을 알려 주고 있다.

다음에는 팀 유형의 토기는 아니프 문화(анивская культура)의 토기와 관련이 있는 것으로 생각된다. 자파드노예-1(Западное-1) 유적(표도르축 1995)의 아래층에서는 다치구로 찍은 팀 유형의 토기가 출토되었는데, 그곳에서는 아니프 문화의 토기로서 승선문이 시문된 토기가 출토되었는데, 무문양토기로 팀 유형의 토기와 유사하다. 형식적으로 팀 유형 토기의 구연부는 사할린 북쪽의 고금속기시대 유적에서 출토되는 원첨저 토기와 유사한 면이 있다.

사할린 문화의 외부에서는 섬과는 멀리 떨어져 있지만 한반도와 중국 동북지방을 주목하고자 한다. 한반도에는 B.C.1500~300년 사이에 청동기시대의 무문토기문화가 있다(後藤 直 2006). 토기는 무문양으로 발형토기이다. 한국에서는 토기를 자세하게 분석하는데, 팀 유형과 가장 유사한 토기는 한반도 남부의 송국리 유형과 유사한 것으로 생각된다. 송국리 유형은 B.C.1000년기 중반에 해당된다(쇼다 2009). 하지만 현재 사할린과 한반도 남부와의 관련성을 상정시키는 것은 매우 힘들다. 왜냐하면 이 두 지역의 토기는 단순히 유사할지 모르지만 토기 전통이 전혀 다르기 때문이다.

또한 중국의 길림 지역 유물과도 비교해 보고자 하는데 B.C.2000년기 말에 흥성으로부터 받아들인 무문토기 문화가 있다. 흥성 문화는 연해주에 아주 널리 퍼져 있는 것으로 알려 졌다(大貫靜雄 1998). 팀 유형의 토기와 유사한 것은 연해주의 B.C.1000년기에 하린 파지, 블라고다트노예-3 유적, 올레니-B 유적 등에서 관찰된다(브로댠스키 1987; 댜코프 1989). 연해주의 동해안가를 따라서 문화가 번졌던 것으로 생각되고 이와 유사한 것이 타타르 해협의 서쪽 해안가에도 확인된다(후쿠다 외 2002).

처음에 팀 유형의 토기는 B.C.2000년기 말~B.C.1000년기 초반에 존재했던 것으로 생각했다(데류긴 2007). 현재는 좀 더 정확한 절대연대를 파악할 수 있는데, 야스노예-8 유적에서 좀 더 늦은 시기의 절대연대가 확인되었기 때문이다.

벨로예-1(Белое-1) 유적에서는 모두 11기의 절대연대측정치가 확인되었는데, 대부분 비보정연대로 이미 보고된 바 있다(바실리예프스키 2007). 그 중에 세 개는 2075±80B.P.(COAH-6636), 2020±50B.P.(COAH-6629), 1260±60B.P.(COAH-6635)인데, 문화층의 상면이 산불이 나서 영향을 준 것으로 생각된다. 유적 존재 당시에 산불로 인한 절대연대는 유적의 목재에서 추출된 절대연대측정치인 2615±35B.P.(COAH-6632)일 것으로 생각된다.

야스노예-8 유적에서는 모두 7개의 숯의 탄소연대측정치가 있다. 2350±85B.P.(COAH-6634), 2390±60B.P.(COAH-6627), 2415±85B.P.(COAH-6631), 2425±45B.P.(COAH-6633), 2440±55B.P.(COAH-6637), 2460±90B.P.(COAH-6630), 2500±55B.P.(COAH-6628). 이 연대는 B.C.8~4세기에 속하는 것이다. 이 연대는 벨로예-1 유적의 연대인 2200±35B.P.(AA-37077)와 2570±45B.P.(AA-37226)와 상응하는데(바실리예프스키 2007), 팀 유형의 토기와 함께 확인된다.

번호	유적, 시료의 종류, 채취장소, 필자	실험실번호	절대연대(B.P.)	보정연대
1	야스노예-8. 숯, 8번 구덩이, 주거지내 202/125격자. 하층, 40cm가량의 깊이 데류긴·바실리예프스키·오를로바.	COAH-6627	2390±60B.P.	CalPal:559±133B.C.
2	야스노예-8. 숯, 1번 숯 구덩이, 주거지내 218, 219/99격자, 깊이 −25/−45 см. 데류긴·바실리예프스키·오를로바. Дерюгин, Василевский, Орлова	COAH-6628	2500±55B.P.	CalPal:634±107B.C.
3	야스노예-8. 숯, 주거지내 218/129격자, 깊이 20~30cm. 데류긴·바실리예프스키·오를로바.	COAH-6629	2020±50B.P.	CalPal:38±62B.C.
4	야스노예-8. 숯, 5번 구덩이, 주거지내 220 ,221/122, 123격자, 깊이100cm, 데류긴·바실리예프스키·오를로바.	COAH-6630	2460±90B.P.	CalPal:594±134B.C.
5	야스노예-8. 숯, 9번 숯 구덩이, 주거지내 격자209/104. 하층, 깊이 −60/−65cm에서 채취 데류긴·바실리예프스키·오를로바.	COAH-6631	2415±85B.P.	CalPal:573±138B.C.
6	야스노예-8. 숯, 무덤의 표토, 203/107격자. 깊이 −30/−40cm. 데류긴·바실리예프스키·오를로바.	COAH-6632	2615±35B.P.	CalPal:802±13B.C.
7	야스노예-8. 고대 숯, 3호 구덩이, 주거지내 223/109격자. 깊이 −80cm. 데류긴·바실리예프스키·오를로바.	COAH-6633	2425±45B.P.	CalPal:575±129B.C.
8	야스노예-8. 고대 숯, 주거지내 노지, 주거지내 217, 218/115 격자, 깊이 −60/−70cm. 데류긴·바실리예프스키·오를로바.	COAH-6634	2350±85B.P.	CalPal:491±164B.C.
9	야스노예-8. 고대 숯, 주거지내 223/110, 111, 224/110 격자, 깊이 −10/−20cm. 데류긴·바실리예프스키·오를로바.	COAH-6635	1260±60B.P.	CalPal:766±74B.C.
10	야스노예-8. 고대 숯, 2번 숯 구덩이, 격자 210/131. 회색 포드졸 토양 내 구덩이, 깊이 20-30cm. 데류긴·바실리예프스키·오를로바.	COAH-6636	2075±80B.P.	CalPal:112±102B.C.
11	야스노예-8. 고대 숯, 2번 수혈, 210/131 격자, 깊이 30/−35cm. 데류긴·바실리예프스키·오를로바.	COAH-6637	2440±55B.P.	CalPal:584±128B.C.

맺음말

발굴과정에서 야스노예-8 유적의 시설물에 관해서 크게 두 가지로 그 의미를 생각해 볼 필요가 있지만 현재로서는 가정으로만 두고자 한다. 1) 인접한 유적 거주민 숲속의 제사유적, 2) 제사장소이다. 이 시설물을 이용하는데서 단순히 거주지로만 해석하기에는 어려운 점이 많았기 때문이다.

야스노예-8 유적과 문화적으로 관련성이 깊은 것은 동해의 북서해안을 따라서 유적이 확인된다. 팀 유형의 토기가 출토되는 유사한 유적이 좀 더 확인된다면 독립적인 문화로 분리될 수 있을 지도 모른다.

참고 문헌

브로댠스키, 1987, Бродянский Д. Л. Введение в дальневосточную археологию. Владивосто
к: Изд-во Дальневост. гос. ун-та, 1987. 276с.

브로댠스키, 2007, Василевский А.А. Каменный век острова Сахалин. Южно-Сахалинск: И
зд-во СахГУ, 2007. 412 с.

後藤 直, 2006, 朝鮮半島初期農耕社會の硏究, 同成社

데류긴, 2007, Дерюгин В.А. Предварительные результаты исследования на памятнике Я
сное-8 в рамках проекта Сахалин-2 // Археологические исследования переход
ного периода от неолита к железному веку на Дальнем Востоке России. Токио,
2007. С. 39-47.

데류긴, 2010, Дерюгин В.А. Керамика тымского типа и вопросы классификации, периоди
зации керамических комплексов эпохи палеометалла Сахалина // Приоткрывая
занавес тысячелетий. К 80-летию Жанны Васильевны Андреевой. Владивосток,
2010. С. 246-258.

댜코프, 1989, Дьяков В.И. Приморье в эпоху бронзы. Владивосток: Изд-во Дальневост. г
ос. ун-та, 1989. 294 с.

大貫靜夫, 1998, 『東北アジアの考古學』, 同成社

쇼다 신야, 2009, Сёда Синъя. Керамика Корейского полуострова конца II-первой половин
е I тыс. до н.э. // Культурная хронология и другие проблемы в исследованиях др
евностей востока Азии. Хабаровск, 2009. С. 182-185.

표도르축, 1995, Федорчук В. Д. Археологические исследования Поронайского историко-
этнографического музея в 1993-1994 гг. // Вестник Сахалинского музея. 1995.
№ 2. С. 29-53.

福田正宏(筑波大學大學院歷史・人類學硏究科博士課程)・B. A. デリューギン(ハバロフスク鄕土誌博物館硏
究員)・江田眞毅(東京大學大學院農學生命科學硏究科博士課程)共著「2000年度間宮海峽沿岸部
(ソビエツカヤ・ガバン周辺)考古學的調査」北方懇話會編『北方探究』4 北方懇話會:岩見澤pp.38-
63.

12

추코트카 자치구의
동추코트카 라하틴 문화 연구

오레호프(Орехов А.А.)

　추코트카 자치구 아나다르 지역(Анадырскй район)의 경제발전문제 연구에는 베링해 지역 고고연구지도 포함되었는데, 1975년부터 시작해서 지원이 끊어진 2004년까지 지속되었다. 2011~2012년에 추코트카 자치구에서 석탄 원산지인 아나다르 지역과 아맘스(Амаамский) 지역에서 생태조사의 근거에 따라서 고고지표조사를 실시하였다. 이 지역에서 최초의 고고학연구는 디코프가 베링해협의 공항을 짓기 위해서 문화재조사를 디코프가 하면서 부터이다(디코프 1977·1979). 베링해의 북서지역에서는 훨씬 넓은 지역이 1975~1990년에 조사되었다. 2004년에는 주민인증 프로그램과 관련된 모니터링도 실시되었는데, 고고연구조사 결과 알려진 것이 라흐틴 문화(Лахтинская культура, 오레호프 1987·2013)인데, 이 지역의 원주민인 케레크의 조상문화로 여겨진다.

　조사된 지역은 대륙 몬순기후지대이다. 이곳의 토양은 식물이 드문드문 자라는 곳으로 3가지 지역으로 나누어지는데, 토양에 큰 쇄석이 포함되어 있으며, 다양한 풀이 자라는 툰드라 지대로 60~65%는 풀이 자라지 않는 지역이다. 이 지역에는 돌에 이끼류가 많이 끼는데, 이끼류와 관속식물(管束植物)은 지면의 융기 면과 꺼진 면을 채우고 있다. 관목(灌木) 툰드라 지대에는 블루베리, 크랜베리, 래브라도(Labrador), 잎이 작은 진달래 나무속(rhododendron), 자작나무, 미루나무, 버드나무 등이 함께 자란다. Bistorta elliptica, Polygonum vivipartum,[01] 노루발 풀, 애기반들사초 등 툰드라 지역에서만 자라는 풀도 이 지역의 특징이다. 연구지역 부식토는 발달되지 않고 모자이크처럼 드문드문 보이며, 회색툰드라 흙이 우세하다. 부식토층은 이끼로 낀 관목으로 덮여 있는데, 그 두께는 0.03~0.1m이다. 좀 더 두터운 부식토층은 수혈 내에서 0.2~0.4m 정도가 되기도 한다. 오리나무, 버드나무, 자작나무는 강 입구에서만 확인된다.

아맘(Амаам)과 아리나이(Аринай)강 유역의 서쪽지역과 아만강 입구의 석호 해안가에서 연구가 이루어졌다. 아만강의 계곡에서는 강 하류의 좌안과 우안 해안가 모두 조사가 이루어졌는데, 상류에서는 1.2km 너비, 하류에서는 2.3km 너비도 경제발전지구 내에서 고지대까지 해당된다. 고지대는 경사도가 45도 정도인 비스듬한 경사도로 돌로 뒤덮여 있는데, 식물은 확인되지 못했다. 강의 입구는 수위가 낮은 편이고, 일부는 늪지대로 변한 곳도 있다. 아만강의 좌안가는 낮아서 단구대는 남아 있지 않다. 강가에는 오리나무와 자작나무 덤불이 자라고 있다. 우안에는 최초의 강안 단구대가 보존되어 있으며, 두 번째 단구대도 일부 남아 있는데, 높이가 14~25m에 달한다. 아만강 입구에서 12km 떨어진 곳에서 수혈 내에 시굴구덩이를 넣었다. 부식토층은 쇄석이 섞인 갈색사질토였다. 하지만 문화층은 확인되지 못했다.

아맘강의 입구에서 6km가량 떨어진 곳에 강의 왼쪽 지류인 메드베지야강의 중류지점에서 1940년대 지질학자들이 남겨놓았을 법한 야영지를 확인하였다. 그곳에는 목조건물과 철제 깡통, 쓰레기 등이 남아 있었다.

아맘강 입구에는 예전에 텐트형 주거지[02]였을 곳의 흔적이 남아 있는데 직경이 6~8m 정도이고 둥글게 돌이 쌓여 있는 곳이 열 곳 정도 확인되었다. 텐트형 주거지는 알려진 대로, 아래는 돌을 깔고 가죽으로 덮어서 만들어진 것이다. 소형의 텐트형 주거지(너비 6~15m)는 한 시즌은 살 수 있는데, 아마도 15~17세기(?)에 순록유목민들이 남긴 것으로 추정된다.

아맘강 입구의 좌안의 높은 언덕에는 시굴조사를 하였다. 시굴된 지점은 석호의 동쪽 해안가에서 35m 떨어지고 강에서 북쪽으로 53m 떨어진 곳에서 하였다. 부식토층은 쇄석이 포함된 갈색 사질토로 0.52m가량의 두께이며, 문화층은 확인되지 않았다.

---

01 역자 주. 툰드라 지역에서 자라는 풀로서 한국어에 해당용어가 없어서 부득이하게 영어로 표기해 둠.
02 역자 주. 러시아어로 яранг(yaranga), yaranga. 북방민족 가운데 축치 족의 가지고 다닐 수 있는 집으로 일종의 텐트 같은 것이다.

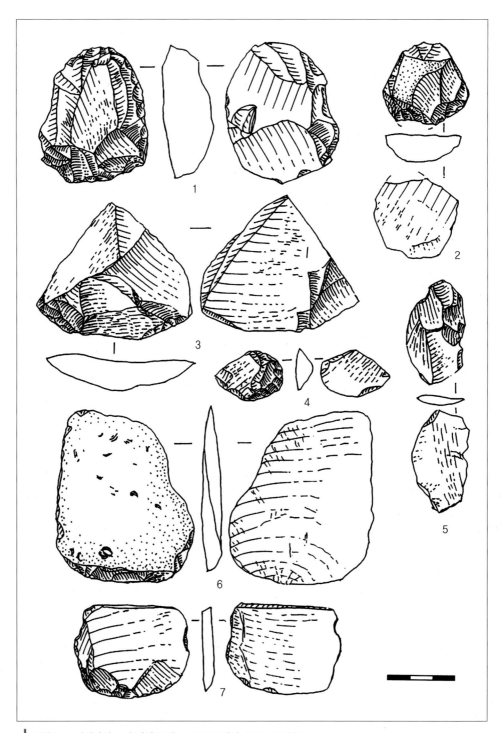

그림 1　아리나이-1 유적의 긁개: 1-1호 주거지, 2～7-공반유물

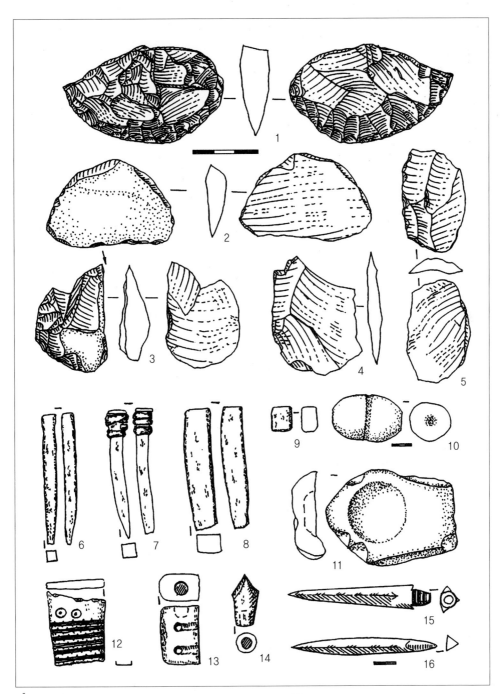

그림 2　아리나이-1 유적: 1·6~16-1호 주거지, 2~5-공반유물
1~5-칼, 6~7-석인, 8~9-미완성석기, 10-망치, 11-석부, 12-빗의 손잡이, 13-접합부, 14~16-촉
1-흙색 돌, 2~5-회색의 슬레이트, 6~9-구리, 10-안산암-화산암, 11-응회암, 12~16-해마의 어금니

아만 석호의 오른쪽 지류는 페레발강인데, 하류로 2km 정도 걸어가면 강의 입구이다. 강의 입구에는 높이 0.5~0.8m으로 툰드라 식물로 덮혀 있는데, 강가에는 오리나무와 자작나무 덤불이 자란다. 강의 좌안과 우안에 높이 17~25m가량의 제2단구대가 약간 보존 되었다. 이곳에서도 문화층이 확인되지는 못했다. 아맘강 주변을 샅샅이 뒤졌지만 고고자료는 전혀 확인되지 않았다.

아맘 석호에서 떨어진 파도가 치는 모래자갈 해안가도 직접 걸어 다니면서 조사하였다. 해안가에는 높이 3~4m가량의 관목으로 덮은 툰드라 식물이 자라고 있었다. 시굴은 석호입구에서 남쪽으로 1.5km 떨어진 수혈에서 했는데, 관목으로 덮인 곳이다. 쇄석이 섞인 갈색 사질토 0.42m 두께로 확인되었는데, 문화층은 확인되지 못했다.

아맘1 유적

반수혈 주거지와 저장고(육류보관소)가 해안가의 가장 끝 부분으로 현재 낚시군의 마을 바로 옆에서 확인되었다. 주거지는 원형주거지로, 풀로 빼곡하게 덮여 있었다. 그 중에서 7기는 주거지의 옆에 긴 복도가 붙은 형태인데, 주거지의 직경은 6~10m가량이고 깊이는 0.4~1.2m이다. 유적에는 16기의 주거지와 24기의 저장고가 남아 있다. 저장고의 평면형태는 0.8~2.6m이고, 깊이는 0.3~0.8m이다. 주거지는 해안가를 따라서 불규칙적으로 배치되었다.

아맘2 유적

높이 14~19m의 해안 단구대 위에 좌안해안가에서 반수혈 주거지와 고기저장고를 발견하였다. 주거지는 모두 8기, 저장고는 14기가 확인되었는데, 아맘1 유적과 그 형태가 거의 유사하다. 이 두 유적은 공동사회의 유적이었을 가능성이 있다. 유적의 서쪽에는 바다코끼리의 두개골(인공적인 것?)이 11점 쌓여 있는 곳이 확인되었다. 이곳에서 1×2m 로 누군가 발굴한 흔적이 남았는데, 누가 왜 이런 조사를 했는지 알 수 없었다. 그곳에서는 골촉 6점이 확인되었는데, 노출이 심해서 잔존상태는 좋지 않았다. 그 형태와 결합방법은 촉으로 생각되고, 라흐틴 문화의 것이다.

고대 마을 유역 내에서는 텐트형 주거지의 아래받침 돌무지가 5개 확인되었는데, 늦은 시기의 것으로 생각된다. 크기는 6.5~9m이다.

아리나이강 유역의 하류도 조사되었는데, 높이 8~14m의 제2강안 단층대가 출토되었다. 부식토층과 단층대는 발달되지 않았다. 고고학 유적은 전혀 확인되지 않는다. 아리나이와 아맘 석호가 하나로 연결되는 스뱌잔 지류의 우안과 좌안 해안가를 조사하였다. 스뱌잔 강가는 낮고 덤불을 이루는 툰드라 식물로 뒤덮여 있고, 장소에 따라서 늪지도 있다. 고고학유적은 확인되지 않았다.

우샤코바 만에서 떨어져 있는 아리나이 석호는 파도가 치는 자갈 모래 해안가에서 고대 유적이 확인되었다(아리나이-1 유적과 아리나이-2 유적). 아리나이-1 유적에 대한 자세한 연구는 이곳에 해양항만이 들어서는 계획으로 여러 번 계획이 수정되었으나, 유적의 특징과 유적의 범위는 확실하게 알 수 있었다. 아리나이-2 유적은 반수혈형태의 집이 4기 확인되었는데, 해안가에서 53m 정도 떨어진 높이 7~11m 높이의 단구대 상부에서 확인되었다.

아리나이-1 유적은 해안가에서 55m 떨어진 8~12m 높이의 단구대 위에서 확인되었는데, 아리나이 석호의 좌안에 위치한다. 충적해안단구대의 경사면은 남에서 북으로 떨어지는데 해안가에서부터 5~60m가량 경사면이 떨어진다. 유적은 7기의 주거지가 남아 있는데, 반수혈주거지이며, 11기는 육류 보관용 저장고이다. 동쪽에도 주거지 4기와 8기의 저장혈이 남아 있다. 서면에는 3기의 주거지와 3기의 저장혈이 남아 있다. 유적의 영역을 연구한 결과 잔존한 유적에서 유물이 출토되었다. 노출된 해안 단구대에서 문화층이 확인되었다.

아리나이-1 유적의 연구에서는 유적의 평면도와 주거지와 저장고의 평면도는 모두 사진을 찍었으며, 레벨 측정도 하였다.

제1호 주거지는 직경 6.3m이고 깊이 1m가량인데, 이 주거지가 위치한 단구대의 높이는 7.2m이다. 1호 주거지에서 남서쪽으로 94m 떨어진 곳의 주거지로 추정되는 곳이 확인되었는데, 방 한칸으로 크기는 5×6m이고 깊이는 0.4m가량이다. 추정 주거지는 테라스의 높이가 6m 정도인 곳에서 확인되었다. 주거지 2호는 주거지 1호에서 남서쪽으로 76m가량 떨어진 곳에 위치한다. 2호 주거지는 복도가 붙은 형태로 길이는 2.4m, 너비는 1m인데, 주거지에서 복도로 나가는 문의 너비는 0.5m이다. 주거지의 깊이는 0.8m 정도이다. 2호 주거지가 위치한 테라스의 높이는 17m이다. 주거지 3호는 1호 주거지에서 96m가량 떨어진 곳에 위치하며, 방은 세칸이다. 중앙에는 큰 방(7×6.5m이고, 깊이는 0.8m)이 있고, 옆에는 작은 방(3×2.8m와 3×2.7m, 깊이는 0.4m)이 각각 붙어 있고, 한쪽에는 장방형의 길쭉한 방(3.6×1.5m)이 붙은 형태이다. 작은 방에서 길쭉한 방으로 연결되는 통로(0.7×0.5m, 1×0.4m)가 있다. 3호 주거지가 위치한 테라스의 높이는 17m가량이다. 4호 주거지(6×5.4m)는 1호 주거지에서 서쪽으로 62km 떨어진 곳에 깊이 0.8m가량의 수혈이 위치되어 있다. 이 주거지에는 길쭉한 복도가 연결되어 있는데, 길이 1.7m, 너비 0.8m, 깊이가 0.4m 정도이며, 복도에서 반수혈 주거지로 나가는 문의 너비는 0.6m가량이다. 4호 주거지가 위치한 단구대의 높이는 11m이다. 5호 주거지(6.7×6m, 깊이 0.6m)는 1호 주거지에서 북서쪽으로 123m 떨어진 곳에 위치한다. 이 주거지에도 길쭉한 방(2.4×1.3m)이 붙었는데, 본 주거지에서 긴 방으로 가는 문지의 너비는 0.5m, 깊이는 0.2m이다. 테라스의 높이는 24m가량이다. 6호 주거지는 1호 주거지에서 118m 떨어진 곳에 위치한다. 방이 세 칸이며, 길쭉한 복도방도 있다. 제일 큰 방(7×6.4m)이 제일 깊으며(1m), 측방(3×3m, 2.6×2.6m)은 큰 방보다 작으며, 깊이도 조금 낮다(0.6m). 길쭉한 복도방은 길이가 3m, 너비는 1.5m, 깊이는 0.4m이다. 반수혈 주거지에서 나가는 문은 길이가 0.5~0.6m, 깊이가 0.2m 정도이다. 이 주거지가 위치한 테라스의 높이는 9m가량이다. 7호 주거지는 1호 주거지에서 북서쪽으로 128m 떨어진 곳에 위치한다. 거의 원형(7×7m)으로 이 주거지가 위치한 곳은 17.8m이다.

1호 저장혈

1호 주거지에서 북서쪽으로 13m 떨어진 곳에 위치하며, 한 칸짜리로 길쭉한 타원형(7.2×3×0.4m)의 수혈이다. 위치한 곳의 높이는 10m 정도이다. 1호 저장혈은 1호 주거지와 관련된 것으로 생각된다. 2호 저장혈은 1호 주거지에서 북쪽으로 92m 떨어진 곳에 위치하는데, 원형(2.3×2.1×0.6m)이다. 이 저장혈이 위치한 높이는 23m가량이다. 3호 저장혈(1호 주거지에서 북서쪽으로 43m 떨어진 곳에 위치함)은 타원형(6.7×3m)으로 높이 15m 위의 테라스 위에 위치한다. 4호 저장혈은 1호 주거지에서 북서쪽으로 51m, 2호 주거지에서 남쪽으로 35m 떨어진 곳에 위치하고 타원형(5.3×2.2×0.4m)이다. 5호 저장혈은 1호 주거지에서 서쪽으로 92m, 4호 주거지에서 북서쪽으로 25m 떨어진 곳에 위치하며, 두 칸인데, 서쪽에 위치한 것(3.5×2.7m)과 동쪽(3×2.3m)의 크기가 약간 차이가 있지만 깊이는 0.4m이다. 두 칸 저장혈이 위치한 곳의 테라스 높이는 6m이다. 6호 저장혈은 1호 주거지에서 북서쪽으로 67m, 4호 주거지에서 북쪽으로 13m 정도 떨어진 곳에 위치하며 타원형(4×2.8×0.4m)으로 12.4m 높이 위에 위치한다. 4~7호 저장혈은 4호 주거지와 관련 있다. 8호 저장혈은 1호 주거지에서 북서쪽으로 26m 떨어진 곳에 위치하고, 두 칸으로 나누어져 있다. 서쪽(6.2×2.4m)

과 동쪽(2.6×2.3m)의 방 크기 차이가 크고, 깊이는 같은데(0.4m), 테라스의 높이는 10m가량이다. 1호 주거지의 것이라고 생각된다. 9호 저장혈은 6호 주거지에서 북서쪽으로 44m 떨어진 곳에 위치하며, 거의 원형(2.7×2.6×0.6m)이며, 높이 9.3m가량의 테라스 위에 위치한다. 10호 저장혈은 7호 주거지에서 북서쪽으로 28.5m 떨어진 곳에 위치하는데, 거의 원형이며, 높이 13.5m 테라스 위에 위치한다. 11호 저장혈은 3호 주거지의 남서쪽에서 14km 떨어진 곳에 위치하고 원형(2.7×2.6m)으로 18.4m 높이 위에 위치한다. 9~10호 저장혈은 7호 주거지 혹은 5호 주거지와 관련이 있으며, 11호 저장혈은 3호 주거지의 것이다.

문화층의 흔적은 1호 주거지에서 남쪽으로 6m 정도 떨어진 해안 방풍림대에서 확인되었다. 문화층은 깊이가 0.42m로 갈색 사질토인데, 숯층(두께 0.03~0.06m)이 확인되어서 탄소연대측정을 위해서 숯을 채취하였다. 1호 주거지에서 남쪽으로 4m가량 떨어진 곳에서는 토기가 확인되었는데, 소성온도가 낮고 두터우며, 문양이 시문되지 않는 것이다. 이 토기는 보관상태가 좋지 않다. 6호 주거지의 서쪽으로 1.5m 떨어진 곳에 원형의 노지가 확인되었는데, 숯이 확인되지 못했다. 아마도 이것은 주거지내에서 음식조리와 관련된 것으로 보인다.

1호 주거지에서 북쪽으로 43~54m 떨어진 곳에 유물이 확인되는 지점이 3곳 확인되었다. 여기에는 박편석기(그림 2: 4~5), 긁개(그림 1: 3~5·7), 자갈원면이 남아 있는 타제된 자갈 석편, 인면이 한쪽으로만 생김(그림 2: 3)과 박편석기 등이 출토되었다. 이 유물은 유적의 거주자가 생업과 관련해서 주거지 주변의 유적 범위 내에서 사용했던 것으로 생각된다. 필자는 베링해 북서쪽의 문화인 라흐틴 문화가 어떤 형태로 이곳에서 확인되는가가 가장 흥미로웠다.

유적에서 가장 동쪽에 위치한 1호 주거지를 20㎡ 정도 발굴하였다. 이 주거지는 가을 폭풍으로 해안단구대가 무너지는 바람에 일부가 날아간 상태였다. 주거지 가장자리에서 쇄석이 섞인 갈색 사질토가 확인되었는데, 주거지 건축당시에 구덩이를 파면서 밖으로 버린 흙으로 생각된다. 주거지는 발굴 전에도 육안으로 수혈이 관찰될 정도 였는데, 풀로 뒤덮여 있었고, 주변에는 버드나무 덤불도 확인되었으며, 부식토층에는 유기물이 확실하게 확인되었다.

1호 주거지의 문화층 깊이는 주거지 중앙의 구지표에서 0.45m가량이고, 주거지의 가장자리에서 높이는 1.5m가량이다. 주거지 내부에는 다양한 크기의 돌무더기가 확인되었는데, 노지로 생각되지만 아닐 가능성도 있다. 이곳에서 작고 얇은 숯조각이 확인되었다. 숯으로 인해서 검은색 빛을 띠는 불탄 흙 조각(0.5m)이 북동쪽 돌판 위에서 확인되었다.

문화층의 두께는 0.1~0.35m가량으로 유물이 확인되었지만 유물과 흙이 색조가 거의 같아서 구분되지 않았다. 거의 1cm가량 거리를 둔 곳에서 약간 색깔이 차이가 날 뿐이다. 발굴된 북쪽에서는 집의 지붕으로 사용되었던 것으로 보이는 통나무 조각이 확인되었다.

주거지 내에서는 석기와 골각기, 철기, 청동기 등이 출토되었으며, 거주인의 생업과 관련되었을 것이다. 아마도 겨울에 바다동물을 사냥하고, 어로생활도 하였으며, 돌, 목제, 뼈로 도구를 만들었을 것이다.

주거지 내에서 출토된 석기는 묶기 위한 홈이 있는 망치돌(그림 2: 10), 어망추 등이 출토되었다. 가장 많은 양의 석기는 긁개(53점)인데, 작업면이 한쪽이거나 혹은 없거나 다양하게 사용된 것들이 출토되었다(그림 1: 1). 주거지 중앙에서는 석부가 4점 출토되었는데, 묶기 위해서 한쪽이 움푹 들어가 있다. 주거지의 경사면에서는 검은 돌로 제작된 잘 간접떼기 된 칼 종류도 확인된다(그림 2: 11). 검은 돌은 회색편암으로 제작된 다른 석기의 석재와는 다른데, 주거지의 것이 아닐 가능성도 있다.

골각기도 약간 확인되는데, 영구동토층에서 확인되지 않아서 상태가 좋은 편은 아니다. 골각기에는 문양이 남아 있는 빗의 손잡이(그림 2: 12), 골촉으로 경부가 원통형인 것[03](그림 2: 14)과 경부가 쐐기 모양인 것(그림 2: 16) 해양 사냥을 위한 조합식 작살, 유경식 석촉으로 경부에 문양이 있는 것(그림 2: 15)이며, 고래뼈로 제작된 괭이연결도구(그림 2: 13), 삽과 썰매 편 들도 출토되었다.

주거지에서는 철, 청동, 구리 등의 금속기도 출토되었다. 이것으로 보아서 이 주거지는 철기시대 혹은 중세시대의 것일 가능성이 있는 것으로 추정하였다.

금속기를 분석하였는데, 블라디보스토크에 있는 러시아 과학아카데미 극동분소의 극동지질연구소에서 휴대용 X선 형광분석기 Alpha-6000(Innov-X Systems, CIIIA)을 이용해서 X선 튜브가 장착된 'Ta anode'은 5.9cm 크기의 분해능을 가진 반도체 박막 트랜지스터(eV Si-PIN)검출기로 분석(분석은 노즈드라체프 박사)하였다. 이 분석은 35kV의 전압에서 120초, 즉 5.5uSv/h의 전압으로 수행되었다. 기본적인 알 필터 X선

---

03 역자 주. 러시아어문에는 경부가 고사리모양이라고 되어 있으나, 고사리속의 밑 둥지가 둥근 것에 착안한 표현으로 원통형으로 바꾸어 표기하였음.

은 마이크로 소프트 윈도우 모바일에서 금속과 합금을 분석하기 위한 특수 소프트웨어 사용을 위한 3mm 두께로 분석되었다.

샘플	Ti	Fe	Ni	Cu	Zn	Pb
26층 nov13	ND	0.03	0.08	99.91	ND	ND
26층 칼 nov13	ND	ND	0.07	89.99	9.92	0.03
26층 정육면체 nov13	0.13	ND	0.06	99.78	ND	0.04

┃ 표 1   미량 원소에 주어진 원소 농도, ND는 원소농도가 감지되지 않은 것

표 1에서 세 개의 시료가 구리와 불순물의 베이스로 다른 비율을 보인다(계통이 다양한가?). 구리제품 중에는 가장 흥미로운 것은 약간 구부러진 인부(금속기는 26NOV13의 것과 유사)모양의 것이다(그림 2: 6~7). 그 중 가장 마지막에 있는 가죽으로 감싸진 것은 우스티-벨스키 무덤출토품과 유사하다(디코프 1977·1979, p.144, 그림 55: 1·3). 또한 구리 리벳은 두 개의 나무로 된 칼 자루와 연결되어 있다. 금속제품은 모두 주거지의 중앙에서 확인되었다.

철제품도 많은 양(76점)이 출토되었지만 부식이 심해서 원래의 모습을 알기가 불가능하다.

목제 손잡이가 약간 부착된 칼 편, 손잡이를 고정하기 위한 부분이 남아 있는 칼, 칼의 원통형 슴베부 만을 식별하기로 하였다.

주거지에서 출토된 토기는 많지 않은데, 기름등잔으로 생각되는 동체부와 저부(35점)가 출토되었다. 원저로 추정되며, 토기의 태토에는 쇄석을 잘게 부순 것을 혼입했으며, 문양이 없고, 낮은 온도로 소성된 것이다.

동북아시아의 주거지로서는 유리(18점), 석기(4점), 붉은 구슬(beads, 10점), 하늘색 구슬(11점), 검은색 구슬(1점), 하늘색 유리 관옥 등은 드물게 확인되는 것이다. 관옥과 구슬은 라흐틴 문화의 오푸하-1 유적의 문화층에서 출토된 적이 있다(오레호프 1987).

주거지에서 출토되는 나무는 지붕의 흔적(자작나무), 칼 손잡이, 창 등이다.

이 유적에서 문화의 소속을 가늠할 수 있는 것은 원통형 촉, 복도 방이 붙은 여러 칸의 주거지, 칼 손잡이에 그려진 기하학적인 문양 등은 베링해 북서지역의 라흐틴 문화에서 출토된다.

아리나이-1 유적의 1호 주거지에서 출토된 철제품, 구슬과 관옥 등으로 보아서 연대는 B.C.10~15세기가량으로 생각된다. 1호와 3호 주거지에서 탄소연대 측정할 수 있는 숯을 채취하였고, 확인된 유물도 라흐틴 문화의 특징으로 생각된다. 베링해 북서지역에서 구리, 청동, 철기의 발생과 관련된 문화이다. 흥미로운 것은 이 시기의 많은 양의 구리제품과 청동 제품이 적은 양인 것은 흔하지 않다는 점이다.

참고 문헌

디코프, 1977, Диков Н.Н. Археологические памятники Камчатки, Чукотки и Верхней Колымы: Азия на стыке с Америкой в древности. М.: Наука, 1977. 374 с.

디코프, 1797, Диков Н.Н. Древние культуры Северо-Восточной Азии: Азия на стыке с Америкой в древности. М.: Наука, 1979. 352 с.

오레호프, 1987, Орехов А.А. Древняя культура Северо-Западного Берингоморья. М.: Наука, 1987. 174 с.

오레호프, 1997, Орехов А.А. Северо-Западное Берингоморье: развитие приморской адаптации древнего населения // Культура народов Сибири: Материалы III Сибирских чтений. СПб., 1997. С. 16-27.

오레호프, 1998, Орехов А.А. Классификация наконечников Северо-Западного Берингоморья (лахтинская культура) // Археология и этнология Дальнего Востока и Центральной Азии. Владивосток. 1998. С. 37-41.

오레호프, 2013, Орехов А.А. Древнее поселение Аринай 1 (Лахтинская культура. Восточная Чукотка) //Археология Севера России: от эпохи железа до Российской империи: Материалы Всерос. науч. археол. конф. (Сургут, 1-4 октября 2013 г.). Екатеринбург-Сургут, 2013. С. 199-204.

13
동아시아의 조기 농경과 농경 범위
: 고고자료를 바탕으로

세르구세바(Сергушева Е.А)

시작하기에 앞서서

본 연구에서 '영역'의 개념은 '중심'과 동일한 의미이며 황하강에서부터 동북아시아까지를 반영하고 있는데, 구체적으로 기장농경의 기원 중심에 대해서 이야기 하고 있다. '중심'과' 영역'의 개념은 본 논문에서 단순한 개념이며, 이 지역 내에서 어떤 상호관계에 대한 것은 반영하지 않는다.

중국의 조기 농경에 대해서 필자는 농경 기원의 중심이라는 개념을 이용하지 않는 것이 좋다고 생각한다. 왜냐하면 이 지역에서 어디서 기장재배와 농경이 생겼는지가 분명치 않기 때문이며, 있는 자료도 분명치가 않다. 이런 이유 때문에 연구자는 황하중류부터 황토고원(黃土高原, 430,000㎢)까지(1,206km)(http://en.wikipedia.org/wiki/) 광범위한 지역을 다 연구해야만 하며, 이 지역 전체를 농경의 중심이라고 부르기는 힘들다. 농경의 중심이라는 용어에 대해서는 식물재배과와 조기농경발생에 대한 의해를 덧붙여 설명해야 한다. 황하강 중류의 어느 지역에서 식물을 인간이 경작화 하는데 긴 기간(1500년 이상)이 걸렸는데, 이것은 음식물 획득과정(사냥, 채집, 어로 등)의 다른 대체 전략의 조건에서 이루어진 것이 아니라 환경 변화(기후와 인간)에 의한 것이다. 진화가 계속된다고 볼 수 있다. 이런 이유를 바탕으로 본고에서는 '하위중심(sub-중심)'이라는 용어를 사용하고자 한다.

머리말

동아시아에서 농경의 발생에 대한 연구와 확산에 대한 연구는 중국의 영역이 열쇠이다 (Underhill 1997; Crawford 1992·2006; Cohen 2011; Bar-Yosef 2011 외). 이 지역에서 농경은 중국 북부(황하강)와 중국 남부(양자강) 두 지역에서 발생하였고, 중국 동부지역에서 양 지역의 강 수계의 발달로 인해서 오래된 전부터 역사에서 지속적이고 다양한 접촉과 정보를 교환하면서 발전하게 되었다. 농경 발전이 만약에 길게 느린 과정을 걸쳐 왔다면, 각기 다른 식물(기장과 벼)이라 할 지라도 식물 재배는 독립적으로 발전되지 못했을 것이다(Cohen 2011). 첫 번째 황하강 유역에서는 두 종류의 기장속(기장과 조)이 재배되었을 때 건조하고 한랭한 기후이고, 두 번째 중국 남부지방은 벼농사 중심이다.

농경은 지역별로 점차 확산되었다.[01] 이것은 주민이 직접 이주하는 형태 이거나 혹은 비농경민이 오랜 기간 동안 문화 접촉을 통해서 농경민의 기술을 받아들이는 형태였을 것이다(자이몬드 2010). 농경확산에 대한 두 가정은 고고학적인 자료로 연구되어야 할 것이다.

1. 동아시아의 기장농경에 대한 기원과 확산

1) 중국북부에서 고고자료에 대한 기원과 확산

중국에서 농경이 시작된 시간은 고고식물자료로서 알려졌으며 이것은 근동지역과 비슷한 시점으로 보인다. 전 세계적으로 다양한 문화가 반복적으로 발전하는 것은 문화의 특성상 광범위한 범위에서 관찰되어 차이점이 있음에도 불구하고, 생물지리학적 맥락과 문화상호작용이 서로 유사하게 기능적으로 의존하고 있다(렘멘 2013, p.56). 농경의 기원은 아마도 플라이스토세 마지막 기간부터 홀로세 시작 지점의 전 세계적인 기후변화로 인해서 사람들로 하여금 더 많은 식량을 구하도록 강요하고 식물 사용을 증가시켰을 것이라는 가정이 있다(Bar-Yosef 2011).

북중국에서는 황하강 유역 중류의 배리강(裵李崗) 유적과 자산(磁山) 유적에서 가장 이

---

01 분명히 경작 식물과 농업의 출현 이전에, 그들의 조상의 서식지는 다른 지역으로 퍼져 나갈 수 있었다.

른 시기의 식물 유존체가 확인되었다. 배리강 유적에서는 기장(*Panicum miliaceum*)과 자산 유적에서는 기장과 조(*Setaria italica*)가 출토되었는데, 기장이 더 우세하다. 황하강 유역에서는 9000cal B.P.부터 유적이 존재했던 것으로 생각된다. 평면형태가 원형이며 저장혈이 있는 주거지가 아주 많은 거대한 마을 유적이 대부분인데, 출토된 유물은 다양한 기형의 토기, 작업 면이 마연된 석부와 석착, 골각기 등이 출토되었다. 유적에서는 무덤과 함께 의례를 위한 장소도 확인되었다. 기장을 재배하는 것은 사냥, 어로, 채집, 가축 등 여러 가지 경제형태가 혼합되어 나타나는 것 중에서 단지 하나의 구성요소로서 중요한 요소는 아니었다(Cohen 2011). 일반적으로 농경의 흔적이 확인되는 유적은 상당히 발전된 신석기시대의 특징을 보여 준다. 이러한 유적으로 남장두(南莊頭), 앙소(仰韶), 동호림(東胡林) 유적 등이 있는데, 이 유적의 유물은 신석기시대 특징(토기, 석거를 포함한 마연 석기)과 함께 세석인이 함께 확인된다. 연구자들 중에 일부는 신석기시대 조기라고 생각하는 사람도 있다(謝飛 2006).

식물재배의 시기는 새롭게 확인되는 재배된 종의 종류에 따라서 1500~4000년 까지 길어질 수가 있다(см.: Tanno·Willcox 2006; Fuller 2007; Willcox 2012; Cohen 2011; Bar-Yosef 2011). 북중국(배리강, 자산 유적)에서 이른 신석기시대에 재배된 식물은 기장(*Panicum miliaceum*)과 조(*Setaria italica*)의 형태적 특징이 이미 재배화 된 것이다. 재배종이 생겨나기 위해서는 그 보다 이른 형태의 종이 있어야 만 하는데, 기장은 강아지풀(*Setaria viridis*)과 조는 파니쿰(*Panicum*)이다. 그러므로 북중국에서 일찍 재배된 기장의 시작 연대는 남호두 유적의 석거에 남아 있는 녹말로 분석된 결과(11500~11000cal B.P.)와 동호림(11000~9500cal B.P.) 유적에서 측정된 연대가 이를 방증한다(Yang et al. 2012). 섬서성의 시치탄 고고그룹에서는 녹말의 잔존연구와 식물씨를 분리하는 연구 전에 몇 천 년 전 야채 원료와 과일 원료, 과일, 채소 등을 원료로 사용한 실험이 선행되었다(Liu et al. 2011; Liu et al. 2013; Bestel et al. 2014).

기장재배는 중국에서 9000cal.B.P으로 알려졌다. 그것은 오랜 기간 동안 각기 다른 생업 형태가 혼합된 고경제생업활동의 형태로 하나로 남아 있었다. 농경의 확산은 8000cal B.P.부터 확산되는 경향이 보이는데 이것은 내몽고 남부(8100~7200cal B.P.)의 흥륭구(興隆溝) 유적에서 기장과 조, 황토고원의 서부에 위치한 감숙성의 대지만(大地灣) 유적(7900~7200B.P.), 황하강 하류의 월장(月莊) 유적에서는 기장과 조 뿐만 아니라 쌀(8000~7700B.P.) 등이 이를 증명한다(Gray W. Crawford·陳雪香·欒豊實·王建華 2013). 물론 이 기원지에 대해서 의심스러워하기도 한다(Lee et al. 2011). 중국 북부와 북동 경제 지구에서는 기장은 식료로서 잘 자람에도 불구하고, 8000cal B.P.까지 수 천년 전에 발생하였으나 황하 중류에는 중요한 기본 식자재가 아니었고, 나중에 이 지역에서 많이 애용된다. 황하 중류에서는 기장이 수 천 년 전에 발생하였는데, 유적에서 출토된 뼈의 축척된 콜라겐을 분석한 결과로 알 수 있었다. 예를 들면 자산 유적(황하중류, 8000cal B.P.)에서는 동위원소 C-4로 분석한 결과 기장이 음식식재료로서 공헌한 결과는 거주자의 25% 정도이다(Hu et al. 2008). 대지만 유적에서도 비슷한 결과를 얻었다(Barton 2009).

고기후환경에 의하면 8800/8500~5800cal B.P.동안 북중국에서 지금 보다 따뜻하고 습도가 높은 기후라고 한다(Chinese Archaeology... 2009). 하지만 이것은 분명히 기장재배에 장려되지 않는 조건이지만, 그러나 기장 농업의 확산을 방해하지 못했고, 그 지역의 인구 증가도 오히려 증가하였다. 이러한 경향은 앙소 물질 문화(7000~4900cal B.P.)에 그대로 반영된다. 앙소 유적에서는 식물자료를 분석한 결과, 거주자가 선호한 곡물은 두 종류 형태의 기장과 약간의 쌀이라는 점이 확인되었다. 분석된 고고식물자료는 앙소 문화의 이른 단계에서도 식자재로서 기장 재배가 중요한 역할을 했음을 보여준다(Zhao 2011, p.302). 북중국에서 동위원소 C-4로 확인된 기장류는 인간의 소화력을 향상시켰으며, 사람 뿐만 아니라 가축(개, 돼지, 닭도 가능성이 있음)의 사료로도 중요하게 사용되었다고 생각된다(Pechenkina et al. 2005). 앙소문화의 늦은 단계에는 재배된 식물의 양(재배된 식물의 개체수가 확인된 양이 증가로 증명)뿐만 아니라 식물 종류(쌀과 콩)도 늘어난다(см.: Lee et al. 2011). 북중국에서 주민의 경제 활동에서 농경이 주요한 것으로 자리 잡은 것은 줄잡아 추산했을 때 최소 3000년 전이다.

2) 북중국 조기농경 고고식물자료(내몽골과 만주)

중국 동북지방에서 고고식물자료를 분석하는 방법이 아직 능숙하게 사용되지 않아서, 이 지역에서 기장재배에 대해서 구체적으로 증명한 것이 거의 약하다. 신석기 유적에서 재배된 식물자료는 발굴된 양이 작고 가장 많이 연구된 지역은 남부이다. 중국 동북지방에서 지리적인 입지 면에서 농경 가능성이 없는 것이 아니라, 고고학연구가 다른 지역에

비해서 약해서 아직 존재하지 않는 것이다.02

　중국 동북지방에서 가장 일찍 재배된 식물은 기장(두 종류)으로 흥륭와 유적(요하강 상류), 흥륭와(興隆洼) 문화(8100~7200cal B.P.)에서 확인되었다. 기장의 절대연대는 7670~7610cal B.P.이다. 2000년대에 들어와서 부유선광방법이 널리 이용되면서 식물의 종자를 유적에서 획득할 수 있게 되었으며, 그 중에서는 기장과 조가 확인되었는데 기장이 훨씬 우세하다. 두 종류의 곡물은 식물 재배화의 상징이다(Zhao 2011). 그 연대는 7670~7610cal B.P.이다. 재배된 식물 이외에도 도토리, 포도, 자두(Astragalus) 등도 확인되었다. 연구자들에 의하면 흥륭와 유적의 유물은 생업경제에 영향을 미친 것은 수렵과 채집이고 재배된 식물은 이를 보충하는 정도로 식물생산으로 넘어가는 전환기로 보았다(Zhao 2011).

　흥륭와 문화의 기장 기원에 대한 것은 토론 대상이다. 몇몇 연구자들은 내몽골 남동지역은 처음 기장이 생산된 광활한 황하강 유역에서 기원했다고 생각하고 있다(Zhao 2011). 그러나 중국 동북지방에서 확인된 기장은 이미 재배화 된 채로 확인되었다고 많은 연구자들이 생각하고 있다. 황하강 유역의 가장 이른 기장과 흥륭와 유적 간의 차이점은 이러한 가정이 모순이 아니라고 생각한다(Cohen 2011).

　다음은 조보구(趙宝溝) 문화(7800~7400cal B.P.)와 홍산(紅山) 문화(7000~5000cal B.P.)는 흥륭와 문화의 연속선상에 있는데, 기장 재배가 생업에 큰 역할을 했음을 알 수 있는데, 이것은 고고식물자료와 관련된 것은 아니다. 왜냐하면 조보구 문화에서는 고고식물이 존재하지 않지만 중국동북지방에서는 최초로 쟁기가 확인되기 때문에 고고자료에서는 농경민의 인식이 증명된다고 할 수 있다. 이것은 가벼운 흙을 팔 수 있는 손으로 잡는 도구(즉 호미)를 모방한 특별한 도구이다(알킨 1996). 북중국, 만주, 한반도의 농경민의 상징 같은 것으로 현대까지도 그 모양이 보존되어 있다(정연학 2003).

　홍산 문화에서 신석기 농경민의 발전은 조보구 문화의 주민과 앙소문화의 복합으로 가늠할 수 있다(알킨 2007). 오랫동안 지속되어 온 홍산문화의 농경 특징은 도구를 분석하면서 복원되었는데, 도구에는 괭이류, 호미류, 수확용 도구(반원모양의 칼) 등이 있다. 호미류의 증가는 조보구 문화와 비교해 볼 때 홍산 문화에서 농업생산력의 증가했

02　중국 동북지방 신석기시대 농업의 존재에 대한 자료가 약한 것은 현대적인 데이터의 부족으로 인한 것이다. 왜냐하면 초기의 농업이 침투한 중국 동북지방과 인접한 러시아 극동의 지역에서는 신석기 후기의 고고식물자료가 확인되었기 때문이다.

다는 것을 증명한다(Nelson 1993). 그러나 재배된 식물유존체는 이 문화에서는 한 곳에서만 확인된다. 앞서 말 한 대로 이런 유존체를 찾는 시스템이 없기 때문이다. 지주산 유적에서는 조가 확인되었다(알킨 2000). 흥륭와 유적의 늦은 단계에는 홍산 문화(6200~5900cal B.P.)도 존재하는데, 부유선광 방식으로 기장과 조가 확인되었다(조지훈 2005). 홍산문화의 늦은 단계에는 문화의 범위가 매우 넓어지고, 유적의 수와 인구밀도도 매우 높아진다(알킨 2011). 우하량 유적의 제사유구와 함께 많은 무덤에서 옥제품이 출토되는데, 출토된 옥은 홍산 문화의 아주 수준 높은 발달을 보여 준다. 발달된 문화는 수준 높은 공예품과 사회계층의 여러 형태로 나타난다(趙賓福 2003). 아마도 이 시기에 농경은 홍산 문화의 기본적인 생업형태였을 것으로 생각된다.

중국 동북지방의 다른 지역에서 신석기시대 농경을 알 수 있는 고고식물자료는 매우 단편적이다. 수수의 출토지로 유명한 곳은 요하강과 훈하강 사이에 위치한 신락(新樂) 문화의 지역 유적(7500~6800B.P.)이다(Weiming 2003). 소산(小山) 유적(요동반도의 남동해안가에 위치하는 섬 유적)[03]의 층위 시추하는 과정에서 이 유적의 중층(5900B.P.)과 하층(6500B.P.)에서 수수와 조가 확인되었는데, 수수가 더 우세하다. 고고식물자료의 수량이 너무 적어서 유적의 거주자가 농경을 생업의 기본 형태로 삼기에는 부족하였을 것이다. 그런데 만주지역 남부에서 직접 생산하는 것은 고고유물로 보아서 산동반도에서부터 건너왔을 가능성이 크다. 산동반도에서는 식물재배는 8000~7700cal B.P.로부터 시작되었다(Gary W. Crawford·陳雪香·欒豊實·王建華 2013).

이상은 중국 동북지방의 신석기시대 유적 가운데서 현재까지 식물유체가 확인된 곳을 설명하였다. 이 자료들은 중국에서 이 지역의 신석기시대 문화의 아주 일부이기 때문에 농경의 존재나 농경의 역할을 복원할 수 없다. 현재로서는 요서지역에서 농경발생은 아주 일찍부터 시작되며, 생산된 식재료의 양이 증가하며 재배된 기장형태의 변화(조의 증가)와 기장 재배의 확산을 알 수 있다. 또한 재배된 식물의 확산 이동이 남동쪽과 동쪽으로 확산되어 그 결과 한반도와 러시아 극동(연해주)까지 영향을 미쳤다.

---

03 북경의 중국사회과학원 조지훈(趙志軍) 교수와 2008년 6월에 의견을 나누는 과정에서 얻은 정보이다.

2. 동아시아의 조기농경 고고식물자료

고고식물자료를 이용하기 위한 고고학적 접근법으로 인해서 러시아 극동, 한국 일본의 신석기시대 유적에서는 식물유존체를 확보할 수 있었다. 중국 동북지방의 유적에서도 많이 출토되었다. 물론 각 국가의 연구자들은 만주지역으로부터 기원한 조기농경 연구를 진행하고 있는데, 이 지역에서 농경확산과정을 복원하는데 주력하고 있으며, 끝없는 논쟁을 이어가고 있다.

1) 한반도

한반도의 농경은 요동(만주와 인접한 곳)에서부터 기원했다고 판단되고 있다. 연구자들은 농경이 혼합 경제의 요소로서 한반도의 주민에 의해서 적응되었다고 보았다(Crawford·Lee 2003; Ahn 2010, p.90; Norton 2007, pp.139~141; Cho 2012). 아마도 그 확산과정은 서북한 지역에서부터 발생했을 것이라고 보는데, 해안가 혹은 인접한 지역이다. 가장 이른 재배된 기장은 신석기시대 중기인 동삼동 유적(5500~5000B.P.)으로 한반도 가장 남부의 해안가에 위치한 곳이다(Crawford·Lee 2003). 반면에 한반도의 북쪽에서는 좀 더 이른 시기에 확인되는데, 신석기시대 전기 말 혹은 중기로 넘어가는 시기(6000cal B.P. 혹은 좀 더 이른 시기)이다. 하지만 오산리, 지탑리, 무산과 같은 유적에서 출토된 고고식물자료는 신뢰할 수 있는 자료가 아니라고 한다(Norton 2007, pp.139~140). 중기와 후기에는 농경은 한반도 전역에서 혼합경제 요소로서 자리 잡았고, 생업경제에서 유리한 것이다. 출토된 식물유체는 기장인데, 한반도 동부, 서부와 남부의 유적에서 확인되며 동해안 유적인 문암리에서도 출토되었다(Cho 2012). 한반도에서 농경이 주요한 생업활동으로 자리잡은 것은 청동기시대 시작과 함께이다(대략 3500B.P.). 두 종류의 기장 뿐 만 아니라 쌀, 보리, 밀, 콩, 팥 등도 확인되었다(Lee et al. 2011). 한반도에서 쌀은 논에서 재배되었는데, 이것은 아마도 요동반도로부터 전해진 것이라고 생각된다(Ahn 2010).

2) 러시아 극동

러시아 극동에서 기장 농경은 신석기 후기에 생겨났다. 가장 이른 식물유존체는 기장으로 자이사노프카 문화의 이른 단계에서 확인되었고 그 연대는 5600~5450cal

B.P.이다(Krounovka 1 site... 2004). 연해주의 농경은 중국동북지방에서 이 문화의 전통을 가진 사람들이 들어오면서 생겼다고 하는 의견이 있다(보스트레초프 외 2003). 고고식물자료의 연구는 자이사노프카 문화 유적을 대상으로 여러 단계의 것으로 진행되었는데, 기장농경은 자이사노프카 문화에 있었던 것은 맞지만, 생업경제의 중요한 요소는 아니라고 하였다(세르구세바 2008·2013).

　　러시아 극동에서도 아무르 지역에서 농경의 여부는 아직 식물유존체가 확실하게 확인된 것이 없기 때문에 논의가 불가능하다. 그런데 아무르강 중류에서도 농경이 가능하다는 의견이 있다. 오시노오제로 문화(осиноозерская культура)의 신석기 후기 단계이며, '오시노오제로 유적의 한 주거지에서 노지 내부에서 불탄 곡물이 확인되었다(알킨 2011, p.193)'는 사실에서부터 시작된 논의이다. 그런데 오시노오제로 유적에서 식물유존체를 찾는 시도가 성공적인 것은 아닌 듯하다. 왜냐하면 이 유물에 대한 정보는 고고연구 방법으로 얻어진 결과물이 아니기 때문이다(오클라드니코프 1966; 오클라드니코프·데레뱐코 1973; 오클라드니코프 외 1971).

　　참고문헌에서는 재배된 곡물의 화분가루로 보아서 귀리(*Avena sp.*)와 유사한 것으로 추정되었는데, 유적의 거주자가 농경을 실제로 하였다고 강한 믿음으로 판단한 연구자(쿠즈민 2005, p.106)도 있다. 그러나 이 자료에 대한 분석은 농경의 존재를 증명하지 못한다고 생각된다. 아무르강 중류에서 신석기시대 유적의 농경 존재에 대해서는 신뢰 가능한 식물유존체 분석이 필요한데 현재까지는 존재하지 않는다고 보는 것이 정확하다.

　　3) 일본 열도

　　일본의 신석기시대 농경 존재에 대한 질문은 이미 오래 전부터 활발하게 논의되어 왔다. 물론 신석기시대 유적에서 출토된 것으로 알려진 식물유존체는 고대일본열도 주민의 생업활동에서 농경이 중요한 요소는 아닌 것으로 보인다. 식물유존체 가운데서는 호박, 대마, 들깨(두 종류), 강낭콩 등이 있는데, 그 기원은 대륙으로부터 온 것으로 보고 있다(Crawford 2011). 이 식물들 중에서는 하나도 중요한 식량자원은 없다. 일본의 동북지방(도후쿠 지방과 홋카이도 섬)에서는 신석기시대 중기에 재배된 돌피(*Echinochloa Beauv*)가 출토되었는데, 죠몽 전기에서 중기(1500년간)로 갈수록 크기가 20% 정도 증가한 것으로 보인다. 돌피 재배는 돌피의 한 종류인 피(*Echinochloa utilis*)를 발생하게 되었다고 한다(Crawford 1983; 2006, p.86).

신석기시대 일본열도의 주민은 식물식자재의 많은 양을 활용하였다 이것은 죠몽 시기 인골의 충치가 자주 나타나며 농경사회에 대한 특징으로 보이는 데 이를 통해서 알 수 있다고 한다(Kobayashi 2004, p.87). 이와 관련된 재배된 식물은 죠몽 유적에서 확인되었는데, 식물성 지방, 단백질 등을 얻기 위한 것으로 생각되고 혹은 새끼줄, 천, 바구니 등을 제작하기 위한 원료로서 남아 있기도 한다. 연구자들의 대부분은 죠몽 초기에는 탄수화물이 주요한 식자재가 죠몽인들에게 중요한 식료공급원이었고 죠몽 중기에는 도토리와 땅콩과 같이 탄수화물의 비중이 높은 야생식물이 주요한 식료원이었다. 죠몽 후기와 만기가 되면 유적에서는 한반도에서 문화접촉에 의한 결과로 기장, 쌀, 보리가 들어오게 되었다.

일본에서 농경 혁명은 야요이 문화의 확산으로 B.C.1000년기 말에 시작되었는데, 하지만 일본 남부에서 이보다 이른 시간(2900~2800B.P.)에 이미 쌀의 존재는 알려졌다. 그런데 야요이 문화 확산은 2400~2300B.P. 시간에 이루어진 것이고 죠몽 문화의 사람은 농경으로 인해서 근본적인으로 변화하였고, 농경이 기본적인 생업형태로 자리 잡았다. 특히 쌀농사가 주요하였는데, 이 시점에 관개 시설이 잘 발달된 논이 생기게 되었다(Crawford 2006, p.92). 일본에서 쌀 외에는 기장, 밀, 보리, 콩, 팥, 박, 복숭아, 감 등도 확인되었다.

야요이 문화는 일본 열도의 동북지방으로 이동하였는데, 홋카이도 섬의 북부까지 이동하였다. 홋카이도에서 B.C.1세기 야요이 문화의 일부가 확산되었으며, 이주가 있은 처음부터 300년간 지속되었다. 일본의 남서지역에서 야요이 문화가 이주의 형태로 나타났다면 죠몽 북동지역에서는 이미 주민이 동화된 것으로 보인다. 그런데 토착 주민이 다른 문화와의 접촉 결과는 야요이 문화의 어떤 면을 변화시켰는데, 거기에는 같이 집약농경으로 넘어가는 기간도 포함된다. 일본의 구주지역에서는 일본 동북지방 주민에게는 전혀 새롭지 않은 가장 오래된 쌀, 기장, 조가 카자하리와 아오모리 유적(혼슈의 북부지역)에서 출토되었다(Crawford 1983). 일본 동북지방에서 죠몽 주민은 농경민과 이미 접촉한 적이 있고 상대적으로 새로운 것을 쉽게 받아 들였을 것이다. 또한 죠몽인들은 쌀농사를 논에서 지으려고 노력은 했으나 그 시도는 자연 기후로 인해서 실패하였다. 그래서 일반적인 식물재배는 일본 동북지방에서는 밭농사로 지어졌다. 홋카이도에서 몇 백년간 계속되었고, 아이누는 농경을 포함한 사냥 어로 채집 등을 복합한 경제활동을 한 것으로 알려졌다(Crawford 2006, p.92).

맺음말

기장농경은 황하강에서 9000cal B.P.보다 이른 시기에 발생하였고, 수 천 년 동안 식물재배가 이루어졌다. 그러나 오랫동안 이 지역에서 고경제요소들과 함께 복합된 요소의 하나로 존재하였다. 동아시아의 다른 지역에서는 기장농경은 이러한 모습으로 확산되었는데, 그 방향은 동쪽 혹은 동북쪽으로 향하였는데, 만주지역, 한반도, 러시아 극동으로 향했고, 지역에서 농경은 천천히 발전되었을 것이다. 중국의 앙소 문화 동안 농경의 의미가 두드러졌는데, 이 문화의 후기에 기본적인 생업활동이 된 것으로 보인다.

내몽골의 남부지역(요서지역)에서는 북중국의 영향으로 농경이 생업경제에 확실하게 영향을 미치게 된 것은 홍산 문화의 늦은 단계이다. 만주지역의 다른 지역에서 농업혁명의 결과는 현재까지는 이렇다 할 결과물이 없다. 물론 러시아 극동에서 조기 농경의 형태가 고고식물유존체의 분석으로 확인되기도 하였다. 러시아 극동과 인접한 만주 동부지역에서는 농경이 생겨난 시점은 늦어도 5600~5450cal B.P.이다.

한반도의 자료도 기장농경이 한반도 가장 남부의 신석기시대 중기에 이미 있었던 것으로 보이며, 북한 지역에서는 아마도 좀 더 이른 것으로 생각된다. 한반도 전 지역으로 확산되었고 주민의 생업으로 자리 잡았으나 식물재배는 환경에 의해서 변수가 있었을 것이다. 그러나 농경은 청동기시대 시작 전까지 생업형태의 한 요소로서 행해졌다고 생각된다.

러시아 극동의 가장 남부 연해주에서 농경은 새로운 주민에 의한 것으로 신석기시대 후기(5600~5450cal B.P.)로 생각된다. 이 지역 신석기시대 주민에게는 농경은 주요한 식량공급활동이 아니었고 복합경제형태의 하나였다. 아마도 농경의 역할이 신석기시대 가장 마지막 단계가 되면 좀 더 커졌을 가능성은 존재한다. 그러나 농경이 기본적인 생업활동으로 자리 잡은 것은 철기시대[04]가 되어서이다(새로운 주민의 이주에 의한 것으로 생각된다).

일본의 신석기시대유적에서는 아주 이른 시간에 식물재배가 이루어졌는데, 농경 기술을 가진 주민과 알게 되면서부터 시작된 것으로 보고 있다. 그러나 확인되는 대부분의 재배식물은 호박, 들깨, 삼 등으로 원료나 기술적인 부분으로 기장, 쌀, 보리 등의 탄수화물이 포함된 식료는 포함되어 있지 않다. 하지만 일본의 신석기시대 주민은 뼈의 콜라겐

---

04 역자 주. 크로우노프카 문화.

에서 동위원소 분석을 통하거나 인골의 치아 상태 등을 보아서 탄수화물을 다량으로 섭취했다는 사실을 알 수 있다. 이는 야생식물을 이용한 것으로, 식물의 보존과 증식뿐만 아니라 일본의 신석기 시대에 일본의 인구는 엄청나게 늘어나서 '경작'이라는 용어가 적합하다. 경작은 성장을 위해 좋은 조건이 만들어지고 특정 종의 식물 출현 등을 생기게 하였다. 탄수화물이 풍부한 식물(기장, 밀)은 신석기시대 후기와 말기에 일본의 남쪽에서 한반도 주민의 접촉결과로 생겨나게 되었다. 2400~2300B.P.가 되어서야 곡물재배가 기본적인 경제활동이 되었다. 또한 이것은 상호작용으로서 한국에서도 야요이 문화의 주민이 생겨나게 되었다.

그래서, 일본에서 일찍 농경이 일어났음에도 불구하고 동아시아에서 기장 농경의 발달은 한 축으로만 발전되었다고 할 수 있다. 그 특징은 아주 오랫동안 기장 농경이 다른 생업과 함께 혼합경제의 형태로 존재했다는 점이다. 농경이 일어나게 된 원인도 새로운 이주민의 결과로 인한 것이 많다.

만주지역의 남부에서는 약간 다른 시나리오가 있는데, 농경의 역할이 증대된 것은 그 재지적인 문화인 홍산 문화에서부터 이다. 그런데 이 문화는 북중국 신석기시대 후기인 앙소 문화의 영향 아래에서 존재하였다.

참고 문헌

러시아어

알킨, 1996, Алкин С.В. Ранненеолитические культуры Северо-Восточного Китая // Поздний неолит Восточной Азии и Северной Америки (материалы междунар. конф.). Владивосток, 1996. C. 7-10.

알킨, 2000, Алкин С.В. Две проблемы ранней эволюции неолитических культур Северо-Восточного Китая // 30 науч. конф. ≪Общество и государство в Китае≫. М., 2000. C. 6-14.

알킨, 2007, Алкин С.В. Древнейшие культуры Северо-Восточного Китая: Неолит Южной Маньчжурии. Новосибирск: Изд-во Ин-та археологии и этнографии СО РАН, 2007. 168 c.

알킨, 2011, Алкин С.В. Современное состояние изучения осиноозерской культуры Среднего Приамурья // Актуальные проблемы археологии Сибири и Дальнего Востока. Уссурийск, 2011. С. 188-198.

보스트레초프 외, 2003, Вострецов Ю.Е., Сергушева Е.А., Комото М., Миямото К., Обата Х. Новые данные о раннем земледелии в Приморье: неолитический комплекс поселения Кроуновка-1 // Проблемы археологии и палеоэкологии Северной, Восточной и Центральной Азии: Материалы Междунар. конф. ≪Из века в век≫, посвящ. 95-летию со дня рожд. акад. А.П. Окладникова и 50-летию Дальневост. археол. эксп. РАН. Новосибирск, 2003. С. 373-378.

쿠즈민, 2005, Кузьмин Я.В. Геохронология и палеосреда позднего палеолита и неолита умеренного пояса Восточной Азии. Владивосток: Тихоокеанский институт географии ДВО РАН, 2005. 282 с.

렘멘, 2013, Леммен К. Различия в механизмах перехода к земледелию в лесной зоне Европы и Северной Америки // Археология, этнография и антропология Евразии. 2013. № 3. С. 48-58.

오클라드니코프, 1966, Окладников А.П. Археология долины реки Зеи и Среднего Амура // Советская археология. 1966. № 1. С. 32-41.

오클라드니코프 · 바실리예프스키, 1971, Окладников А.П., Василевский Р.С., Деревянко А.П. Археологические исследования на Осиновом Озере (раскопки 1965 года) // Материалы полевых исследований Дальневосточной археологической экспедиции. Новосибирск, 1971. Ч. 2. С. 323-392.

오클라드니코프, 1973, Окладников А.П., Деревянко А.П. Осиноозерская культура на Среднем Амуре // Материалы по истории Дальнего Востока (история, археология, этнография, филология). Владивосток, 1973. С. 33-42.

세르구세바, 2008, Сергушева Е.А. К вопросу о появлении земледелия на территории Приморья в позднем неолите: археоботанические исследования // OPUS: междисциплинарные исследования в археологии. М., 2008. Вып. 6. С. 180-195.

세르구세바, 2013, Сергушева Е.А. Динамика земледелия в позднем неолите Приморья по данным археоботаники // Вестн. археологии, антропологии и этнографии. 2013. №. 4. С. 155-162.

영어

Ahn Sung-Mo. The Emergence of Rice Agriculture in Korea: Archaeobotanical Perspectives // Archaeological and Anthropological Sciences. 2010. No. 2. P. 89-98.

Barton L., Newsome S.D., Chen F.H., Hui W., Guilderson T.P., Bettinger R.L. Agricultural

Origins and the Isotopic Identity of Domestication in Northern China // Proceedings of the National Academy of Sciences. 2009. Vol. 106. P. 5523–5528.

Bar-Yosef O. Climatic Fluctuations and Early Farming in West and East Asia // Current Anthropology. 2011. Vol. 52, Suppl. 4. P. 175–193.

Bestel S., Crawford G., Liu L., Shi J., Song Y., Chen X. The Evolution of Millet Domestication, Middle Yellow River Region, North China: Evidence from Charred Seeds at the late Upper Paleolithic Shizitan Locality 9 Site // The Holocene. 2014. Vol. 24. P. 261–265.

다이몬드 지, 2010, Даймонд Дж. Ружья, микробы и сталь: Судьбы человеческих обществ: Пер. с англ. М.: АСТ, 2010. 720 с.

Chinese Archaeology and Palaeoenvironment. Prehistory at the Lower Reaches of the Yellow River: The Haidai Region. Mainz: Verlag Philipp von Zabern, 2009. 205 p.

Cho Misson. The Munam-ri Site in Goseong: Shedding New Light on the Neolithic Farming // Journal of Korean Archaeology. 2012. P. 34–42.

Cohen D.J. The Beginnings of Agriculture in China: a Multiregional View // Current Anthropology. 2011. Vol. 52, Suppl. 4. P. 273–293.

Crawford G.W. Palaeoethnobotany of the Kameda Peninsula Jomon. University of Michigan: Museum of Anthropology. 1983. 284 p. (Anthropological papers; No. 73).

Crawford G.W. Prehistoric Plant Domestication in East Asia // The Origins of Agriculture: an International Perspective. Washington and London, 1992. P. 8–38.

Crawford G.W. East Asian Plant Domestication // http://www.blackwellpublishing.com/book.asp?ref=1405102136. Blackwell Publishing, 2006. P. 77–95.

Crawford G.W., Lee Gyoung-Ah. Agricultural Origins in the Korean Peninsula // Antiquity. 2003. № 77. P. 87–95.

Fuller D.Q. Contrasting Patterns in Crop Domestication and Domestication Rates: Recent Archaeological Insights from the Old World // Annual Botany. 2007. No. 100. P. 903–924.

Hu Y., Wang S., Luan F., Wang C., Richards M.P. Stable Isotope Analysis of Humans from Xiaojingshan Site: Implications for Understanding the Origin of Millet Agriculture in China // Journal of Archaeological Science. 2008. Vol. 35. P. 2960–2965.

Kobayashi T. Jomon Reflections: Forager Life and Culture in the Prehistoric Japanese Archipelago. Oxbow Books, 2004. 240 p.

Krounovka 1 Site in Primorye, Russia: Report of Excavations in 2002 and 2003 : Study on the Environmental Change of Early Holocene and the Prehistoric Subsistence System in Far East Asia / E.I. Gelman, M. Komoto, K. Miyamoto, T. Nakamura, H. Obata, E.A. Sergusheva, Y.E. VostretsovKumamoto: Shimoda Print Co. Ltd., 2004. 58 p.

Lee Gyoung-Ah, Crawford G.W., Liu L., Sasaki Y., Chen X. Archaeological Soybean (Glycine max) in East Asia: Does Size Matter? // PLoS ONE. 2011. Vol.6. Iss.11.

Liu L., Ge W., Bestel S., Jones D., Shi J., Song Y., Chen X. Plant Exploitation of the Last Foragers at Shizitan in the Middle Yellow River Valley China: Evidence from Grinding Stones // Journal of Archaeological Science. 2011. No. 38. P. 3524–3532.

Liu L., Bestel S., Shi J., Song Y., Chen X. Palaeolithic Human Exploitation of Plant Foods during the Last Glacial Maximum in Noth China // Proceedings of the National Academy of Sciences. 2013. Vol. 110. P. 5380–5385.

Nelson S. The Archaeology of Korea. Cambridge: Cambridge University Press, 1993. 323 p.

Norton C.T. Sedentism, Territorial Circumscription, and the Increased Use of Plant Domestication across Neolithic-Bronze Age Korea // Asian Perspectives. 2007. Vol. 46, No.1. P. 133–164.

Pechenkina E.A., Ambrose S.H., Ma X., Benfer R.A. Reconstructing Northern Chinese Neolithic Subsistence Practices by Isotopic Analysis // Journal of Archaeological Science. 2005. Vol. 32. P. 1176–1189.

Tanno K., Willcox G. How Fast Was Wild Wheat Domesticated? // Science. 2006. No. 311. P. 1886.

Underhill A.P. Current Issues in Chinese Neolithic Archaeology // Journal of World Prehistory. 1997. No. 11. P. 103–160.

Weiming J.P. The Problem of "Neolithic" in the Archaeology of Northeast China // Проблемы археологии и палеоэкологии Северной, Восточной и Центральной Азии: Материалы Междунар. конф. ≪Из века в век≫, посвящ. 95-летию со дня рожд. акад. А.П. Окладникова и 50-летию Дальневост. археол. эксп. РАН. Новосибирск, 2003. С. 252–255.

Willcox G. Pre-domestic Cultivation during the late Pleistocene and Early Holocene in the Northern Levant // Cambridge, 2012. P. 92–109.

Yang X, Wan Z, Perry L, Lu H, Wang Q, Zhao C, Li J, Xie F, Yu J, Cui T et al. Early Millet Use in Northern China // Proceedings of the National Academy of Sciences. 2012. Vol. 109. P. 3726–3730.

Zhao Z. New Archaeobotanic Data for the Study of the Origins of Agriculture in China // Current Anthropology. 2011. Vol. 52, Suppl. 4. P. 295–306.

중국어

Gary W. Crawford · 陳雪香 · 欒豊實 · 王建華, 「山東濟南長清月莊遺址植物遺存的初步分析」, 『江漢考古』2013年第2期.

謝飛, 『泥河灣』, 北京: 文物出版社, 2006.

趙賓福, 『東北石器時代考古』, 長春: 吉林大學出版社, 2003.

한국어

정연학, 2003, 『한중농기구비교연구: 따비에서쟁기까지』, 민속원.

일본어

조지훈, 2005, Жао Чжицзюнь. О новых подходах в вопросах изучения происхождения зер
новых в Северном Китае // Мировая археология. Досэйся, 2005. Сер. 9: Археол
огия Северо-Восточной Азии. С. 150-158. Яп. яз.

인터넷

황해 Хуанхэ // Википедия.-Режим доступа: http://en.wikipedia.org/wiki/(2014년 1월 9일).

14

텔랴코프 만의 얀콥스키 문화 동물상

엘로프스카야(Еловская О.А.), 라코프(Раков В.А.), 바실리예바(Васильева Л.Е.)

우수리스크 만01의 북서지역에 북쪽 해안으로 텔랴코프(Теляковский) 해안가와 우티노예(Утиное) 호수와 접하고 있는데 그 곳에는 패총으로 알려진 텔랴코프-1(Теляковский-1) 유적이 남아 있다. 이 지역은 오랫동안 군사도시로서 연구되지 않은 곳이었다. 2010~2011년에는 필자들은 얀콥스키 문화 유적을 몇 번 조사하였고 그 결과 남아 있는 동물상을 통해서 생업활동에 대해서 자세하게 알 수 있게 되었다.

1. 물질과 방법

길가의 도랑에서 조개껍질무지를 발견하였고 그곳에서 지표유물을 수집하였는데, 조개 종류였다. 생업구조의 특징을 설명하기 위해서는 모든 패각 수집된 전체 모집단의 일부는 길이, 높이, 너비(bulge) 등 주요 치수를 식별해서 특징으로 삼았다. 전체적으로 해수면에서 측정된 모든 농도와 직경을 재는 것으로 0.01g의 전자 저울에 많은 밸브가 무게를 더했다. 개별 연령(태어나기 시작해서부터 죽는 순간까지 생존연령)은 패각외부 표면의 바깥쪽 표면에 형성된 연간 성장률로 측정된다.

---

01 역자 주. 우수리스크 만은 블라디보스토크를 기준으로 오른쪽에 위치한 만을 일컫는다.

2. 결과와 논점

패총에서 확인된 가장 많은 수의 패각은 끝없이 나오는 이매패 조개이다. 다양한 형태의 만각류(蔓脚類) 중에 하나가 확인되었으며, 그리고 껍질이 없는 패각류로 해면동물, 이끼벌레 그리고 다모류(多毛類), 동물 뼈들의 골격 등이 출토되었다. 기본적으로 패각류는 표적수종인데, 다양한 서식지에 살면서 이들을 획득하기 위해서는 특별한 도구가 요구된다. 조개 껍질의 전체 뿐만 아니라 꼭대기를 포함해서 대략 동일한 양과 왼쪽의 좌우 날개에 속하는 조각들도 확인되었다. 패각의 가장자리에 돌아가는 부분을 살펴보면 주로 여름에 패각을 채취했음을 알 수 있다.

2000년 텔랴코프-1 유적에서는 패각 중에서 함박조개(*Spisula sachalinensis*)가 출토되었는데, 드문 종류이다. 가리비(*M. yessoensis*), 바지락(*R. philippinarum*)과 참마(*D. japonica*) 등도 확인되었다(브로댠스키 외 2001). 2011년에는 함박조개(그림 1: a)가 많은 양이 출토되었다. 패총 1㎡당 대형으로 완형이 거의 100개 정도 출토되었다. 기본적으로 패각은 중간크기가 80mm 정도이며 대략 5.5~6세이다.

많은 양의 함박조개로 알 수 있는 것은 이 패각류를 양식했다는 것과 텔랴코프-1 유적의 주민들이 이를 식료로서 이용했다는 것이다. 패각껍데기에 불 맞은 흔적이나 불에 넣고 끓인 흔적이 남아 있고 부러진 끝으로 보아서 조개육을 연결시키는 부위를 자르기 위해서 칼로 열려고 했던 것으로 보인다. 패각류를 제외하고는 만각류의 집이 완형인 채로 확인되는데, 그 중에 봉우리 따개비(*Balanus rostratus*)(그림 1: d)가 확인되었다. 봉우리 따개비는 크기가 큰데 가장 큰 집은 42mm가량이고 직경은 39mm이며, 나이는 4~5세 정도이다. 만각류는 가리비, 홍합, 굴 등을 먹는다. 우수리스크 만에서 봉우리 따개비는 홍합의 껍질 위에 살며 돌과 암벽에 붙어서 산다. 봉우리 따개비의 집이 많이 확인되는 것은 식료로 이용하기 위해서 특별히 획득했었던 것으로 생각된다. 척추 동물의 배설물은 텔랴코프-1 유적에서 종종 홍합 다발의 주머니 위에 붙어 있는 것이 확인된다. 근육 연결부위인 홍합의 꼭대기에는 해면의 깊은 구멍을 뚫기 위한 흔적이 남아 있고 해면에도 이러한 흔적이 남아 있다. 홍합조각은 길이가 50~120mm이고 너비는 35~50mm이다. 패각의 40% 정도가 노지에서 그을린 흔적이 남아 있다.

비교적 유적에서 자주 확인되는 패각 중에 하나가 돌조개(*Arca boucardi*)인데, 주로 참굴(*Crassostrea gigas*)에 붙어서 산다. 패각의 길이는 47mm에 달하고, 봄 기간에 채취된다. 돌조개의 한패 길이가 6.3mm에 달하는 것이 있는데, 꼭대기부터 왼쪽과 오

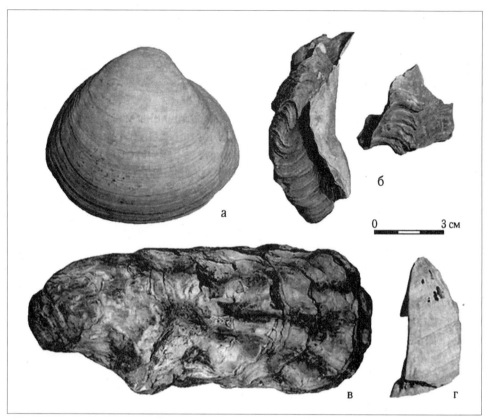

그림 1 테랴코프-1 유적 패총 유적에서 출토된 다양한 패각류:
a-함박조개(Spisula sachalinensis), б-참굴(Crassostrea gigas), в-피뿔고동(Rapana venosa), г-봉우리 따개비(Balanus rostratus)

른쪽 패매의 길이는 1.7mm에 달한다. 달팽이의 포식동물로 인해서 구멍이 낫거나 혹은 인공적으로 구멍이 뚫린 것으로 생각된다. 이 종류의 패각은 장신구로도 이용되기도 한다.

테랴코프-1 유적에서는 길이 35.5mm에 달하는 기수재첩(*Corbicula japonica*)의 오른쪽 패매가 확인되었다. 이 패매의 나이는 7세이며 왼쪽 패매는 조각이 났는데, 측정가능한 연령은 6.5세 정도이다. 이 종류의 패각은 아마도 초여름에 채취되었을 것이다. 패각의 가장자리를 살펴보면 칼로 패각을 열려고 했던 흔적이 남아 있다.

상기한 이 패매의 패각이외에 양은 적지만 밤색조개무늬(*Glycymeris yessonsis*)가 출토되었는데, 길이가 30~34.9mm이고, 8~9.5세 정도이다. 이 조개 패매의 상부에 편평하지 않고 둥글고 아주 작은 직경이 17mm 정도인 것이 출토되었다. 구멍이 아주 작아서 눈치 채기 힘들지만, 펜던트로 이용되었던 것으로 생각된다. 왜냐하면 패각의 가장자리가 마연되었기 때문이다. 어떤 패각에는 물에 넣어 끓인 흔적이 남아 있고 조개의 가장자리에 칼로 앞뒤로 열기 위한 흔적이 남아 있다. 유적에서는 5세 정도의 비단가리비(*Chlamys farreri nipponensis*)가 출토되었으며, 4세 정도의 조개 편도 출토되었다. 7세 정도의 패각의 길이가 43mm 정도인 살조개(*Protothaca jedoensis*)도 출토되었다.

따라서 테랴코프-1 유적에서는 패총에서 동물상이 새롭게 확인되었는데, 홀로세 늦은 기간의 무척추 동물상을 보충할 수 있게 되었다. 이것은 테랴코프 해안가의 주민은 해안가 만에서 패각을 채집하거나 혹은 양식의 가능성도 있었을 것이다. 이것은 현재 우스티노예 호수 및 해양 석호에서도 살았을 가능성이 있다. 예전에 이곳에 많은 양의 재첩이 있었는데, 현재는 유적에서 북쪽으로 7~10km 떨어진 쉬코토바(Шкотовка)강의 입구와 아르테모프카(Артемовка)강에서 서식한다.

참고 문헌

브로댠스키 외, 2001, Бродянский Д.Л., Крупянко А.А., Раков В.А. Экскурсия в бухту Теляковского (Уссурийский залив, Приморье) // Произведения искусства и древности из памятников Тихоокеанского региона-от Китая до Гондураса. Владивосток, 2001. С. 114-124.

GEO-고고학 연구수행의 효율성 제고를 위한 X-ray 활용방안
: 연해주 고고유적에서 출토된 흑요석 연구를 토대로

포포프(Попов В.К.), 노즈드라체프(Ноздрачев Е.А.), 클류예프(Клюев Н.А.),
슬렙초프(Слепцов И.Ю.)

머리말

과학의 세계화 맥락에서, 많은 과학적 문제들은 다양한 분야의 통합을 통해서만 가능하다. 따라서 지리-고고학적(geo-archeology)의 연구수행을 위해서는 오늘날은 고고학자, 지질학자들, 화산학자들, 생물학자들, 지구물리학자, 물리학자, 화학자의 적극적인 참여 없이는 불가능하다. 2013년 러시아 기초연구재단의 실용학문주제 분야에서 기초학문끼리의 융합과제 복합학문에 대한 연구비가 새롭게 신설되었다. 물리-화학, 지질-광물학과 기술과 생산의 역사연구 및 생산 센터의 지역화와 생산활동의 분포범위 등이 포함되었다.

지난 십년 동안 세계적으로 생체 역학 연구에 따른 연구, 재료 구성의 재료 구성에 관한 연구는 휴대용 장비를 이용한 X선 형광 투시법(XRF)을 사용하여 수행되었다. 이 방법의 주된 장점은 그것이 비파괴적이라는 것이며, 작은 사이즈의 장치가 현장에서 그것을 사용할 수 있다는 것이다. 현재 휴대용 X선 형광 분석기(PXRF)는 지리-고고학 및 미국과 호주에서 고고계측학(archeometrica) 분야에서 사용된다(Phillips et al. 2009; Jia et al. 2013 외). X선 형광법으로 우랄지역 남부의 고대 유적과 무덤에서 귀금속의 분석을 위한 응용 프로그램을 찾아내기도 하였다(자이코프 외 2012). 또 다른 비파괴 검사 방법으로는 X선 분광법(전자 빔을 이용한 미량 분석 장치)이 있다. 그러나 이 방법은 표본의 표면에 있어서 크기와 성질에 특정한 한계를 가지고 있다. 최근 몇 년간, 러시아과학아카데미 극동분소 지리학연구소(FEGI Feb RAS)분석 장비를 갖춘 연구센터가 있어서 X선 분광법을 통한 연구를 수행할 수 있게 되었다.

본고는 2013년 11월 18~20일 간 '러시아극동과 인접한 지역의 선사시대: 회고와 전망'이라는 주제의 학술대회에서 발표준비를 위해 작성된 것이다. 러시아과학아카데미 극동분소 역사고고학민족학 연구소에서 발굴한 바실리예프카-6(Васильевка-6) 유적과 바실리예프카-7(Васильевка-7) 유적에서 출토된 후기 구석기시대의 흑요석제 석기의 연구에서는 이 연구방법의 가능성을 보여주었다. 연해주의 고고유적에서 출토된 흑요석제의 화학적 분석연구방법 뿐만 아니라 도구를 제작하기 위해서 이용된 원료의 원산지 추정에 대한 가정에 대해서도 이 연구방법을 통해서 가능하다는 것을 보여 주었다.

1. 연구방법

분석은 러시아과학아카데미 극동분소 지리학연구소(FEGI Feb RAS)의 분석연구소에서 X-ray분석방법으로 실시되었다.

1) X선 분광 분석법

화산암의 조암원소(Na, Mg, Al, Si, P, K, Ca, Ti, Mn, Fe)에 대한 집중도의 결정법은 X선 마이크로 아날라이저 JXA-8100(Jeol Ltd., 일본)와 에너지 분산분광기 INCA Energy 250(Oxford Instruments Analytical, 영국) 및 130eV의 해상도로 5.9케브로 탐지 Si(Li)를 이용하였다. 분석조건은 가속전압 20kv과 프로브 전류 10nA, 빔의 직경은 20㎛이다. 한 지점에서 설정된 펄스의 총 시간은 25초이다. 각 샘플 측정치는 평균 8포인트로 측정되었다. 지질학적 문제를 해결하기 위해 전자 탐침에 사용된 전자 탐침과 스캐닝 전자 현미경에 대한 상세한 설명은 SJ.B. Reed의 책(2008)에 수록되어 있다.

2) X선 형광 분석법

화산암을 이루는 원소(Ti, Mn, Fe, Zn, Pb, Rb, Sr, Y, Zr, Nb) X선 형광 분석기

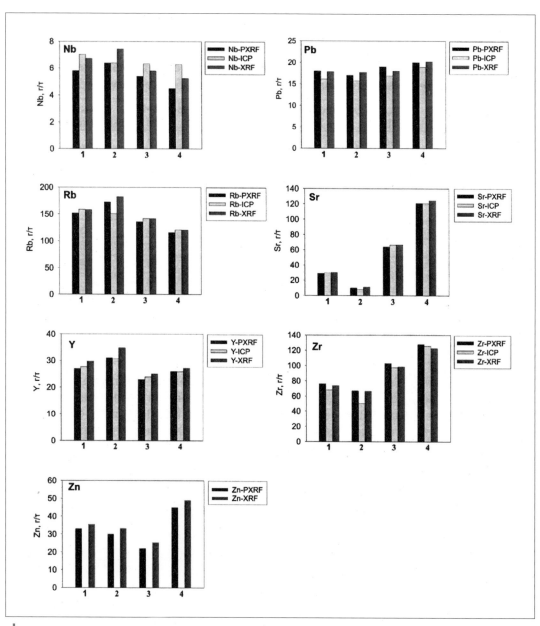

그림 1　다양한 방법으로 분석된 흑요석의 미량원소 분포 히스토그램: 고주파 유도 플라즈마를 이용한 질량 분석과
X선 형광 투시법(XRF) 및 휴대용 X선 형광 투시법(PXRF)을 이용

Alpha-6000(Innov-X Systems, 미국), X선관 a Ta anode, 반도체검출기 Si-PI 를 200eV 해상도로 5.9케브로 분석하였다. 분석은 40μm의 전압과 15μA의 전류로 행하 였는데, 2mm 두께의 X선 방사 주요필터 AI를 이용하였다. 이 계산은 마이크로 소프트 윈도우 모바일 윈도우에서 토양 분석을 위한 특수한 소프트웨어를 사용함으로써 수행되 었다. 그 소프트웨어는 Y, Nb 등 많은 요소들을 추가 했다. 초기 판독 값은 암석을 압축 가루로 만들어서 알려진 내용을 사용하여 필요한 수정된 수정 사항을 소개했다. 표본의 각 지점마다 3-3회 측정 지속 시간(180초씩)을 수행하여 데이터가 평균 산출되었다. 샘 플을 분석하면 직경이 6mm 이상이고 두께가 2mm 이상이어야 한다.

연해주 고고유적에서 출토된 흑요석의 화학조성에 관한 연구

X선 형광분석기 Alpha-6000을 이용한 흑요석의 화학적 조성에 대한 연구는 현재 까지는 존재하지 않았다. 이 복원방법의 재현력을 실험하기 위해서 우리는 홋카이도산 의 흑요석과 연해주의 쉬코토프 지역의 hyalomelan[01](현무암-흑요석)으로 샘플로 미 리 테스트를 하였다. 일본산 샘플의 분석결과는 표 1이다. 각 샘플의 경우, 우리는 조암 희귀 원소의 평균치를 계산했다. 이러한 물질의 평균 농도는 유도 결합 플라즈마(ICP-MS)와 X선 형광 투시법(XRF)과 다른 실험실을 통해 얻어진 이 샘플의 데이터와 비교되 었다(Suda et al. 2013). 그림 1은 분석된 것을 히스토그램으로 나타내었는데, 이 방법 의 재현력이 좋다는 것을 알려주고 있다. 표 2와 표 3은 ICP-MS와 PXRF를 이용해서 현무암의 화학적인 연구결과를 분석한 것이다. X선 형광 분석법으로 고고유물로서의 흑 요석이나 지질학적 샘플로서 흑요석이나 화학적 조성의 연구에 잘 이용될 수 있다는 것을 증명하고 있다.

2009년에 바실리예프카-6 유적과 바실리예프카-7 유적(연해주의 미하일로프카 지 구)의 후기구석기시대 용역발굴을 한 적이 있는데, 유적에서는 흑요석제 박편이 출토되 었다(클류예프·슬렙초프·도로피예바 2013). 이 유적에서 출토된 흑요석 2점을 X선 분 광분석을 통해서 분석하였다(표 4). 그 결과 바실리예프카-7 유적에서 출토된 흑요석제 박편은 hyalomelan(현무암-흑요석)으로 판명되었다. 이 유물의 원산지는 일리스타야

---

01 역자 주. 지질학사전에는 현무암의 오래된 한 종류라고 되어 있음. 러시아어로 hyalomend 외에 현무암 흑요석이라고 되어 있음. 현무암과 흑요석의 차이점은 화학조성물질의 차이.

강의 오른쪽 지류에서 약 60km 떨어진 곳에 위치한다(포포프 외 2010). 외관상 바실리예프카-6 유적에서 출토된 흑요석과 유사한 박편은 화학 합성물은 반대로 리오라이트 흑요석의 구성이다. 원산지에 대한 좀 더 자신감을 가지기 위해서 보충적으로 박편의 미세요소를 분리하였다(표 4). 중국과 북한 접경 지역과 중국 접경 지역에 소재한 연해주의 연구 논문에 대한 화학적 조성의 상호 작용을 분석하였다(포포프 외 2000). 연구된 샘플에 가장 가까운 화학 물질과 가장 가까운 구성 요소는 350km 이상의 거리에 있는 백두산제 흑요석으로 유리로 확인되었다. 따라서 입수된 자료에 기초하여, 우리는 구석기 시대 사람들이 지역의 자원과 원거리 자원을 모두 사용했다는 결론을 내릴 수 있다. 또한 얻어진 결과는 고고계측학 연구에서 비파괴 검사 스펙트럼 분광학 분석법을 사용할 수 있는 가능성이 있음을 나타낸다.

맺음말

정지 및 휴대용 장비를 이용한 고고학적 논문의 화학적 조성을 위한 현대 비파괴 검사법의 사용가능한데, 이 장비는 러시아과학아카데미 극동분소 지리학연구소(FEGI Feb RAS)의 분석 센터에서 지리-고고학적인(geo-archeology) 고고계측학의 연구를 할 수 있으며, 첫 번째로는 야외발굴에서도 바로 활용가능하다.

X선 형광 분석은 신속하고 비파괴적이며 환경 방법에 안전하다. 휴대용 XRF 분석기의 중요한 이점은 박물관 소장품 수집[02]에 사용할 수 있는 것이다.

필자들은 러시아과학아카데미 극동분소 지리학연구소(FEGI Feb RAS)의 마이크로 나노 연구실장님이신 B.B. Иванова 박사에게 귀 연구실의 X선 형광분석기 Alpha-6000의 이용을 허락해주셔서 감사드립니다.

---

02   역자 주. 발굴.

표 1   홋가이도産 흑요석제 원석의 표준 화학조성[03]

샘플번호	흑요석원산지	분석번호	TiO_2	MnO	Fe_2O_3	Zn	Rb	Sr	Y	Zr	Nb	Pb	As
20101023	Rubeshibe	1	0.17	0.0541	1.90	44	114	118	25	127	4.3	20	3
		2	0.16	0.0553	1.91	45	115	121	26	128	4.1	19	4
		3	0.16	0.0566	2.00	47	119	125	26	128	5.0	21	3
		평균	0.16	0.0553	1.94	45	116	121	26	128	4.5	20	3
20111030 -1	Hachigo- sawa	1	0.11	0.0492	1.13	35	152	28.8	27	74	6.1	18	4
		2	0.11	0.0497	1.11	29	151	27.8	26	76	5.3	18	4
		3	0.11	0.0489	1.15	34	153	29.8	27	77	6.1	17	5
		평균	0.11	0.0492	1.13	33	152	28.8	27	76	5.8	18	4
20111031	Ajisaino- taki	1	0.10	0.0523	0.98	30	172	10.7	31	66	6.4	17	6
		2	0.10	0.0538	1.06	29	170	9.7	31	67	6.5	15	7
		3	0.11	0.0541	1.08	32	176	10.6	32	69	6.2	19	5
		평균	0.10	0.0534	1.04	30	173	10.3	31	67	6.4	17	6
20111101 -1	Kita- tokoro- yama	1	0.15	0.0435	1.05	22	139	65	24	105	5.1	20	3
		2	0.17	0.0420	1.00	22	131	62	22	100	5.7	17	4
		3	0.16	0.0440	1.05	22	136	64	23	102	5.3	19	3
		4	0.15	0.0429	1.05	23	136	65	23	103	5.3	19	2
		평균	0.16	0.0431	1.04	22	136	64	23	103	5.4	19	3

분석은 X선 형광분석기 Alpha-6000을 이용하였다. 조암원소(TiO_2, MnO, Fe_2O_3)는 %를 표시하고, 미량원소는 ppm. 분석은 노즈드라체프가 실시하였음.

표 2   연해주 쉬코토바產의 화산유리 화학성분(%)과 미량원소(ppm)

조암원소	П-534/1	П-558/3	П-572/2	П-571	П-567	П-568/4	П-560	П-564
원산지	1	2	3	4	5	6	7	8
SiO_2	56.74	57.03	55.79	55.27	55.54	56.4	55.4	55.9
TiO_2	1.62	1.41	1.37	1.36	1.36	1.44	1.60	1.40
Al_2O_3	15.03	15.01	15.38	15.44	15.30	15.40	15.20	15.10

03 표 1은 정량분석과 정성분석을 하나의 표에 넣은 것이 아니라, 다양한 흑요석 원소의 분석을 위해 흑요석에 포함된 개별 원소의 성분과 산화물의 함량에 초점을 두고 있는 것으로 흑요석의 특수성을 보여 준다. 표는 개별 원소(Zn, Rb, Sr, Y, Zr, Nb, Pb, As)와 더 중요한 산화물(TiO_2, MnO, Fe_2O_3)의 함량이 얼마나 되는지 보여 주고자 하는 것이다.

조암원소	П-534/1	П-558/3	П-572/2	П-571	П-567	П-568/4	П-560	П-564
Fe₂O₃	2.80	2.61	10.32*	10.61*	10.49*	4.40	2.30	2.00
FeO	6.96	7.18				5.60	8.48	8.37
MnO	0.14	0.14	0.14	0.14	0.14	0.14	0.15	0.15
MgO	5.47	5.44	5.73	5.80	5.89	5.50	5.40	5.80
CaO	7.28	7.36	7.36	7.54	7.41	7.50	8.20	8.00
Na₂O	3.46	3.43	3.27	3.26	3.36	3.20	3.10	3.10
K₂O	0.54	0.49	0.47	0.50	0.47	0.53	0.44	0.38
P₂O₅	0.22	0.17	0.17	0.17	0.17	0.17	0.19	0.15
H₂O−	0.02	0.02				0.07		0.05
강열감량(loss on ignition)	0	0				0	0	0
값	100.28	100.29	100.53	100.09	100.13	100.35	100.46	100.40
Ni	60	63	66	63	65	64	71	80
Co	35	35	36	36	36	37	38	39
Cr	156	155	160	157	160	174	153	175
V	143	142	142	145	145	146	162	145
Sc	14	14	15	15	15	15	17	16
Cu	43	49	55	58	53	54	67	58
Zn	107	103	134	106	101	107	128	108
Ga	20	20	20	19	20	20	20	20
Ge	0.88	0.91	0.90	0.90	0.93	0.93	0.97	0.93
Mo	0.97	0.95	0.85	0.89	0.73	0.87	0.74	0.71
Rb	12	12	12	14	12	14	13	9
Cs	0.22	0.21	0.25	0.23	0.21	0.25	0.32	0.13
Sr	350	306	300	301	297	305	269	261
Ba	166	148	143	162	145	158	135	115
Y	19.52	18.62	18.59	18.67	18.56	19.50	21.26	20.92
Zr	97	87	85	87	86	88	88	79
Nb	7.58	5.91	5.64	7.60	5.71	5.73	7.80	5.70
Ta	0.40	0.31	0.28	0.39	0.30	0.31	0.41	0.29
Hf	2.44	2.25	2.17	2.19	2.25	2.27	2.36	2.10
La	6.52	6.29	6.32	7.03	6.44	6.62	6.31	5.10
Ce	15.41	14.63	14.52	15.99	14.76	15.25	14.35	11.82
Pr	2.09	1.94	1.90	2.03	1.93	2.02	1.88	1.58
Nd	12.97	12.08	11.79	12.09	11.88	12.26	11.88	10.09

조암원소	П-534/1	П-558/3	П-572/2	П-571	П-567	П-568/4	П-560	П-564
Sm	4.22	4.03	3.87	3.83	3.92	4.04	4.10	3.79
Eu	1.49	1.42	1.39	1.36	1.38	1.44	1.52	1.42
Gd	3.98	3.79	3.80	3.78	3.76	3.89	4.10	3.78
Tb	0.68	0.67	0.67	0.66	0.66	0.69	0.72	0.70
Dy	3.52	3.53	3.50	3.54	3.49	3.64	3.87	3.69
Ho	0.57	0.58	0.57	0.57	0.57	0.60	0.63	0.61
Er	1.74	1.81	1.79	1.80	1.77	1.89	1.96	1.92
Tm	0.25	0.26	0.26	0.26	0.26	0.27	0.27	0.26
Yb	1.50	1.53	1.57	1.56	1.55	1.60	1.61	1.56
Lu	0.21	0.22	0.22	0.22	0.22	0.23	0.23	0.22
Pb	2.93	2.61	2.78	2.62	2.31	2.86	2.27	1.88
Th	0.83	0.84	0.87	0.97	0.89	0.91	0.94	0.64
U	0.30	0.30	0.30	0.35	0.31	0.33	0.28	0.18

원산지. 1-일리스타야-1 원산지, 2-일리스타야-2 원산지, 3-일리스타야-3 원산지, 4-일리스타야-4 원산지, 5-일리스타야-5 원산지, 6-일리스타야-6 원산지, 7-아르세네프카강 원산지, 8-포레레츠나야강 원산지

조암원소는 러시아과학아카데미 극동분소 지리학연구소(FEGI Feb RAS)의 유도 플라즈마 분광 분석을 통한 원자 핵분광 분석장치 ICAP6500 Duo(Thermo Electron Corporation, USA)를 이용하였음. 샘플번호 П-534/1과 П-558/3. 러시아과학아카데미 시베리아분소 지리화학연구소의 X선 형광 분석기("Bruker AXS", Germany)를 이용해서 샘플번호 П-572/2, П-571과 П-567을 분석하였음. 또한 러시아과학아카데미 극동분소 지리학연구소(FEGI Feb RAS) 유도 결합 플라즈마(ICP-MS)와 질량 분광계 Agilent 7500을 분석하였음. 모든 철은 Fe_2O_3를 일컬음.

표 3   쉬코토프產 화산유리의 다양한 분석법에 의한 연구결과

	Rb	Sr	Y	Zr	Nb
유도 결합 플라즈마(ICP-MS)					
Sample 1	10	296	18	78	5
Sample 2	14	330	19	90	6
Sample 3	11	335	18	86	6

	Rb	Sr	Y	Zr	Nb
휴대용 X선 형광 투시법(PXRF)					
Sample 1	12	300	18	85	5
Sample 2	14	305	19	88	6
Sample 3	12	306	18	87	6

미량원소는 ppm. 미량원소는 ICP-MS방법으로 질량 분광계 Agilent 7500을 통하여 분석하였음. 러시아과학아카데미 극동분소 지리학연구소(FEGI Feb RAS)의 분석센터.

표 4 　고고 유적 바실리예프카-6과 바실리예프카-7에서 출토된 흑요석의 화학조성(%)과 미량원소(ppm)

	Bac 7-09 125	Bac 6-09 132		Bac 6-09 132	백두산제
SiO_2	56.70	72.96	Cr	158	
TiO_2	1.40	0.08	Co	5	
Al_2O_3	15.84	12.72	Ni	11	
Fe_2O_3*	9.15*	1.24	Zn	109	85
MnO	0.16	0.05	Pb	34	
MgO	5.73	0.05	Rb	230	236
CaO	7.21	0.41	Sr	23	28
Na_2O	3.59	3.33	Ba	90	108
K_2O	0.48	5.06	Y	40	
P_2O_5	0.21	0.08	Zr	185	252
SO_3	0.17	0.04	Nb	77	
			Th	28	27
Total	100.65	96.11	U	6	

조암원소는 %, 미량원소는 ppm으로 표시. X선 마이크로 아날라이저 JXA-8100을 이용하여 분석하였음. 분석은 노즈드라체프. 백두산제 흑요석의 미량원소는 기존의 연구성과(바실리예프스키 외 2000)를 이용하였음.

참고 문헌

바실리예프스키 외, 2000, Вулканические стекла Дальнего Востока России: геологические и археологические аспекты / А.А. Василевский, М.Д. Гласкок, С.В. Горбунов и др. Владивосток: ДВГИ ДВО РАН, 2000. 168 с.

클류예프·슬레초프·도로피예바, 2013, Клюев Н.А., Слепцов И.Ю., Дорофеева Н.А. Охранные раскопки памятников Васильевка 6 и 7 в Приморье // Археологические открытия 2009 года. М., 2013. С. 289-290.

포포프 외, 2010, Попов В.К., Клюев Н.А., Слепцов И.Ю., Доелман Т., Торренс Р., Кононенко Н.А., Вайт П. Гиалокластиты Шкотовского базальтового плато (Приморье)-важнейший источник археологического обсидиана на юге Дальнего Востока России // Приоткрывая завесу тысячелетий: к 80-летию Жанны Васильевны Андреевой. Владивосток, 2010. С. 295-314.

Reed S.J. 2008, Рид С.Дж. Электронно-зондовый микроанализ и растровая электронная микроскопия в геологии. М.: Техносфера. 2008. 232 с.

Jia P.W., Doelman T., Torrence R., Glascock M.D. New Pieces: the Acquisition and Distribution of Volcanic Glass Sources in Northeast China During the Holocene // Journal of Archaeological Science. 2013. Vol. 40, № 2. P. 971-982.

Phillips S.C., Speakman R.J. Initial Source Evaluation of Archaeological Obsidian from the Kuril Islands of the Russian Far East Using Portable XRF // Journal of Archaeological Science. 2009. Vol. 36, № 6. P. 1256-1263.

Suda Y., Ferguson J., Glascock M.D., Popov V.K., Rasskazov S.V., Yasnygina T.A., Kim J.Ch., Saito N., Takehara H., Wada K., Ono A., Grebennikov A.V. and Kuzmin Y.V. // Standardization of Obsidian Compositional Data for Provenance Studies: Petrology and Data Compilation of Intra-Laboratory Results for Obsidian from the Shirataki Source, Northern Japan // Abstract Submitted to the International Symposium on Chert and other Knappable Materials, Aug. 20-25, 2013. Iasi, 2013. P. 94.

● 필자 소개

바타르셰프(Батаршев С.В)　　블라디보스톡 시, 역사학 박사, 극동연방대학교[극동국립대학교(ДВГУ)의 명칭이 바뀜], 부교수

바실리예바(Васильева Л.Е.)　　블라디보스톡 시, 러시아과학아타데미 극동분소, 태평양해양학연구소, 연구원

가르코빅(Гарковик А.В.)　　블라디보스톡 시, 러시아과학아카데미 극동분소, 역사고고민속학연구소, 선임연구원

고르쉬코프(Горшков М.С.)　　하바로프스크 시, 하바로프스 주 그로데코프 향토박물관, 학술연구원

그리센코(Грищенко В.А.)　　유즈노–사할린 시, 사할린국립대학 부교수, 역사학박사

데류긴(Дерюгин В.А.)　　블라디보스톡 시, 블라디보스톡경제대학교, 부교수, 생물학박사

도로피예바(Дорофеева Н.А.)　　블라디보스톡 시, 러시아과학아카데미 역사민속학고고학연구소, 연구원

엘로프스카야(Еловская О.А.)　　블라디보스톡 시, 러시아과학아카데미 태평양해양학연구소, 연구원

클류예프(Клюев Н.А.)　　블라디보스톡 시, 러시아과학아카데미 역사고고학민속학연구소, 선사시대분과장, 역사학박사, 부교수

쿠르티흐(Крутых Е.Б.)　　블라디보스톡 시, 극동연방대학교, 부교수

쿠마키(Кумаки Т.)　　일본, 동경대학교 토코로 실험실, 학술연구원

쿠니키타(Куникита Д.)　　일본, 동경대학교 토고로 실험실, 학술연구원

린샤(Лынша В.А.)　　우수리스크 시, 극동연방대학교 사범대학, 역사학박사

메드베제프(Медведев В.Е.)　　노보시베리스크 시, 러시아과학아카데미 시베리아분소, 고고학민속학연구소, 신석기분과장, 국가박사

모레바(Морева О.Л.)　　블라디보스톡 시, 러시아과학아카데미 극동분소, 역사고고학민속학연구소, 선임연구원, 역사학박사

노즈드라체프(Ноздрачев Е.А.)　　블라디보스톡 시, 러시아과학아카데미 지리학연구소, 학술연구원, 지질–광물학 박사

오누키(Онуки С.)　　일본, 동경대학교, 교수

오레호프(Орехов А.А.)　　마가단 시, 북동국립대학교, 교수, 역사학국가박사

포포프(Попов В.К.)　　블라디보스톡 시, 러시아과학아카데미, 지리학연구소, 전임학술연구원, 지리–광물학박사

라코프(Раков В.А.)　　블라디보스톡 시, 러시아과학아카데미 태평양해양학연구소, 생물학 국가박사

사토(Сато Х.)　　일본, 동경대학교, 연구원

세르구세바(Сергушева Е.А)　　블라디보스톡 시, 러시아과학아카데미 극동분소, 역사고고민속학연구소, 학술연구원, 역사학박사

시도렌코(Сидоренко Е.В.)　　블라디보스톡 시, 러시아과학아카데미 극동분소, 역사고고민속학연구소, 학술연구원, 역사학박사

슬렙초프(Слепцов И.Ю.)　　블라디보스톡 시, 러시아과학아카데미 극동분소, 역사고고민속학연구소, 연구원

타라센코(Тарасенко В.Н.)　　우수리스크 시, 극동연방대학교 사범대학, 선임교사

우치다(Учида Х)　　일본, 동경대학교, 연구원

필라토바(Филатова И.В.)　　콤소몰스크–나–아무르 시, 아무르 인문사범대학, 부교수, 역사학박사

후쿠다(Фукуда М.)　　일본. 동경대학교, 연구원

고(故)셰프코무드(Шевкомуд И.Я.)　　하바로프스크 시, 하바로프스 주 그로데코프 향토박물관 고지리학 및 고고학연구소, 학술연구원

얀쉬나(Яншина О.В.)　　상트페테르부르그 시, 러시아과학아카데미, 물질문화연구소, 선임연구원, 역사학박사